KB194652

증상별로 분류한 음식보약 나물백과

한국의 산나물 들나물

꿈이있는 집플러스

증상별로 분류한 음식보약 나물백과!

한국의 산나물 들나물 334가지

증상별로 분류한 음식보약 나물백과!

한국의 산나물 들나물 334가지

초판 1쇄 인쇄 - 2024년 10월 21일
편 저 - 동의보감 약초사랑
편집 제작 - 행복을만드는세상
발행처 - 꿈이있는집플러스
발행인 - 이영달
출판등록 - 제2018-14호
서울시 도봉구 해등로 12길 44 (205-1214)
마켓팅부 - 경기도 파주시 탄현면 금산리 345-10(고려물류)
전화 - 02) 902-2073
Fax - 02) 902-2074
E-mail : bookdream@naver.com

ISBN 979-11-93706-06-0 (03380)

꿈이있는 집플러스

머리말

사람은 땅에서 나서 땅으로 돌아간다. 그래서 산에서 지기地氣를 받은 나물을 먹는다는 것은 보약 중에 보약을 먹는 것이다.

산나물은 봄철이면 싱싱한 쌈으로 먹고, 나물로도 향과 맛을 내고 또한 저장하여 가을과 겨울, 그리고 이듬해 봄까지 사계절 내내 즐겨 먹었다. 그만큼 산나물은 우리민족에게 필요한 영양분의 공급원이기도 하였고 그 요리법 또한 다양하게 전해져 왔다.

요즘 비만과 성인병 등의 폐해의 원인이 서구화된 식생활로 밝혀지면서 우리 고유의 전통음식들이 다시 재조명을 받고 있다. 그중에서 산나물, 들나물은 우리 민족의 구황식물로 과거에 인간의 생명을 이어주는 소중한 식량 자원이었고 우리 조상들은 과거 일제의 수탈과 전쟁의 어려운 시기와 보릿고개 때 산나물, 들나물 등을 먹고 연명해 왔던 것도 사실이다.

봄에 나는 산나물, 들나물은 우리의 잃어버린 입맛을 살려줄 뿐 아니라 추위에 움츠렸던 몸의 신진대사가 활발해지면서 부족해지기 쉬운 비타민이나 무기질 등 필요한 영양소를 공급하여 피로해지기 시작하는 춘곤증을 이기는데 도움을 주기도 한다. 어느 보고서에 의하면 냉이 30g(7~8개 정도), 참나물40g(10~15개 정도), 취나물 45g(20~30개 정도)을 먹을 경우 영양소 기준치 대비 비타민A 101%, 비타민C 35%, 비타민

B2 23%, 칼슘 20%를 섭취할 수 있다고 한다.

서양의 대표적인 채식문화는 채소를 샐러드로 이용하거나 음식물에 첨가하는 재료로 사용하는 등 단순하지만 우리 민족이 수천 년부터 즐겨 먹었던 산나물은 여러 가지 형태로 맛과 향을 내며 먹는 민족 고유의 음식문화이기도 하다.

자연에서 얻은 건강한 재료로 만든 산나물, 들나물은 세계 최고 음식 전문가들도 높은 평가를 내리고 있기도 하며 여러분도 자연이 선물한 건강밥상을 즐겨 보시기 바란다.

갈 데까지 가보자 촬영을 하면서 전국 각지의 산하를 다니며, 수많은 산나물과 들나물을 보면서 전 국민들이 우리나라에서 자생自生하는 산나물과 들나물을 이 책을 통해 익혀서, 아끼고 사랑하는 마음을 가졌으면 하고 바란다.

| 산나물들나물 먹는방법과 독초구별법 |

| 당뇨병에 좋은 대표적인 산나물 들나물 |

| 암에 좋은 대표적인 산나물 들나물 |

| 먹어서는 안되는 독초 30가지 |

| 약이되는 음식보약 한국의 산나물 |

보약이 되는 한국의 들나물

| 산나물로 만드는 약 차 |

| 산나물로 만드는 약 술 |

| 산나물로 만드는 약 죽 |

한국인의 음식보약 산나물 들나물!

산나물 들나물 먹는 방법과 독초구별법

산나물 채취 시기와 채취 방법

산나물 중 제일 먼저 나는 것은 쑥부쟁이와 두릅이고 이어서 원추리, 취나물, 고비, 홑잎나물 등이 차례로 저지대에서 나기 시작한다. 고산으로 올라가면 참나물, 모시대, 잔대, 참취, 곰취, 단풍취, 바디나물 병풍취 등이 난다. 정확한 시기는 정해져 있지 않지만 저지대는 4월 중순~5월 초순, 중고지대는 5월 초에서 5월 하순까지에 채취한다. 6월 이후가 되면 나물이 세어져 먹기가 곤란하며 해발 1,000m 이상 고지대의 경우 6월 초순까지 채취할 수가 있다. 산나물을 뜯는 데는 특별한 장비가 필요 없다. 목장갑과 산나물을 담을 봉지나 바구니만 갖추고 산나물의 잎을 조심스럽게 손으로 뜯으면 된다.

산나물 들나물 채취 시 주의사항과 보관법

독초를 산나물 들나물로 오인해 식중독 사고가 발생하는 경우가 있으므로 산나물에 대한 충분한 지식이 없는 경우에는 야생 식물류를 함부로 채취하거나 섭취하지 말아야 한다. 또 도시 하천변 등에서 자라는 야생 나물은 농약, 중금속 등의 오염이 높을 수 있으므로 가급적 채취하지 않는 것이 좋다. 주로 생채로 먹는 달래, 돌나물, 참나물 등은 물에 담갔다가 흐르는 수돗물에 3회 이상 깨끗이 씻은 후 조리하면 잔류농약, 식중독균 등으로부터 안전하게 섭취할 수 있다.

아울러 봄나물을 보관할 때는 뿌리에 묻어 있는 흙은 제거하고 비닐이나 뚜껑 있는 용기에 담아 냉장 보관하면 봄나물 고유의 향기와 영양성분을 오래 동안 보존할 수 있다.

산나물 들나물의 먹는 방법

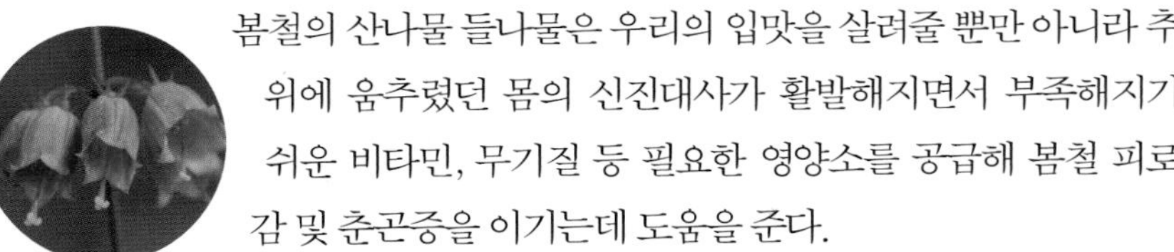

봄철의 산나물 들나물은 우리의 입맛을 살려줄 뿐만 아니라 추위에 움추렸던 몸의 신진대사가 활발해지면서 부족해지기 쉬운 비타민, 무기질 등 필요한 영양소를 공급해 봄철 피로감 및 춘곤증을 이기는데 도움을 준다.

어느 한 보고서에 의하면 한 끼 식사에서 냉이 30g(7~10개), 참나물 40g(10~15개)과 취나물 45g(20~30개)을 먹을 경우 일일 영양소기준치 대비 비타민A 101%, 비타민C 35%, 비타민B2 23%, 칼슘 20%를 섭취할 수 있다고 한다.

일부 산나물 들나물을 잘못 섭취할 경우 식중독을 일으킬 수 있고 봄철 산행 시 독초를 나물로 오인해 섭취하는 경우가 발생하고 있으므로 주의가 필요하다. 산나물 올바른 식용방법 살펴보면 달래, 돌나물, 씀바귀, 참나물, 취나물, 더덕 등은 생으로 먹을 수 있지만, 두릅, 다래순, 원추리, 고사리 등은 식물 고유의 독성분을 함유하고 있어 반드시 끓는 물에 데쳐 독성분을 제거한 후 섭취해야만 한다.

특히 원추리는 성장할수록 콜히친(식중독사고의 원인이 되는 독성물질)이란 독성분이 강해지므로 반드시 어린 순만을 섭취해야 하며, 끓는 물에 충분히 데친 후 차가운 물에 2시간 이상 담근 후 조리해야 한다. 산나물 들나물 조리 시에 소금은 되도록 적게 넣고 소금 대신 들깨가루를 사용하는 것이 좋고 생채의 경우는 소금보다 식초를 넣으면 산나물이 가진 본래의 향과 맛을 살리면서 동시에 저 나트륨 음식으로 즐길 수 있다.

산나물 들나물 채취 시에 지켜야 할 사항

❶ 산나물의 이름을 알고 있어야 한다.

이름을 알아야 채취를 할 수 있고 독초에서 벗어날 수 있다.

❷ 발밑을 잘 보고 어린 순을 밟지 않도록 하여 죽이는 일은 없어야 한다.

❸ 산나물 중 뿌리를 먹는 것들은 별로 없기 때문에 뿌리 채 뽑는 것은 성장에도 도움이 되기 때문이다.

❹ 산나물 채취하려 손으로 채취한다. 산나물의 뿌리를 다치지 않게 해서 내년에도 뜯을 수 있게 해준다.

❺ 한 포기의 잎을 모두 뜯으면 산나물이 죽을 수도 있기 때문에 여러 포기에서 조금씩 뜯는 것이 좋다.

❻ 필요한 양 만큼만 딴다.

❼ 한번 딴 싹에서 나온 새싹은 마저 따지 않는다.

두릅의 경우 한번 따고 올라 온 순을 다시 따면 죽게 된다.

❽ 합법적인 채취를 해야 한다.

산골 지역의 주민뿐 아니라 일반인도 산나물 채취를 하기 전에 산림 소유자에게 사전 동의를 받는 게 원칙이다. 쉽게 생각할지는 모르나 불법채취는 엄연한 범죄이며 현행 산림법상 산림 내 산나물, 산약초 등의 임산물은 소유자의 동의를 얻어야 하며, 불법 채취는 관련법에 따라 7년 이하의 징역이나 2천만 원 이하의 벌금형을 받게 된다.

산나물과 혼동하기 쉬운 독초의 종류 및 구별법

삼지구엽초와 꿩의 다리(독초)

삼지구엽초의 난형 잎의 길이는 5~13.5cm, 너비는 1.5~7.2cm정도이고, 가장자리는 털 같은 잔 톱니가 있다. 삼지구엽초는 전체를 식용과 약용으로 쓰인다.

꿩의 다리의 잎은 길이 1.5~3.5cm, 넓이 1~3cm로 작고, 3~4개로 갈라지고 끝이 둥글다. "꿩의 다리" 도 잎, 줄기, 종자를 약용 및 식용으로 이용할 수 있지만, 성숙한 개체는 독성이 있어서 식용할 수 없다.

산마늘과 박새(독초)

산마늘은 식물 전체에서 강한 마늘 냄새가 난다. 뿌리는 파뿌리와 비슷하게 생겼고, 한 20~30cm 된다. 잎은 4~7cm되고, 2~3장 달려 있다.

박새는 잎이 여러 장 촘촘히 어긋나 있고, 잎의 아랫부분은 줄기를 감싸고 잎의 가장자리에 털도 있고, 큰 잎 길이가 20cm, 너비는 12cm는 된다. 맥이 많고 주름이 뚜렷해서 잘 구별된다.

우산나물과 삿갓나물(독초)

우산나물은 잎의 가장자리가 잘게 갈라진(거치) 잎이 깊게 2열로 갈라진 것이 5~9개가 돌려나는 것이 특징이다.

삿갓나물은 줄기 끝에 잎의 가장자리가 갈라지지 않은 잎이 6~8장이 돌려나는 특징이 있다. 삿갓나물의 뿌리도 우산나물의 뿌리처럼 약용으로 이용할 수는 있지만, 독성이 있어 소량만 사용해야 한다.

곰취와 동의나물(독초)

곰취는 잎이 부드럽고 미세한 털을 가지고 있으며 뿌리는 약용, 잎은 식용으로 쓰인다.

동의나물도 곰취의 잎과 비슷하게 생겼지만 다른점은 앞과 뒷면에 유채가 나고 두껍다. 동의나물도 뿌리를 약용으로 이용할 수 있지만, 독성이 매우 강해서 직접 먹지 않는다.

머위와 털머위(독초)

머위는 이른 봄에 꽃이 먼저 피며 잎에는 부드러운 털이 있다.

털머위는 잎이 짙은 녹색으로 두껍고 표면에 윤기가 나며 상록성으로 갈색 털이 많다. 털머위는 머위와 비슷하지만 독성을 가지고 있다.

하수오와 박주가리(독초)

하수오와 박주가리는 둘 다 덩굴성이여서 비슷하다. 하수오의 잎은 줄기에서 어긋나고(호생), 잘랐을 때 유액이 나오지 않는다.

박주가리의 잎은 줄기에서 서로 마주나며(대생) 잎을 자르면 흰색 즙이 나오는 것이 특징이다. 박주가리의 뿌리도 약용으로 이용할 수 있지만, 독성이 강하여 나물로 먹지 않는다.

한국인의 음식보약 산나물 들나물!

당뇨병에 좋은 대표적인 산나물 들나물

갯나물

해방풍, 빈방풍, 해사삼이라고도 한다.

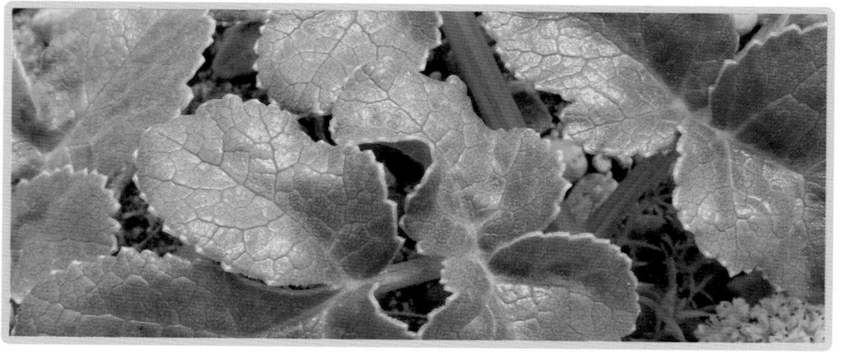

■ 식물의 형태

온몸에 흰 잔털이 빽빽하게 나 있는 여러해살이풀로 해변의 모래땅에 난다, 전체에 흰색 털이 나고 뿌리는 모래 속에 깊이 묻히며 높이는 20cm 정도이다.

■ 당뇨병에 대한 약리 효과와 효능

세발나물에는 글루카곤 유사 펩티드 성분이 함유되어 있어서 췌장의 인슐린 분비를 증가시켜주는 역활을 한다. 그래서 당 수취조절을 도와주고 항염작용을 하여 염증을 완화시키는 작용을 한다. 골다공증이나 콜레스테롤에도 좋은 식재료이다.

■ 약초의 성질

맛은 달고 쓰고 싱거우며 성질은 서늘하다.

■ 약용법

가을에 채취하여 줄기와 잔뿌리를 따고 깨끗이 씻은 다음 껍질을 벗기고 햇볕에 말린다. 쓰기에 앞서서 잘게 써는데 때로는 썬 것을 불에 볶아서 쓰기도 한다. 말린 약재를 1회에 3~6g씩 200ml의 물로 달이거나 가루로 빻아 복용한

■ 산나물 요리 먹는 방법

- 쌈으로 사용한다.
- 삶아서 물에 헹구고 양념무침을 한다.
- 뿌리를 약재로 쓴다. 연한 잎자루로 생선회를 싸 먹으면 향긋한 맛이 나며 살균작용도 한다고 한다.

곤드레(고려엉겅퀴)나물

높이가 1.2m에 이르는 큰 여러해살이풀이다.

■ 식물의 형태

밑줄기는 곧게 자라는데 가지는 갈라지면서 사방으로 넓게 퍼진다. 잎은 피침 꼴 또는 계란 꼴에 가까운 타원 꼴이고 아래쪽의 잎은 기다란 잎자루를 가지고 있다.

■ 당뇨병에 대한 약리 효과와 효능

곤드레나물 안에는 펙톨리나리게닌 성분이 들어 있는데 이 성분은 인슐린 분비를 촉진 시켜주는 성분으로 당뇨에 좋은 음식이다

■ 약초의 성질

성질은 평하고 맛은 쓰며 독이 없다.

■ 약용법

다른 엉겅퀴는 식용뿐만 아니라 약용으로 사용되는 반면, 고려엉겅퀴는 식용으로만 사용한다.

■ **산나물 요리 먹는 방법**

- 어린잎과 줄기를 채취하여 사용한다.
- 어린순을 나물로 한다. 봄철에 한꺼번에 많이 뜯어 놓았다가 삶아서 말린 다음 1년 내내 먹거리로 이용한다.
- 봄에 잎을 삶아서 쌈채로 쓰고 겨자 무침 등 나물 무침을 하여 먹으며, 기름에 볶아 소금간을 하여 먹기도 하고 국거리로도 쓴다.
- 옛날에는 구황식물로 사용하던 식물이다. 빈궁기에 곤드레밥이라 하여 주곡의 증체를 목적으로 이용되기도 하였으며, 해장국에 이용하기도 하였다. 요즘은 별미로 전국의 어디서나 맛으로 먹는 최고의 나물이다. 5~6월까지도 잎이나 줄기가 연하여 사용할 수 있다.

쑥나물

애탕쑥이라고도 한다.

■ 식물의 형태

냇가의 모래땅에서 흔히 자란다. 높이 30~100cm이다. 밑부분은 목질이 발달하여 나무같이 되고 가지가 많이 갈라진다.

■ 당뇨병에 대한 약리 효과와 효능

혈액 속 백혈구 수를 늘려 면역 기능을 높이고 몸 안의 냉기와 습기를 내보내 각종 부인병에 좋다. 쑥에는 칼슘과 칼륨이 많이 함유되어 있어 몸속 췌장의 인슐린 분비를 촉진시켜 주어 당뇨 증상에 도움을 준다.

■ 약초의 성질

성질은 맛은 쓰고 성질은 약간 차다.

■ 약용법

말린 약재를 1회에 4~8g씩 200cc의 물로 반 정도의 양이 되도록 천천히 달여서 하루 3회 복용한다.

■ 산나물 요리 먹는 방법

- 어린순은 떡에 넣어서 먹거나 된장국을 끓여 먹는다.
- 어린 지상부를 채취하여 삶아서 나물 무침을 하고 튀김을 만들거나 전을 부쳐 먹으며 국거리로 쓴다.

| 약차 | 쑥차

- 쑥 10g과 물 1L를 붓고 끓기 시작하면 약불로 줄여 30분 정도 달여준다.

| 약술 | 쑥술 쑥 적당량, 소주 준비한 재료의 3배의 양

- 쑥 잎과 꽃을 가지채로 꺾어서 큼직큼직하게 썰어 잘 씻은 다음, 물기를 빼고 가제주머니 속에 넣어 봉한다. 이 재료를 용기에 넣고 그 양의 3배 정도의 소주를 붓는다.

두릅나물

땅두릅이라고도 한다.

■ 식물의 형태

유사한 발음 때문에 땃두릅이라 불리기도 하나 땃두릅나무와는 다른 종이다. 산에서 자란다. 높이는 1.5m이고 꽃을 제외한 전체에 털이 약간 있다.

■ 당뇨병에 대한 약리 효과와 효능

두릅은 당뇨의 혈당을 낮춰주는 주고 인슐린 분비를 촉진시키는 물질이 들어 있어 당뇨에 아주 효과적이다.

■ 약초의 성질

맵고 쓰며 약간 따뜻하며 신장과 방광에 작용한다.

■ 약용법

말린 약재를 1회 3~9씩 달여서 복용한다. 뿌리를 달여 먹거나 믹서기에 갈아서 막걸리를 만들어 마시면 신경통이나 다리 통증에 좋다.

■ 산나물 요리 먹는 방법

- 산뜻한 맛과 씹히는 느낌이 좋다.
- 어린순을 나물로 해서 먹거나 국거리로 한다. 어린줄기는 껍질을 벗겨 된장이나 고추장을 찍어 먹기도 한다.
- 된장장아찌를 만들기도 한다.
- 어린순을 튀김으로 해서 먹는 방법도 있다.

| 약 차 | 땅두릅차

- 독활 3~9g, 물 700ml, 끓기 시작하면 약불로 줄여 30분 정도 달인 후 1일 2~3잔 음용한다.

민들레나물

국화과의 여러해살이풀이다.

■ 식물의 형태

민들레는 우리나라 각처의 산과 들에 흔히 자라는 다년생 초본이다. 서양민들레와의 차이는 꽃받침에서 알 수 있다.

■ 당뇨병에 대한 약리 효과와 효능

민들레에는 실리마린, 콜린, 이눌린 성분이 들어 있다. 실리마린, 콜린 성분은 간 세포의 재생을 촉진시키고 간에 지방이 쌓이는 것을 예방하는 데 도움을 주며 이눌린 성분은 혈액 속의 혈당이 급격하게 올라가는 것을 예방하여 당뇨병 예방에 도움을 준다.

■ 약초의 성질

맛은 쓰고 달며 성질이 차며 독이 없다.

■ 약용법

말린 것을 1회 5~20g씩 물 200ml에 달여서 식후 1주일 정도 복용하면 좋다. 가루는 8-15g을 물 600ml에 넣어 끓여 마신다.

■ 산나물 요리 먹는 방법

- 이른 봄에 어린 잎을 뿌리와 함께 먹는다.
- 쓴맛이 강하므로 끓는 물에 데친 후 오래 찬물에 담가 우려내어 나물 무침을 하며, 국거리로도 쓰며 장아찌를 만든다.
- 생잎을 물에 담가 쓴맛을 우려내고 겉절이나 김치를 담그기도 한다

| 약 차 | 유선염과 간 해독에 좋은 포공영차 포공영 8~15g, 물 600cc

• 재료를 넣고 넣고 달여서 하루 2~3잔으로 나누어 마신다. 이때 벌꿀이나 설탕을 약간 넣어서 먹어도 좋다.

바디나물

산과 들의 습지 근처에서 자란다.

■ 식물의 형태

뿌리줄기는 짧고 뿌리가 굵다. 줄기는 곧게 서고 모가 진 세로줄이 있으며 윗부분에서 가지가 갈라지고 높이가 80~150cm이다. 잎은 어긋나고 깃꼴로 갈라지며 작은잎은 3~5개이다.

■ 당뇨병에 대한 약리 효과와 효능

혈당 조절을 통한 당뇨 개선에 효과적인 나물로 기관지 질환에도 효과적인다.

■ 약초의 성질

맛이 쓰고 맵고 약성은 약간 찬 성질이 있다.

■ 약용법

하루 6~12g을 달여서 복용하거나 환 또는 가루를 내어 먹는다. 연삼은 건조를 하여 물 2*l* 에 연삼 30g 정도를 넣고 처음에는 샌 불에 놓고 물이 끓어오르기 시작을 하면 약한 불에 30~40분정도 달여서 냉장 보관하여 음용하면 좋다

■ 산나물 요리 먹는 방법

- 잎은 나물과 쌈, 장아찌로 만들어 먹고, 뿌리와 전초는 말려서 다리거나 말려서 담금주로 먹는다.
- 미나리 대용품으로 사용하기도 한다.

| 약 차 | 바디나물차 전호 3~9g, 물 600ml.

- 끓기 시작하면 약불로 줄여 30분 정도 달인 후 1일 2~3잔 기호에 따라 꿀이나 설탕을 가미해서 음용한다.

씀바귀나물

씀바귀는 우리나라 중부 이남의 산이나 들에 흔히 나는 다년생 초본이다.

■ 식물의 형태

생육환경은 양지 혹은 반그늘의 어느 곳에서도 잘 자란다. 키는 25~50㎝이고, 잎은 끝이 뾰족하다.

■ 당뇨병에 대한 약리 효과와 효능

입에 쓴 것이 몸에 좋다고 하는데 씀바귀의 쓴맛은 이눌린 성분 때문이다. 이 이눌린은 천연 인슐린이라서 혈당조절을 해주는 당뇨에는 최고의 음식이다. 또한 씀바귀를 먹으면 침 분비율이 2배나 높아져 당뇨의 입안 건조에도 좋은 식재료이다.

■ 약초의 성질

성질이 차고 맛이 쓰며 독이 없다.

약용법

1회에 2~4g씩 200ml의 물로 달여서 복용한다. 생 것은 200g을 물 2L에 넣고 약한 불로 달여 800ml로 졸인다.

■ 산나물 요리 먹는 방법

- 나물로 먹을 때는 살짝 데쳐서 물에 담가 쓴 맛을 우려낸 다음 볶거나 무친다. 약간 쓴맛이 난다.
- 어린순과 뿌리는 식용, 전초는 약용으로 쓰인다
- 이른 봄에 뿌리와 어린잎을 캐서 먹는 대표적인 봄나물이다.

| 약 죽 | 암세포증식을 억제시키는 씀바귀 죽 씀바귀 70g, 두유1컵, 백미 2컵, 소금 약간

• 백미를 물에 넣어 충분하게 불린 다음 물기를 제거한다. 씀바귀를 깨끗하게 씻어 믹서에 물을 조금 넣고 간다. 질그릇냄비에 쌀알이 퍼질 때까지 쑨다.

엉겅퀴나물

좁은잎엉겅퀴, 가시엉겅퀴, 흰가시엉겅퀴라고 한다.

■ 식물의 형태

산이나 들에서 자란다. 줄기는 곧게 서고 높이 50~100cm이고 전체에 흰 털과 더불어 거미줄 같은 털이 있다. 뿌리 잎은 꽃필 때까지 남아 있고 줄기 잎보다 크다.

■ 당뇨병에 대한 약리 효과와 효능

엉겅퀴는 항암작용을 하면서 독이 없으면서 쓴맛이 작고 당뇨에 좋은 식재료이다.

■ 약초의 성질

성질은 평하고 맛은 쓰며 독이 없다.

■ 약용법

6~8월경 꽃이 피는 시기에 지상부를, 9월경에 뿌리를 캐서 햇볕에 말린다. 말린 약재를 1회에 2~4g씩 200ml의 물로 달이거나 가루로 빻아서 복용한다.

■ **산나물 요리 먹는 방법**

- 어린잎을 채취하여 싱싱한 상태로 데쳐서 무쳐먹거나 튀김으로 조리할 수 있다.
- 어린잎이나 부드러운 줄기와 뿌리, 줄기를 식재로 이용한다.튀김으로 할 때는 어린잎과 꽃, 줄기도 함께 채취하여 사용할 수가 있다. 줄기는 쓴맛이 있어서 물에 불려 제거한 후에 사용한다.

| **약 차** | 대계차/엉겅퀴차 대계 9~15g(신선품 30g), 물 600ml.
- 끓기 시작하면 약불로 줄여 30분 정도 달인 후 기호에 따라 꿀이나 설탕을 가미해서 음용한다.

원추리나물

훤초근. 의남, 원초라고도 한다. 넘나물이라고도 한다. 산지에서 자란다.

■ 식물의 형태

높이 약 1m이다. 뿌리는 사방으로 퍼지고 원뿔 모양으로 굵어지는 것이 있다. 봄철에 어린순을 나물로 먹는다.

■ 당뇨병에 대한 약리 효과와 효능

원추리에는 각종 비타민, 칼슘, 칼륨 등 미네랄이 풍부하여 다이어트 항암, 당뇨예방에 좋다.

■ 약초의 성질

성질이 서늘하고 맛이 달고 독이 있다

■ 약용법

약재를 1회에 2~4g씩 200ml의 물로 달여서 복용한다. 경우에 따라서는 생뿌리로 즙을 내어 복용하기도 한다.

■ 산나물 요리 먹는 방법

• 달고 감칠맛이 나며 산나물 가운데에서는 맛이 좋다.
• 어린순을 나물로 하거나 국에 넣어 먹는다. 고깃국에 넣으면 더욱 맛이 좋다. 생것을 그냥 기름에 볶아 먹어도 좋다.
• 원추리는 전초에 독특한 냄새와 독성이 있으므로 절대로 생으로 먹으면 안된다.

| **약 차** | **혈액순환에 좋은 원추리차** 원추리의 어린잎 한줌, 물

• 원추리의 어린잎을 따서 깨끗이 씻은 다음 말린다. 말린 것을 끓는 물에 넣고 불을 줄여 뭉근하게 달여서 마시면 된다.

질경이나물

질경이는 우리나라 각처의 들과 산, 길가에 나는 다년생 초본이다.

■ 식물의 형태

생육환경은 양지 혹은 반그늘 어느 곳에서도 잘 자란다. 키는 10~50㎝이고, 잎은 길이가 4~15㎝, 폭이 3~8㎝로 많은 잎이 뿌리에서 퍼진다.

■ 당뇨병에 대한 약리 효과와 효능

꽃이 피기 전 어린순을 캐서 나물 반찬 또는 국으로 만들어 먹는 질경이다. 열량이 낮고 비타민 A, 비타민 B1 비타민 C가 풍부한 들깨를 넣어 만들면 영양학적으로 좋은 당뇨에 좋은 음식 저칼로리 영양식이다.

■ 약초의 성질

맛은 달고 성질은 차다.

■ 약용법

말린 약재 5~10g에 물 800㎖를 넣고 약한 불에서 반으로 줄여 마신다.

■ 산나물 요리 먹는 방법

- 연한 잎을 채취하여 나물로 먹거나 녹즙으로 갈아먹으면 좋다.
- 질겨진 것은 삶아서 말려 두었다가 나중에 먹을 때 물에 불려 사용할 수가 있다.
- 나중에 나물로 무치거나 기름에 볶아 먹기도 한다.
- 특히 여자들에게 좋아서 많이 사용한다.

| 약 차 | 질경이차 마른 질경이잎 10g(생초 20g).

• 물 1L를 붓고 끓기 시작하면 약불로 줄여 30분 정도 달여주며 1일 2~3회 음용한다.

| 약 죽 | 만성기관지염과 방광염에 좋은 질경이죽 차전자 30g, 백미 60g

백미를 물에 넣어 충분하게 불려둔다. 차전자를 천주머니에 싼 다음 질그릇냄비에 넣고 물에 부어 끓인다. 끓으면 5분가량 지난 다음에 주머니를 건져내고 물남 받아 죽을 쑤면 완성된다.

죽순나물

세계적으로 분포하며 특히 아시아의 계절풍 지대에 흔하다.

■ 식물의 형태

우리나라에서는 중부 이남과 제주도에 많이 분포하고 있다. 키가 큰 왕대속의 경우에는 높이 30m, 지름 30cm 까지 자라기도 한다.

■ 당뇨병에 대한 약리 효과와 효능

불로장생의 묘약으로 통하는 죽순의 영양성분은 양파보다 3배이고 바나나 보다 2배나 더 많다. 그래서 옛날부터 당뇨의 소갈을 치료해 왔고 고혈압이나 고지혈증 환자에게도 맞춤 나물이다.

■ 약초의 성질

성질이 차고 단맛이 난다.

■ 약용법

건위와 불면증을 치료한다.

■ 산나물 요리 먹는 방법

• 여러가지로 조리하여 먹는다.

| 약 차 | 머리와 눈을 맑게 하는 **죽엽차** 죽엽 한줌, 물

• 죽엽을 따서 깨끗이 씻은 다음 바싹 말려 두었다가 끓는 물에 넣고 달이면 된다. 한편 바싹 마른 죽엽을 꿀에 발라 보관해두었다가 필요시 달여서 마시기도 한다.

| 약 죽 | 비만예방과 불면증해소에 효과적인 **죽순죽** 죽순 20g, 현미찹쌀 70g, 들기름과 소금 약간

• 현미찹쌀을 물에 넣어 충분하게 불려둔다. 현미찹쌀 뜨물에 죽순을 담가 아린 맛을 제거한 다음 잘게 썰어 둔다. 질그릇냄비에 넣어 물을 붓고 죽을 쑤면 된다.

찔레순나물

장미과의 갈잎떨기나무 찔레나무의 열매이다.

■ 식물의 형태

높이는 2m까지 곧추서서 자라고 가시가 있다. 가지 끝이 밑으로 처지고 어린 가지에 털이 없거나 있는 것도 있다. 잎은 어긋나고 깃꼴 복엽이다. 소엽은 5~9장이고 모양이 타원형 또는 도란형으로 양끝이 좁아진다.

■ 당뇨병에 대한 약리 효과와 효능

찔레순에는 풍부한 아미노산과 비타민, 사포닌 등이 들어있어 이를 건조시켜 먹으면 항산화 효과가 몇 배는 증가하게 된다. 신장과 췌장에 작용하여 당뇨로 인한 단백질이 소변에 섞여 나오는 소변당 예방에 효과적이다.

■채취시기

봄에 연한 순을 채취하여 사용한다.

■ 약용법

약용은8~9월경에 반쯤 익은 열매를 채취해 깨끗이 씻은 다음 응달에서 말려 사용한다.

■ 산나물 요리 먹는 방법

- 봄에 어린 순을 끓는 물에 살짝 데친 후 찬물에 헹구어 나물로 먹는다.

화살나무

산야에서 흔히 자란다.

■ 식물의 형태

높이 3m에 달하고 잔가지에 2~4개의 날개가 있다. 잎은 마주달리고 짧은 잎자루가 있으며, 가장자리에 잔 톱니가 있다.

■ 당뇨병에 대한 약리 효과와 효능

화살나무에는 당뇨의 좋은 성분이 검출되었고 당뇨 인슐린 분비를 늘리는 작용이 있다. 퀘르세틴과 오메가9가 당뇨 합병증을 감소시키고 췌장의 세포를 보호하여 인슐린 분비를 증가시켜 준다고 한다.

■ 약초의 성질

맛은 쓰고 성질은 차다.

■ 약용법

어느 때든지 채취할 수 있으며 줄기나 가지를 채취하여 말린 다음 잘게 썰어서 쓴다. 말린 약재를 1회에 2~4g씩 200ml의 물로 뭉근하게 달이거나 가루로 빻아 복용한다. 혈액순환, 염증, 여러가지 출혈과 어혈에 좋다. 임산부는 복용하지 않도록 한다.

■ **산나물 요리 먹는 방법**

- 어린잎을 나물로 하거나 잘게 썰어 쌀과 섞어서 밥을 지어먹는다.
- 먹을 만하나 약간 쓴맛이 나므로 데쳐서 잠시 흐르는 물에 우렸다가 조리한다.

한국인의 음식보약 산나물 들나물!

암에 좋은 대표적인 산나물 들나물

가시오갈피나물

오갈피는 두릅나무과에 녹하는 낙엽활엽관목이다.

■ 식물의 형태

뿌리 근철에서 가시가 많이 갈라져서 사방으로 퍼진다.

■ 암에 대한 약리 효과와 효능

가시오갈피에서 나오는 추출물인 에탄올과 분획물의 항돌연변이 효과 실험결과 80% 이상의 돌연변이 억제 효과를 나타냈다는 결과가 있으며 암세포 억제 실험에서 위암, 폐암, 유방암, 간암 등의 세포에 대해 60% 이상의 암세포 억제 활성을 나타냈다. 유방암세포에 대해서는 82.7%와 간암세포에 대해서는 82%의 높은 암세포 성장 억제율이 실험 결과 나타났다.

약초의 성질

맛이 맵고 쓰며 따뜻하고 고유 독특한 향이 있다.

■ 약용법

하루 6~9g을 탕제, 산제, 환제, 주제 형태로 만들어 먹는다.

■ 산나물 요리 먹는 방법

- 봄에 어린 순을 채취하여 생으로 초장을 찍어 먹는다.
- 부드러운 잎을 끓는 물에 살짝 데친 후 잠시 찬물에 담가 떫은 맛을 우려내고 쌈채로 쓰거나 나물 무침을 만들어 먹는다.

| 약 술 | 오가피술 오가피 150g, 소주 1000㎖, 설탕 150g, 과당 50g

- 잘게 썬 오가피를 용기에 넣고 25°짜리 소주를 부은 다음 뚜껑을 밀봉하여 시원한 곳에 보관한다.

| 약 차 | 오가피차 오가피 15g, 물 600ml.

- 용기에 넣고 끓기 시작하면 약불로 줄여서 30분 정도 달여준 후 꿀등을 첨가해서 뜨겁게 음용한다.

개미취나물

전국의 산지의 숲속에서 자라는 여러해살이풀로 세계적으로는 분포한다.

■ 식물의 형태

줄기는 곧추서며, 위쪽에서 가지가 갈라지고, 높이 100-150cm, 짧은 털이 난다. 뿌리잎은 꽃이 필 때 마르며, 큰 것은 길이 50cm에 이른다.

■ 암에 대한 약리 효과와 효능

개미취 뿌리에는 항암작용을 하는 성분이 함유되어 있어 암세포의 성장과 증식을 억제해준다. 이것은 에피프리에델라놀이라는 성분으로 세포노화를 억제하고 세포 노화로 형태가 변화되는 종양, 암세포의 성장을 억제해준다. 약리실험에서 개미취의 항암작용이 입증되었는데, 개미취의 추출물이 유방암 세포의 82.9%를 억제하는 효과를 보였다.

■ 약초의 성질

맛은 쓰고 매우며 성질은 따뜻하다. 폐에 작용한다.

■ 약용법

가래에는 잔뿌리를 말려 두었다 달여 먹으면 가래를 삭이고 피부에 윤기가 흐르게 하며 갈증도 멎게한다. 급성 기관지염, 폐농양에도 사용한다.

■ 산나물 요리 먹는 방법

• 취나물 종류의 하가지로 먹고 있으나 쓴맛이 강하여 데쳐서 여러 날 흐르는 물에 우려낸 다음 말려서 조리해 먹는다.
오래도록 갈무리해 두는 것은 쓴맛을 없애기 위한 것이다.

갯방풍나물

해방풍, 빈방풍, 해사삼이라고도 한다.

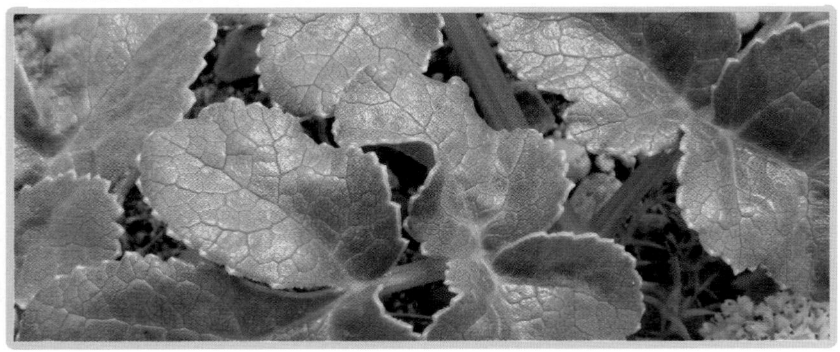

■ 식물의 형태

온몸에 흰 잔털이 빽빽하게 나 있는 여러해살이풀로 해변의 모래땅에 난다, 전체에 흰색 털이 나고 뿌리는 모래 속에 깊이 묻히며 높이는 20cm 정도이다.

■ 암에 대한 약리 효과와 효능

갯기름나물과 방풍에는 octanal, nonanal, hexanal, cuparene, βeudesmol 등의 정유성분과 마니톨(mannitol), 고미배당체, 쿠마린(coumarins) 과 크로몬(chromone) 계열의 화합물이 함유되어 있는데, 이들 화합물은 소염, 진통 등을 비롯해 항암, 항산화에 효과와 관련 있다

■ 약초의 성질

맛은 달고 쓰고 싱거우며 성질은 서늘하다.

■ 약용법

가을에 채취하여 줄기와 잔뿌리를 따고 깨끗이 씻은 다음 껍질을 벗기고 햇볕에 말린다. 쓰기에 앞서서 잘게 써는데 때로는 썬 것을 불에 볶아서 쓰기도 한다. 말린 약재를 1회에 3~6g씩 200ml의 물로 달이거나 가루로 빻아 복용한다.

■ 산나물 요리 먹는 방법

- 쌈으로 사용한다.
- 삶아서 물에 헹구고 양념무침을 한다.
- 뿌리를 약재로 쓴다. 연한 잎자루로 생선회를 싸 먹으면 향긋한 맛이 나며 살균작용도 한다고 한다.

고들빼기나물

한 해 또는 두해살이풀로 중국에도 분포한다.

■ 식물의 형태

생육환경은 양지 혹은 반그늘에서 자란다. 키는 20~80cm이고, 잎은 길이 2.5~5cm, 폭 1.4~1.7cm로 표면은 녹색, 뒷면은 회청색이고 끝은 빗살처럼 갈라진다.

■ 암에 대한 약리 효과와 효능

최근 연구결과 여러 가지 발암성 물질에 대해 고들빼기 생즙의 경우 20.7%~85.2%의 억제율이 나타났다.

■ 약초의 성질

맛은 약간 쓰고 성질은 따뜻하다.

약용법

봄에서 여름 사이에 채취하여 햇볕에 말리거나 생으로 쓴다. 말린 것은 쓰기 전에 잘게 썬다. 말린 약재를 1회에 5~10g씩 200ml를 물에 넣어 반으로 달여 복용한다.

■ **산나물 요리 먹는 방법**

- 연한 잎을 쌈채로 이용하거나 삶아서 나물 무침을 한다.
- 국거리로 쓰고 장아찌를 만든다.
- 뿌리와 어린잎을 식용으로 캐서 나물로 먹기도 하고 김치도 만들어 먹는다.

고사리나물

다년생 식물로써 겨울에는 잎이 떨어진다.

■ 식물의 형태

고사리는 하나의 종을 지칭하는 말이 아니라, 약 10여 가지의 종이 속하는 속을 가르키는 말이다.

■ 암에 대한 약리 효과와 효능

고사리는 산에서 나는 소고기라고 할 만큼 영양이 풍부하고 천연 항산화제 베타카로틴이 많아 암을 예방시켜 주고 위염, 위궤양에 효과가 좋다.

■ 약초의 성질

맛은 쓰고 성질은 따뜻하며 신장에 작용한다.

■ 약용법

말린 약재를 1회에 4~8g씩 200ml의 물로 달여서 복용한다. 위가 냉하거나 저혈압, 빈혈이 있는 경우 피해야 한다.

주의사항 음이 허한 사람과 어혈이 없는 사람이 사용해서는 안 된다.

■ 산나물 요리 먹는 방법

- 고사리는 잎이 땅 위로 올라와서 잎이 완전히 전개되기 전에 채취하여 사용하여야 한다.
- 고사리의 어린순은 어릴수록 부드럽고 고사리나물을 만들어 먹고 뿌리줄기의 전분은 빵을 만드는데 사용하기도 한다.
- 봄에 연한 순을 채취하여 끓는 물에 삶아서 말린 후 묵나물로 만든다.
- 요리를 할 때는 물에 불려서 나물 무침을 하거나 국거리로 사용한다.

곤드레(고려엉겅퀴)나물

높이가 1.2m에 이르는 큰 여러해살이풀이다.

■ 식물의 형태

밑줄기는 곧게 자라는데 가지는 갈라지면서 사방으로 넓게 퍼진다. 잎은 피침 꼴 또는 계란 꼴에 가까운 타원 꼴이고 아래쪽의 잎은 기다란 잎자루를 가지고 있으나 위쪽에 생겨나는 잎에는 잎자루가 없다.

■ 암에 대한 약리 효과와 효능

곤드레나물 안에는 베타카로틴, 비타민C 등의 성분이 들어있는데 항산화 물질로 몸속 노폐물을 제거해주면 독소를 몸밖으로 배출해주는 역할을 한다.

■ 약초의 성질

성질은 평하고 맛은 쓰며 독이 없다.

■ 약용법

다른 엉겅퀴는 식용뿐만 아니라 약용으로 사용되는 반면, 고려엉겅퀴는 식용으로만 사용한다.

■ 산나물 요리 먹는 방법

- 어린잎과 줄기를 채취하여 사용한다.
- 어린순을 나물로 한다. 봄철에 한꺼번에 많이 뜯어 놓았다가 삶아서 말린 다음 1년 내내 먹거리로 이용한다.
- 봄에 잎을 삶아서 쌈채로 쓰고 겨자 무침 등 나물 무침을 하여 먹으며, 기름에 볶아 소금간을 하여 먹기도 하고 국거리로도 쓴다.
- 옛날에는 구황식물로 사용하던 식물이다. 빈궁기에 곤드레밥이라 하여 주곡의 증체를 목적으로 이용되기도 하였으며, 해장국에 이용하기도 하였다. 요즘은 별미로 전국의 어디서나 맛으로 먹는 최고의 나물이다. 5~6월까지도 잎이나 줄기가 연하여 사용할 수 있다.

곰취나물

국화과의 여러해살이풀이다.

■ 식물의 형태

식물 전체에 털이 없고 뿌리줄기에서 나오는 잎은 길이가 85㎝까지 자란다. 줄기에는 3장 정도의 잎이 둥글게 달린다.

■ 암에 대한 약리 효과와 효능

에탄올과 메탄올 추출물에 대한 항암 활성을 간암세포를 이용하여 비교 실험한 결과 각각 79.2%와 89.4%의 높은 암세포 성장 억제효과를 나타내었다. 특히자궁암세포에 대해서 에탄올 추출물이 50%~56%의 억제 활성을 나타냈다. 폐암세포에 대해서는 91%의 높은 억제 활성을 나타내었다.

■ 약초의 성질

맛은 달고 성질이 따뜻하다.

■ 약용법

가을에 뿌리를 캐서 말린다. 뿌리줄기와 잔뿌리를 함께 약재로 쓴다.

■ 산나물 요리 먹는 방법

• 어린잎을 나물이나 쌈으로 먹는데 나물로 할 때에는 데쳐서 말려 갈무리해 두었다가 필요에 따라 조리한다.

• 쌈으로 먹을 때는 가볍게 데쳐서 찬물에 잠시 우렸다가 먹는다. 취나물 가운데서 제일 유명한 대표적인 산채나물이다.

• 잎을 끓는 물에 살짝 데친 후 찬물에 헹구어 나물 무침을 한다. 삶은 것을 말려서 묵나물로 이용한다.

• 어린 생잎을 쌈채로 먹거나 간장장아찌를 만든다.

냉이나물

들이나 밭에서 자란다.

■ 식물의 형태

전체에 털이 있고 줄기는 곧게 서며 가지를 친다. 높이는 10~50cm이다. 뿌리잎은 뭉쳐나고 긴 잎자루가 있으며, 깃꼴로 갈라지지만 끝부분이 넓다.

■ 암에 대한 약리 효과와 효능

최근 연구 결과 가종 변이원 물질에 대해서 낸이 생즙이 45.8%~95.2%의 높은 억제 활성을 나타낸 사실이 밝혀졌다.

■ 약초의 성질

성질이 따뜻하고 맛이 달며 독성은 없다.

■ 약용법

단백질, 칼슘, 철분 등이 풍부하고 비티민A가 많아 춘곤증 예방에 좋다. 또한 간을 건강하게 하고 눈을 밝게 하며 소화를 돕는다.

■ 산나물 요리 먹는 방법

- 어린잎을 나물로 식용한다.
- 입맛을 돋구기도하고 다양한 영양분이 함유되어 있어 봄철에 아주 좋다.
- 새순을 끓는 물에 데친 후 찬물에 헹궈 쌈장에 찍어먹거나 나물 무침을 하며 된장국의 국거리로도 쓴다.

| 약 죽 | 냉이새우죽

- 새우 100g, 냉이 100g, 백미 1컵, 다시마물 5컵, 참기름 1/2큰 술, 된장 1큰 술
- 죽을 쑤어 먹는다.

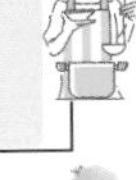

다래나물

■ 식물의 형태

생육환경은 산지의 숲이나 등산로 반그늘진 곳에서 자란다. 키는 2~5m 정도이고, 잎은 넓은 난형과 타원형으로 가장자리에 가늘다.

■ 암에 대한 약리 효과와 효능

다래나무뿌리에 항암성분이 함유되어 있는 것이 밝혀졌는데, 다래나무뿌리에는 항암작용이 있으며, 이밖에 소변불리, 황달, 부종, 상처, 연주창, 대하 등에 처방되기도 한다. 이와 함께 위암, 식도암, 유방암, 간염, 관절염 등에도 쓰여 진다.

■ 약초의 성질

차갑고 맛은 시며 달고 독은 없다.

■ 약용법

당뇨병 말린 열매 10~15g을 물 600~700ml에 넣어 물이 반이 되도록 달인다. 달인물을 하루에 2~3번 나눠 마신다.

■ 산나물 요리 먹는 방법

- 어린잎을 나물로 먹는다.
- 우려낸 것을 말린 후 묵나물이나 장아찌로 만든다.
- 열매는 생으로 먹기도 한다.

| 약 술 | 다래술

- 다래 400g, 소주 1800㎖, 얼음과 설탕 5~20g
- 다래를 깨끗이 씻은 후에 물기를 완전히 제거한다. 다래를 용기에 넣고 소주를 부은 다음 얼음과 설탕을 넣는다. 공기가 통하지 않게 뚜껑을 밀봉하여 시원한 곳에 6개월 이상 보관하여 숙성시킨다.

달래나물

산과 들에서 자란다.

■ 식물의 형태

백합과의 여러해살이풀로 키가 5~12cm 정도이고 잎의 길이가 10~20cm정도이다. 흰 꽃은 4월경에 피고 열매는 둥그런 삭과로 익는다.

■ 암에 대한 약리 효과와 효능

연구결과 달래 생즙이 여러 가지 변이된 물질에 대해서 34.5%~98.2%의 높은 억제 활성을 나타내는 것이 확인되었다.

■ 약초의 성질

맵고 따뜻하다.

■ 약용법

달래는 봄과 가을에 캐서 이용한다. 시중에서는 겨우내 달래를 구경할 수 있지만 실제 밭에서 자라는 모습을 지켜보면 3월 말은 지나야 알뿌리와 함께 캐서 이용할 수 있다.

5~12g 신선한 것을 짓찧어 즙을 0.5~37.5g 달여 복용한다.

■ 산나물 요리 먹는 방법

- 어린잎과 뿌리로 국을 끓여먹는다.
- 이른 봄에 어린 순을 뿌리째 채취하여 생으로 나물 무침을 한다.
- 장아찌를 만들기도 한다.

더덕나물

사삼이라고도 한다.

■ 식물의 형태

해발 2,000m 이상의 높은 산에서부터 들판, 구릉, 강가, 산기슭, 고원지대 등 도처에 자생하고 있다. 뿌리는 도라지나 인삼과 비슷하다.

■ 암에 대한 약리 효과와 효능

최근 더덕 70% 에탄올 추출물 및 그 분획물에 대한 실험에서 높은 황산화 효과와 뛰어난 환원력을 나타내었고 특히 에틸아세테이트 분획물에서 가장 높은 항산화 효과를 보였다.

■ 약초의 성질

맛은 달고 성질은 평하며 비, 폐에 작용하여 기와 폐를 보하고 진액을 불려준다.

■ 약용법

몸집 속에 함유되어 있는 흰 즙에 사포닌(Saponin)의 한 종류가 들어 있다. 약용으로는 가을에 채취하여 줄기와 잔뿌리를 제거하고 물로 깨끗이 씻은 다음 말려서 사용한다.

■ **산나물 요리 먹는 방법**

- 어린잎을 삶아서 나물로 만들어 먹고 쌈으로 먹기도 한다.
- 껍질은 두들겨서 납작해진 것을 찬물에 담가 쓴맛을 우려낸 다음 고추장을 발라 구워 먹는다.
- 잎은 생으로 쌈채로 먹거나 삶아서 말렸다가 묵나물로 이용하거나 차를 끓여 마신다.

| 약 차 | 더덕차

- 만삼 10g, 물 600ml. 용기에 넣고 끓기 시작하면 약불로 줄여 30분 정도 달여준 후 1일 2~3잔 음용한다.

약쑥나물

약쑥, 사재발쑥, 모기태쑥이라고도 한다.

■ 식물의 형태

국화과의 여러해살이풀로 뿌리줄기가 옆으로 기면서 자란다. 잎은 어긋나고 날개깃처럼 깊게 4~8갈래로 갈라져 있으며 향기가 난다.

■ 암에 대한 약리 효과와 효능

약쑥 생즙과 에탄올 추출물에 대한 발암 물질 억제 실험에서 83%의 높은 억제 효과를 나타내었으며 섬유육종암세포에 대해서는 에탄올 추출물이 90%와 위암세포에서는 68%의 암세포 성장 억제율을 보였다.

■ 약초의 성질

쓰고 성질이 차다.

■ 약용법

말려 보관한 쑥잎 10~15g(1일 분량)을 물 500ml에 넣고 은근한 불에 달인다.

■ 산나물 요리 먹는 방법

- 어린순은 떡에 넣어서 먹거나 된장국을 끓여 먹는다.
- 어린 지상부를 채취하여 삶아서 나물 무침을 하고 튀김을 만들거나 전을 부쳐 먹으며 국거리로 쓴다.

| 약 차 | 쑥차

- 쑥 10g과 물 1L를 붓고 끓기 시작하면 약불로 줄여 30분 정도 달여준다.

| 약 술 | 쑥술 쑥 적당량, 소주 준비한 재료의 3배의 양

- 쑥 잎과 꽃을 가지채로 꺾어서 큼직큼직하게 썰어 잘 씻은 다음, 물기를 빼고 가제주머니 속에 넣어 봉한다. 이 재료를 용기에 넣고 그 양의 3배 정도의 소주를 붓는다.

도라지나물

굵은 뿌리줄기를 가지고 있는 여러해살이풀이다.

■ 식물의 형태

줄기는 곧게 서고 40~80cm 정도의 높이로 자라며 가지를 거의 치지 않는다. 잎은 마디마다 서로 어긋나게 자리하거나 2~3장의 잎이 나기도 한다.

■ 암에 대한 약리 효과와 효능

도라지 에틸아세테이드 추출물에서 높은 항산화 효과가 나타났으며 산화적 스트레스로부터 세포를 보호해준다는 연구 사실이 밝혀졌다.

■ 약초의 성질

맛은 맵고 쓰며 성질은 평하다. 기침을 멈추고 담을 없애는 작용을 한다.

■ 약용법 거담작용과 진해작용을 한다.

■ 산나물 요리 먹는 방법

• 가늘게 쪼개 물에 담가서 우려낸 다음 생채로 하거나 가볍게 데쳐서 나물로 해서 먹는다.

• 가을에 뿌리를 채취하여 먹는다. 생으로 또는 물에 담가 우려낸 것을 가늘게 쪼개어 나물 무침을 하거나 고추장장아찌를 담근다.

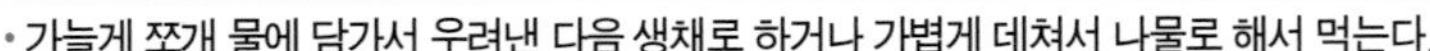

| 약 술 | 도라지술 도라지 뿌리 600g, 소주 1800㎖

• 도라지를 뜨물에 깨끗이 씻어 물기를 빼고 3cm의 길이로 자른 후에 용기에 넣어 소주를 붓고 뚜껑을 밀봉한 다음 서늘한 곳에 보관하면 된다.

| 약 차 | 길경차 말린 도라지 10g, 감초 10g, 꿀 약간, 물

• 차관에 재료를 넣고 물을 부어 끓이는데, 끓기 시작하면 불을 줄여 뭉근하게 달이면 됩니다. 달인 다음 체로 밭쳐 꿀을 타서 마시면 좋습니다.

| 약 죽 | 도라지죽 도라지 30g, 잣 10g, 쌀 1/2컵

• 백미를 물에 넣어 충분하게 불린 다음 물기를 제거한다. 도라지는 껍질을 벗긴 다음 곱게 다져 잣과 쌀을 넣어 질그릇 냄비에 약한 불로 죽을 쑨다.

돌나물

산에서 자란다.

■ 식물의 형태

줄기는 옆으로 뻗으며 각 마디에서 뿌리가 나온다. 꽃줄기는 곧게 서고 높이는 15cm 정도이다.

■ 암에 대한 약리 효과와 효능

돌나물속 아크레세덤(Sedum acre L.)은 오래 전부터 알칼로이드가 함유되어 있는 항암성 동약으로 알려졌다. 돌나물의 신선한 전초를 짓찧어 피부암이나 유방암 환부에 붙이거나, 전초 엑기스를 암부위에 붙인다.

■ 약초의 성질

성질이 차고 싱거운 맛이 있어 몸에 열이 많은 사람에게 잘 맞는다.

■ 약용법

신선한 돌나물 60g 정도를 짓이겨 하루에 2번 즙을 내어 마신다. 말린 전초를 4~15g에 물 700ml를 넣고 2~3시간 달여 식전 또는 식후 1시간 후에 복용하고 그 찌꺼기로는 환부를 찜질한다. 해열, 소종, 몸속 독성을 없애는 효능이 있다.

■ 산나물 요리 먹는 방법

- 연한순은 나물로 하고 어린 줄기와 잎은 김치를 담가 먹는데 향미가 있다.
- 잎에 많은 물기를 있어 나물이나 국거리 등으로는 적합하지 않다.
- 담백한 맛이 있고 씹히는 느낌이 좋으므로 김치를 담가서 먹는다.

머위나물

쌍떡잎식물 초롱꽃목 국화과의 여러해살이풀이다.

■ 식물의 형태

산록의 다소 습기가 있는 곳에서 잘 자란다. 굵은 땅속줄기가 옆으로 뻗으면서 끝에서 잎이 나온다.

■ 암에 대한 약리 효과와 효능

최근 들어 독일, 스위스, 프랑스 등지에서 가장 탁월한 항암치료제로 각관을 받고 있다. 즉 스위스 자연요법의사 알프레드 포겔 박사는 "머위는 독성이 없으면서 가장 강한 항암 작용을 하는 식물이다."라고 극찬을 했다.

■ 약초의 성질

따뜻하고 달고 독이 없다.

■ 약용법

9월경 채취하여 그늘앞에 말린다. 10~15g을 달이던가 또는 짓찧어 낸 즙을 복용한다.

■ **산나물 요리 먹는 방법**

- 봄에 잎과 줄기를 채취하여 나물로 먹는다.
- 약간 떫은맛이 나므로 끓는 물에 데친 후 찬물에 담가 우려내고 쌈채로 먹으며 나물 무침이나 튀김을 만든다. 데친 것을 국거리로 쓴다.
- 꽃이 피기 전의 꽃봉오리는 생채로 된장장아찌를 만들어 먹는다.

무릇나물

우리나라 각처의 들이나 산에서 자라는 다년생 초본이다.

■ 식물의 형태

생육환경은 양지바른 곳이면 어디서든지 자란다. 키는 20~50cm이고, 잎은 선처럼 가늘고 길며 여러 장의 잎이 밑동에서 나온다. 잎끝은 날카로우며 길이는 15~30cm, 폭은 0.4~0.6cm이다.

■ 암에 대한 약리 효과와 효능

무릇으로 한 실험 결과에서 무릇 생즙이 여러 종류의 변이원에 대해서 47.5%~99.3%의 강한 돌연변이 억제 효과를 나타내었다.

■ 약초의 성질

맛은 쓰고 성질은 서늘하다.

■ 약용법

6~7월에 전초와 알뿌리를 캐서 말린다. 말린 알뿌리를 1회에 3~4g씩 200ml의 물로 달여서 복용한다.

■ **산나물 요리 먹는 방법**

- 비타민이 많이 들어 있어 잎을 데쳐서 무치거나 비늘줄기를 간장에 조려서 반찬으로 먹는다.
- 비늘줄기를 고아서 엿으로 먹기도 했다.

미나리나물

산형과에 속하는 여러해살이풀이다.

■ 식물의 형태

키가 30㎝ 정도이고 줄기 밑에서 많은 가지가 나온다. 잎은 깃털처럼 갈라진 겹잎으로 어긋나고, 잔잎은 난형으로 톱니가 있다.

■ 암에 대한 약리 효과와 효능

돌미나리의 약성 중에 발암물질 억제 활성이 강한 것으로 알려졌다.

■ 약초의 성질

성질이 평하고 차고 맛이 달다. 독이 없다.

■ 약용법

9~10월에 지상 부분을 채취하여 햇볕에 말린다. 말린 전초 37.5~75g을, 꽃은 7~11g을 물에 달여서 복용한다.

■ 산나물 요리 먹는 방법

- 잎과 줄기는 식용하며, 습지 수질정화용으로 심는다. 또한 매운탕을 끓일 때 비린내를 제거한다.
- 돌미나리는 향이 짙기 때문에 데쳐 나물로 먹으면 좋다.
- 줄기를 잘게 썰어 생채 그대로 양념에 버무려 먹는다. 겉절이, 물김치를 담그고 장아찌를 만들며 국거리로도 쓴다.

| 약 차 | 중풍을 예방하는데 탁월한 혈압차 미나리차 밭미나리 뿌리 100g.

• 미나리 뿌리를 씻어서 솥에 넣은 뒤 물을 적당히 붓고 10~15분간 달여서 식으면 그 약액을 차 대신 수시로 마시면 된다.

| 약 죽 | 혈관경화증에 효과적인 미나리 죽 뿌리달린 미나리 120g, 백미 1/2컵

백미를 물에 넣어 충분하게 불린 다음 물기를 제거한다. 미나리를 뿌리 채 깨끗하게 씻어 손질한 다음 먹기 좋게 자른다.질그릇냄비에 쌀을 넣어 볶다가 물을 붓고 흰죽을 쑨다.

미역취나물

■ 식물의 형태

국화과의 여러해살이풀로 키가 50㎝정도 자라고 잎이 어긋나게 달려있다. 밑에 달린 잎은 꽃이 개화할 때 떨어지고 위의 잎은 난형이다. 잎자루는 위로 올라갈수록 짧아지면서 없어진다.

■ 암에 대한 약리 효과와 효능

미역취에는 항암 효과와 관련이 있는 비타민A함량이 많이 들어있다.

■ 약초의 성질

맛은 맵고 쓰며 차갑다.

■ 약용법

봄의 어린잎과 여름 잎을 나물로 먹고 꽃과 잎을 말려 한약재로도 사용한다. 미역취의 전초 말린 것을 할 10~20g 정도를 물 1L에 넣고 달여 하루에 2회에서 3회 정도로 나누어 마시거나 찧어 환부에 붙이거나 달인 물로 환부를 닦아내기도 한다.

■ **산나물 요리 먹는 방법**

- 맛이 좋고 비타민 A가 풍부해 산나물의 대표로 불린다.
- 잎이 미역내피와 모양이 비슷해 미역취라고 부른다.
- 봄에 어린 순을 채취하여 나물로 먹는다.
- 쓴맛이 강하므로 끓는 물에 데친 후 찬물에 오래도록 담가 충분히 우려내어 나물 무침을 만들어 먹고 국거리로 쓴다.

민들레나물

국화과의 여러해살이풀이다.

■ 식물의 형태

민들레는 우리나라 각처의 산과 들에 흔히 자라는 다년생 초본이다. 서양민들레와의 차이는 꽃받침에서 알 수 있다.

■ 암에 대한 약리 효과와 효능

누구나 알고 있듯이 민들레는 생명력이 매우 질긴 식물로 정평이 나있는데, 유방암에 효과가 있고 해독과 청혈작용을 한다. 민들레의 항암 효과는 실험에서 55.8%~92.2%의 활성 억제 효과가 알려져 있다.

■ 약초의 성질

맛은 쓰고 달며 성질이 차며 독이 없다.

■ 약용법

말린 것을 1회 5~20g씩 물 200ml에 달여서 식후 1주일 정도 복용하면 좋다. 가루는 8-15g을 물 600ml에 넣어 끓여 마신다.

■ 산나물 요리 먹는 방법

- 이른 봄에 어린 잎을 뿌리와 함께 먹는다.
- 쓴맛이 강하므로 끓는 물에 데친 후 오래 찬물에 담가 우려내어 나물 무침을 하며, 국거리로도 쓰며 장아찌를 만든다.
- 생잎을 물에 담가 쓴맛을 우려내고 겉절이나 김치를 담그기도 한다

| 약 차 | 유선염과 간 해독에 좋은 포공영차 포공영 8~15g, 물 600cc

• 재료를 넣고 넣고 달여서 하루 2~3잔으로 나누어 마신다. 이때 벌꿀이나 설탕을 약간 넣어서 먹어도 좋다.

방가지똥나물

■ 식물의 형태

원주형의 줄기는 높이 30~100cm 정도로 자라며 속이 비어있다. 세로로 능선이 있으며 어릴 때는 흰색의 가루로 덮여있다. 잎자루에 날개가 있고 잎이나 줄기를 자르면 하얀 액이 나온다.

■ 암에 대한 약리 효과와 효능

여러 가지 발암 물질에 대하여 30%~85%의 강한 항돌연변이 억제 효과가 알려져 있다.

■ 약초의 성질

맛은쓰고 성질은 차다. 독은 없다.

■ 약용법

말린 약재를 1회에 4~8g씩 200ml의 물로 달이거나 생즙을 내어 복용한다.

〈외용〉 뱀에 물린 경우와 종기의 치료를 위해서는 생풀을 짓찧어서 환부에 붙인다.

■ 산나물 요리 먹는 방법

- 어린순은 나물로 먹고 전초와 뿌리 말린 것을 약용한다.
- 어린 순은 쌈으로 먹고 좀 더 세어지면 데친 후 무쳐서 먹는다.
- 변이 나오지 않을 때 방가지똥을 녹즙으로 해서 먹거나 쌈으로 해서 먹으면 변이 나온다.
- 늦가을 또는 이른봄에 어린 싹을 나물로 하거나 국에 넣어 먹는다.
- 맛이 쓴 성분을 지니고 있으므로 데쳐서 흐르는 물에 오래동안 담가 우려낸 후 조리를 해야 한다.

비름나물

현채, 비듬나물, 새비름이라고도 한다.

■ 식물의 형태

길가나 밭에서 자란다. 인도 원산으로 높이 1m 정도이고 굵은 가지가 뻗는다. 잎은 어긋나고 삼각형 또는 사각형의 넓은 달걀 모양으로 가장자리가 밋밋하다.

■ 암에 대한 약리 효과와 효능

항돌연변이성 연구별과 가종 발암 불질에 대하여 60%~90%의 높은 억제 효과가 나타났다.

■ 약초의 성질

차고 맛이 달며 성질은 차고 독은 없다.

■ 약용법

5~10월에 갓 나온 어린잎을 채취하면 된다. 말린 약재를 1회에 4~10g씩 적당한 물로 뭉근히 달여서 하루 3회 복용한다. 안질은 약재를 연하게 달인 물로 닦아낸다. 치질, 종기, 뱀이나 벌레에 물린 상처에는 생잎을 짓찧어서 환부에 붙인다.

■ 산나물 요리 먹는 방법

- 맛이 담백하며 시금맛과 비슷하다. 어린순을 나물로 하거나 국에 넣어 먹는다.
- 꾸준히 먹으면 변비를 고칠 수 있고 안질에 좋은 결과를 얻을 수 있다.

| 약 죽 | 대장염을 예방하고 치료해주는 비름죽 말린 쇠비름 60g, 멥쌀 80g

- 멥쌀을 물에 불려둔다. 쇠비름을 다듬은 후 깨끗하게 씻는다. 질그릇냄비에 넣어 물을 붓고 죽을 쑨다.

삽주나물

창출, 선출, 산계, 천정이라고도 한다.

■ 식물의 형태

산지의 건조한 곳에서 자란다. 뿌리줄기는 굵고 길며 마디가 있고 향기가 있다. 줄기는 곧게 서고 윗부분에서 가지가 몇 개 갈라지며 높이가 30~100cm이다. 뿌리에서 나온 잎은 꽃이 필 때 말라 없어진다.

■ 암에 대한 약리 효과와 효능

약리작용으로 정유는 진정 작용을 하고 간세포 손상에 따른 보호 작용이 뚜렷하다. 식도암 세포에 대한 억제작용이 있고 항균작용이 있다. 혈당강하 작용하며 이뇨작용을 한다.

■ 약초의 성질

맛은 쓰고 매우며 성질은 따듯한다. 비장과 위, 간에 작용한다.

■ 약용법

뿌리줄기에 아트락틸론이 후각을 자극하여 반사적으로 위액의 분비를 촉진시킨다.

■ 산나물 요리 먹는 방법

- 연한순과 잎을 채취하여 나물로 사용한다.
- 쓴맛이 나므로 데쳐서 여러 번 물을 갈아가면서 잘 우려낸 후 조리한다.
- 어린순과 연한 잎은 나물로 해 먹는다. 쌈으로 먹기도 하는데 쓴맛이 입맛을 돋우어 준다.

소리쟁이나물

습지 근처에서 자란다.

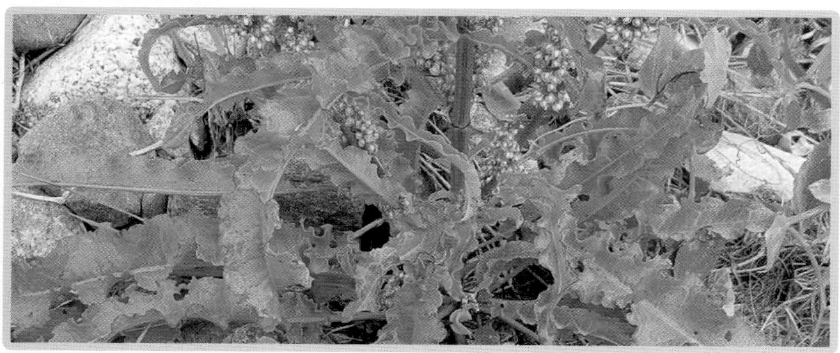

■ 식물의 형태

높이 30~80 cm이다. 줄기가 곧게 서고 세로에 줄이 많으며 녹색 바탕에 흔히 자줏빛이 돌며, 뿌리가 비대해진다.

■ 암에 대한 약리 효과와 효능

항암약리에서 좀흰생쥐에 육류를 접종한 6일 뒤, 소리쟁이뿌리에서 추출한 알코올을 피하에 주사했다. 48시간 뒤에 종양파괴 작용이 나타났으며, 소리쟁이 뿌리의 산성추출물은 효능이 더 강했다. 발암물질 억제 실험에서 37%~85%의 돌연변이 억제 효과를 나타내었다.

■ 약초의 성질

맛은 쓰며 성질은 차고 독성이 약간 있다.

■ 약용법

뿌리는 8~9월 또는 가을에 뿌리를 채취한다. 장위에 열이 쌓여 변비에 햇빛에 말려 겉껍질을 버리고 가루낸 것을 한번에 12g씩 하루 3번 미음에 타서 먹는다.

■ 산나물 요리 먹는 방법

- 소리쟁이 된장국은 근대, 시금치, 시래깃국보다 더 맛있다.
- 미끈한 진액이 국을 끓이면 더없이 미역과 같이 부드러운 건더기가 된다.
- 소리쟁이는 항균제로 이용되는 만큼 국만 먹어도 효과를 볼 수 있지만 뿌리도 좋다.
- 캐어보면 6년생 인삼 뿌리보다 크고 냄새도 인삼과 흡사하다.

쇠비름나물

마치현, 마현, 마치초, 산현이라고도 한다. 다육질의 한해살이풀이다.

■ 식물의 형태

물기가 많은 줄기는 밑동에서 갈라져 땅에 엎드려서 30cm 정도의 길이로 자란다. 붉은빛을 띤 줄기는 털이 전혀 없이 미끈하다.

■ 암에 대한 약리 효과와 효능

쇠비름에는 암을 다스리는 성분인 리그닌과 모리브덴이 풍부하고 발암물질을 분리하는 특수효소도 함유되어 있다. 또 각종 난치병을 치료해주는 신비의 성분까지 들어 있다. 특히 위암세포를 억제하며 다른 동물 실험에서도 종양 억제 효과가 나타났다.

■ 약초의 성질

맛은 시고 성질이 차다.

■ 약용법

말린 약재를 1회에 3~6g씩 200cc의 물로 은근하게 달여서 하루 3회 복용하거나 생즙으로 복용하는 방법도 있다.

■ 산나물 요리 먹는 방법

- 봄부터 여름까지 계속 연한 순을 나물로 해 먹는다.
- 신맛이 나므로 끓는 물에 데치고 찬물에 담가 충분히 우려내고 나물 무침을 하여 먹는다.
- 데쳐서 말려 두었다가 겨울에 먹기도 한다.

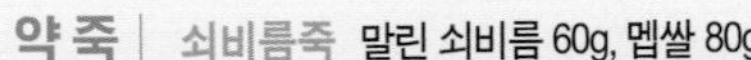

| 약 죽 | 쇠비름죽 말린 쇠비름 60g, 멥쌀 80g

• 멥쌀을 물에 불려둔다. 쇠비름을 다듬은 후 깨끗하게 씻는다. 질그릇냄비에 넣어 물을 붓고 죽을 쑨다.

수리취나물

국화과에 속하는 여러해살이풀로 산에서 자란다.

■ 식물의 형태

키가 1m정도이다. 줄기에는 세로로 줄이 있으며 흰털이 밀생한다. 잎은 뿌리에서부터 줄기로 어긋나면서 올라가는데, 표면에 꼬불꼬불한 털이 있다.

■ 암에 대한 약리 효과와 효능

항암과 혈압강하에 작용하며, 급만성 백혈병에 탁월한 효능이 있다.

■ 약초의 성질

맛은 맵고 성질은 평하다.

■ 약용법

말린 수리취를 4~15g을 물 700ml에 2~3시간 달여서 하루에 2~3회 나누어 복용하면 당뇨병에 좋다.

■ 산나물 요리 먹는 방법

- 봄에 부드러운 잎을 사용하여 나물이나 떡으로 해먹는다.
- 봄에 연한 잎을 따다가 살짝 데쳐서 잠시 물에 우렸다가 쌈으로 먹거나 나물 무침을 한다.
- 데친 것을 말려서 묵나물로 이용한다.

씀바귀나물

쓴바귀는 우리나라 중부 이남의 산이나 들에 흔히 나는 다년생 초본이다.

■ 식물의 형태

생육환경은 양지 혹은 반그늘의 어느 곳에서도 잘 자란다. 키는 25~50㎝이고, 잎은 끝이 뾰족하고 밑은 좁아져 잎자루로 이어진다.

■ 암에 대한 약리 효과와 효능

최근 들어 골수암세포를 억제해주는 항암효과와 콜레스테롤수치를 낮춰주는 효능이 밝혀졌다. 폐암세포 91%의 억제율을 보였고, 간암세포에는 75%, 유방암 세포에 대해서는 84%의 억제 효과를 보였다.

■ 약초의 성질

성질이 차고 맛이 쓰며 독이 없다.

약용법

1회에 2~4g씩 200ml의 물로 달여서 복용한다. 생 것은 200g을 물 2L에 넣고 약한 불로 달여 800ml로 졸인다.

■ 산나물 요리 먹는 방법

- 나물로 먹을 때는 살짝 데쳐서 물에 담가 쓴 맛을 우려낸 다음 볶거나 무친다. 약간 쓴맛이 난다.
- 어린순과 뿌리는 식용, 전초는 약용으로 쓰인다
- 이른 봄에 뿌리와 어린잎을 캐서 먹는 대표적인 봄나물이다.

| 약 죽 | 암세포증식을 억제시키는 씀바귀죽 씀바귀 70g, 두유1컵, 백미 2컵, 소금 약간

• 백미를 물에 넣어 충분하게 불린 다음 물기를 제거한다. 씀바귀를 깨끗하게 씻어 믹서에 물을 조금 넣고 간다. 질그릇냄비에 쌀알이 퍼질 때까지 쑨다.

약모밀(어성초)나물

삼백초과 여러해살이풀 약모밀의 전초이다.

■ 식물의 형태

높이가 15~30cm정도이고 전초에서 생선비린내가 난다. 잎은 어긋나고 심장형이며, 뒷면은 때때로 자주색을 띤다. 턱잎의 밑동은 줄기가 싸고 있다.

■ 암에 대한 약리 효과와 효능

항암과 항돌연변이 효과에 뛰어난 어성초는 인체의 다양한 독을 제거해주는 해독초로 혈액정화가 뛰어난 약초이다. 더구나 항암과 항돌연변이 효과에 뛰어난 어성초는 중국과 일본이 원산지로 일찍부터 제1의 민간약초로 알려졌다.

■ 채취시기

연한 순을 채취하여 사용 한다.

■ 약용법

여름과 가을철에 채취해 잡질을 제거하고 깨끗이 씻어 말리거나 신선한 생으로 사용한다.

■ **산나물 요리 먹는 방법**

- 봄에 어린순을 겉절이를 담가 먹는다.
- 생으로 된장에 먹기도 하며 끓는 물에 데친 후 찬물에 담가 냄새를 우려내고 나물 무침을 해 먹기도 한다.

으름덩굴나물

으름이라고도 한다.

■ 식물의 형태

산과 들에서 자란다. 길이 약 5m이다. 가지는 털이 없고 갈색이다. 잎은 묵은 가지에서는 무리지어 나고 새가지에서는 어긋나며 손바닥 모양의 겹잎이다.

■ 암에 대한 약리 효과와 효능

으름덩굴 달임 물을 체외 실험한 결과 JTC-26암세포 억제율이 90%이상이었고 열매에서는 50~60%가 나타났다. 으름덩굴에서 에틸알코올을 추출해 좀흰생쥐의 사르코마-180 암 억제 율이 4.4%였고 달인 물은 21.5%로 나타났다.

■ 약초의 성질

맛은 쓰고 성질은 차며 독성이 없다.

■ 약용법

이뇨작용을 하는 아케빈(Akebin)이란 성분이 함유되어 있다. 으름덩굴은 동물실험에서 줄기의 암세포 억제율 90%. 열매 50% 라는 결과가 나왔다.
말린 것은 10g을 물 700ml에 넣고 달여서 마신다.

■ 산나물 요리 먹는 방법

- 어린순은 좋은 국거리가 되며 나물로 해먹기도 한다.
- 봄에 어린 순을 채취하여 초장에 찍어 먹거나 나물 무침을 하여 국거리로도 쓴다.
- 독 성분이 들어 있으므로 끓는 물에 데친 후 오래도록 찬물에 담가 충분히 우려내고 요리해야 한다.

원추리나물

휜초근, 의남, 원초라고도 한다. 넘나물이라고도 한다. 산지에서 자란다.

■ 식물의 형태

높이 약 1m이다. 뿌리는 사방으로 퍼지고 원뿔 모양으로 굵어지는 것이 있다. 봄철에 어린순을 나물로 먹는다.

■ 암에 대한 약리 효과와 효능

여러 종류의 발암 물질 억제 실험에서 90% 이상의 억제 효과를 나타냈다.

■ 약초의 성질

성질이 서늘하고 맛이 달고 독이 있다

■ 약용법

뿌리에 아르기닌(Arginin), 아데닌(Adenin), 콜린(Cholin) 등 아미노산류와 단백질을 함유하고 있다. 약재를 1회에 2~4g씩 200ml의 물로 달여서 복용한다. 경우에 따라서는 생뿌리로 즙을 내어 복용하기도 한다.

■ **산나물 요리 먹는 방법**

- 달고 감칠맛이 나며 산나물 가운데에서는 맛이 좋다.
- 어린순을 나물로 하거나 국에 넣어 먹는다. 고깃국에 넣으면 더욱 맛이 좋다. 생것을 그냥 기름에 볶아 먹어도 좋다.
- 원추리는 전초에 독특한 냄새와 독성이 있으므로 절대로 생으로 먹으면 안된다.

| **약 차** | 혈액순환에 좋은 원추리차 원추리의 어린잎 한줌, 물

- 원추리의 어린잎을 따서 깨끗이 씻은 다음 말린다. 말린 것을 끓는 물에 넣고 불을 줄여 뭉근하게 달여서 마시면 된다.

잔대나물

사삼, 딱주, 제니라고도 한다.

■ 식물의 형태

산과 들에서 자란다. 뿌리가 도라지 뿌리처럼 희고 굵으며 원줄기는 높이 40~120cm로서 전체적으로 잔 털이 있다.

■ 암에 대한 약리 효과와 효능

자궁암, 간암, 유방암, 위암, 폐암 세포에 대한 암세포 성장 억제 실험에서 60%~80%의 억제 활성을 보였다.

■ 약초의 성질

성질이 차고 맛은 달다.

■ 약용법

뿌리를 약재로 쓴다. 사포닌과 이눌린이 함유되어 있다는 이외에는 별로 알려진 것이 없다. 잔대 10g과 물 1L를 붓고 물이 끓기 시작하면 1시간 정도 달여준다. 용기에 담아 냉장보관하며 1회 100ml씩 1일 2회 음용한다.

기가 허해 속이 찬 사람과 폐한으로 인한 기침에는 섭취를 금한다.

■ 산나물 요리 먹는 방법

- 어린순은 쓴맛을 우려낸 다음 나물로 만들어 먹는다.
- 뿌리는 더덕처럼 살짝 두들겨 쓴맛을 우려낸 다음 고추장을 발라 구워 먹는다.
- 또한 생것을 고추장 속에 박아 장아찌로 해서 먹기도 한다.

짚신나물나물

짚신나물은 우리나라 각처의 산과 들에 자라는 다년생 초본이다.

■ 식물의 형태

생육환경은 토양의 비옥도에 관계없이 양지 혹은 반그늘에서 자란다.

■ 암에 대한 약리 효과와 효능

동물실험에서 짚신나물을 에탄올로 추출한 물질이 흰생쥐의 사르코마-180암, 간암피하형 종양에 대한 억제 율이 50%였고 체외실험에서 JTC-26암 억제 율이 100%였다. 북한에서 펴낸『약초의성분과이용』 '자궁경부암에서 떼 낸 세포를 배양한 암세포에 짚신나물 추출물을 투여했는데, 그 결과 암세포가 100% 억제되고 정상세포는 2배로 늘어났다.' 고 적고 있다

■ 약초의 성질

맛은 맵고 떫거나 쓰며 성질은 따뜻하거나 평하고 독이 없다.

■ 약용법

꽃이 피기 직전에 전초를 베어내어 흙을 제거하고 햇볕에 말린다. 말린 약재를 1회에 4~7g씩 200cc의 물로 달이거나 가루로 빻아 하루 3회 복용한다.

■ **산나물 요리 먹는 방법**

- 이른 봄에 어린 싹을 나물로 먹는다.
- 쓴맛이 강하므로 데쳐서 우려낸 다음 양념해서 먹고 씨를 가루로 만들어 국수를 만들어 양식으로 대용할 수가 있다.

질경이나물

질경이는 우리나라 각처의 들과 산, 길가에 나는 다년생 초본이다.

■ 식물의 형태

생육환경은 양지 혹은 반그늘 어느 곳에서도 잘 자란다.

■ 암에 대한 약리 효과와 효능

최근 들어 질경이 종자가 암세포의 진행을 80% 억제한다는 연구 보고서도 있다. 질경이를 기관지염 환자에게 임상 실험했는데, 1회 40g씩 1일 3회 복용시켜 1~2주 만에 77%의 치료효과가 나타났다.

■ 약초의 성질

맛은 달고 성질은 차다.

■ 약용법

말린 약재 5~10g에 물 800ml를 넣고 약한 불에서 반으로 줄 때까지 달여 하루 2~3회로 나누어 마신다.

■ 산나물 요리 먹는 방법

- 연한 잎을 채취하여 나물로 먹거나 녹즙으로 갈아먹으면 좋다.
- 질겨진 것은 삶아서 말려 두었다가 나중에 먹을 때 물에 불려 사용할 수가 있다.
- 나중에 나물로 무치거나 기름에 볶아 먹기도 한다.
- 특히 여자들에게 좋아서 많이 사용한다.

| 약 차 | 질경이차 마른 질경이잎 10g(생초 20g).

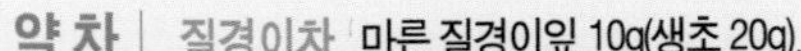

- 물 1L를 붓고 끓기 시작하면 약불로 줄여 30분 정도 달여주며 1일 2~3회 음용한다.

| 약 죽 | 만성기관지염과 방광염에 좋은 질경이죽 차전자 30g, 백미 60g

백미를 물에 넣어 충분하게 불려둔다. 차전자를 천주머니에 싼 다음 질그릇냄비에 넣고 물에 부어 끓인다. 끓으면 5분가량 지난 다음에 주머니를 건져내고 물남 받아 죽을 쑤면 완성된다.

청미래덩굴나물

산지의 숲 가장자리에서 자란다.

■ 식물의 형태

굵고 딱딱한 뿌리줄기가 꾸불꾸불 옆으로 길게 벋어간다. 줄기는 마디마다 굽으면서 2m 내외로 자라고 갈고리 같은 가시가 있다.

■ 암에 대한 약리 효과와 효능

중국이나 북한에서도 암치료에 청미래 덩굴 뿌리를 흔히 사용하고 있다. 동물실험 결과, 암에 걸린 흰생쥐에서 청미래 덩굴의 종양억제 효과는 30~50%였고 생명 연장 율이 50% 이상이었다.

■ 약초의 성질

맛은 달고 싱거우며, 성질은 평하다.

■ 약용법

파릴린(Parillin), 스밀라신(Smilacin), 사포닌(Saponin)이 함유되어 있다.
봄에 연한 순을 채취한다. 가을 또는 이른 봄에 채취하여 햇볕에 잘 말린다. 말린 뿌리 15~30g에 물 약1.5L를 붓고 약불로 달여 하루 3번 먹는다. 간경, 위경에 작용한다.

■ 산나물 요리 먹는 방법

- 봄에 연한 순을 나물로 먹는다.
- 옛날에는 흉년에 뿌리줄기를 캐어서 녹말을 만들어 먹었다고 한다.

참취나물

산이나 들의 초원에서 자란다. 동풍채근. 산백채, 백운초라고도 부른다.

■ 식물의 형태

높이 1~1.5m로 윗부분에서 가지가 산방상으로 갈라진다. 뿌리잎은 자루가 길고 심장 모양으로 가장자리에 굵은 톱니가 있으며 꽃필 때쯤 되면 없어진다.

■ 약초의 성질

■ 암에 대한 약리 효과와 효능

각종 발암물질 작용을 60%~95%로 강하게 억제하는 효과가 밝혀졌다.

맛은 맵고 성질은 따뜻하다.

■ 약용법

말린 잎 15~20g을 달여서 복용하며, 뿌리는 15~30g을 달여서 복용하거나 술에 담가서 사용한다. 소풍, 행기, 활혈, 지통의 효능이 있다.

■ 산나물 요리 먹는 방법

- 흔히 말하는 취나물로 대표적인 산나물이다.
- 어린잎을 나물이나 쌈으로 해서 먹는다.
- 데쳐서 말려두었다가 수시로 나물로 무쳐 먹기도 한다. 정월 대보름날에 먹는 취나물이 바로 이것이다.

화살나무

산야에서 흔히 자란다.

■ 식물의 형태

높이 3m에 달하고 잔가지에 2~4개의 날개가 있다. 잎은 마주달리고 짧은 잎자루가 있으며, 가장자리에 잔 톱니가 있다.

■ 암에 대한 약리 효과와 효능

새순을 따서 나물로 무쳐 먹기 때문에 '홑잎나물' 로도 불린다. 민간에서 식도암, 위암 등에 효과가 있다고 알려졌는데, 달여서 복용하고 암이 치료되었거나, 상태가 호전되었다는 사례가 있기 때문에 항암작용이 상당히 강한 것으로 추측된다.

■ 약초의 성질

맛은 쓰고 성질은 차다.

■ 약용법

어느 때든지 채취할 수 있으며 줄기나 가지를 채취하여 말린 다음 잘게 썰어서 쓴다. 말린 약재를 1회에 2~4g씩 200ml의 물로 뭉근하게 달이거나 가루로 빻아 복용한다. 혈액순환, 염증, 여러가지 출혈과 어혈에 좋다. 임산부는 복용하지 않도록 한다.

■ 산나물 요리 먹는 방법

- 어린잎을 나물로 하거나 잘게 썰어 쌀과 섞어서 밥을 지어먹는다.
- 먹을 만하나 약간 쓴맛이 나므로 데쳐서 잠시 흐르는 물에 우렸다가 조리한다.

한국인의 음식보약 산나물 들나물!

먹어서는 안되는 독초 28가지

독초구별법

1. 독초는 생김새 산나물과 혼동하기 쉬운 독초의 종류 및 구별법자체가 독특하게 생겼다.

독초를 정확하게 구분하기 위해서는 독초에 대한 지식이 필요하다. 나물로 착각하는 일을 없도록 사전에 독초의 잎과 꽃, 그리고 열매의 생김새를 파악하는 것이 중요하다.

2. 독초는 식물 꽃과 잎, 그리고 열매의 빛깔이 강렬하며 윤기가 흐른다.

산나물로 채취하였는데 잎이나 꽃, 그리고 열매의 색깔이 유난히 윤기가 흐른다면 일단 독초로 의심해 보아야 한다. 개구리자리, 젓가락나물, 투구꽃이나 현호색, 미치광이풀과 같은 독초는 잎과 줄기, 그리고 꽃 전체가 번들거리며 윤기가 나는 게 특징이다. 맹독성을 가지고 있는 산나물은 또한 강렬한 색깔의 꽃을 띄우며 두꺼운 잎에 번들거리며 윤기가 흐른다. 대체적으로 미나리아재비과의 식물은 독성식물이다.

3. 독초는 특유의 불쾌한 냄새를 가지고 있다.

산나물 채취 시 잘 알지 못하는 식물에서 역한 냄새가 난다면 한번쯤 독초로 의심해봐야 한다. 산나물은 대체적으로 향긋하고 독특한 향내를 가지고 있다. 이에 비해 독초는 산나물과 달리 불쾌한 냄새를 지니고 있다. 유독성분을 갖고 있으면 잎을 비비거나 줄기를 꺾으면 역겨운 냄새가 난다.

4. 독초는 피부에 좋지 않은 반응을 보인다.

독초로 의심이 간다면 산나물을 꺾어 나온 액을 손목 안쪽에 발라 보는 것도 한 방법이다. 피부는 독성에 민감하기 때문에 독초의 액이 피부에 묻으면 물집이 잡히거나 발진이 일어나기도 한다. 피부가 가렵거나 또는 따가운 느낌이 들면 독초로 의심해 보아야 한다.

5. 독초를 맛으로 구분하지 마라.

피부에 독초의 액을 바르기만 해도 발진과 통증을 가져오는 맹독성 식물을 혀끝에 대보는 것만으로도 정신을 잃거나 심한 중독현상이 일어날 수 있다. 독초는 혀끝에 닿기만 해도 목이 타는 듯한 자극을 느낀다고 한다. 독초인지 의심스러운데 물어볼 전문가도 없는 산 속이라면 곤충이나 벌레를 채취한 식물 위에 올려놓고 반응을 살펴보는 것도 한 방법이다. 물론 이러한 방법도 독초를 구별하는 안전하고 바람직한 방법은 절대 아니니다.

6. 벌레가 먹은 흔적 또는 초식동물이 먹는 식물인가 살펴본다.

초식동물은 일반적으로 독성이 없는 풀을 가려 먹는 것으로 알려져 있다. 따라서 벌레 먹은 흔적이 없거나 초식동물이 먹지 않는 식물이라면 일반적으로 독초일 가능성이 높다. 독초의 잎을 자세히 살펴보면 대체적으로 벌레가 먹은 흔적이 거의 없다. 그러나 이러한 방법으로 독초여부를 판단하는 것은 또한 위험한 생각이다. 간혹 독성에 강한 곤충들은 독초에 견뎌낼 수 있는 내성을 가지고 있기 때문이다.

7. 전문가의 도움을 받아라.

산나물과 생김새가 비슷한 독초는 의외로 많다. 물론 잎과 줄기, 꽃, 열매 식물의 특징을 비교하면 산나물인지 독초인지 구별할 수 있다. 그러나 이러한 식물의 특징을 확인할 수 없는 봄철 새싹만을 보고 독초와 산나물을 정확하게 구별하기는 전문가도 쉬운 일이 아니니다. 만일 독초로 의심되는 나물을 채취한 곳이 곳이라면 그 마을에 살고 있는 주민이나 노인 분들에게 문의해보는 것이 현실적이고, 좋은 방법이기도 하다.

8. 나물이라는 이름이 붙어있는 독초

'나물' 이라는 이름이 붙은 식물 중에 독초가 있다는 사실을 아는 이들이 많지 않다. 이를 나물로 잘못 알고 섭취하였다가는 화를 당할 수도 있다.

'개발나물', '대나물', '동의나물', '삿갓나물', '요강나물', '젓가락나물', '피나물' 등은 '나물' 이라는 이름이 붙었지만, 독성이 있어 먹을 수 없는 식물이다. 그 중에서도 '동의나물', '삿갓나물', '요강나물' 은 맹독성 식물로 분류된다. 이러한 식물들을 섭취했을 경우 구토와 발진 설사, 복통, 구토, 현기증, 경련, 호흡곤란 등의 증상이 나타난다. 심하면 생명을 잃을 수도 있음은 물론이다.

독초에 중독되었을 경우

독초를 잘못 먹어서 중독되면 설사, 복통, 구토, 현기증, 경련, 호흡곤란 같은 증상이 나타난다. 이런 경우에선 우선 응급처치로서 재빨리 입안에 손가락을 넣어 위안의 내용물을 다 토해내게 하고 따뜻한 물이나 진한 녹차를 먹이고는 의사에게 보이는 것이 최선의 방법이다. 독성이 약한 것은 며칠 쉬면 회복되지만 그렇다고 중독되었을 때 가볍게 여기는 것은 매우 위험하다.

먹어서는 안되는 독초 28가지

특히 주의를 요하는 산야초(독초)

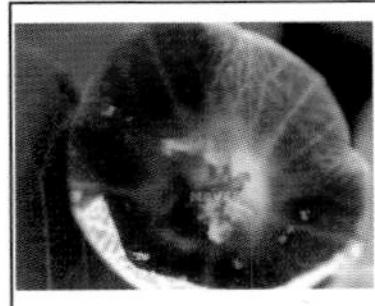

■ 미치광이풀

뿌리를 드물게 외용하거나 특정 성분 추출용으로 쓰기도 하는데, 복용하면 위험하다.

■ 지리강활

당귀와 매우 흡사하기 때문에, 오인해서 채취해 먹고 사망한 경우가 종종 있으므로 특히 주의해야 한다.

■ 독미나리

미나리로 오인하여 채취해 먹으면 위험하다.

■ 산자고

인경을 약용으로 간혹 쓰는데, 적절한 가공을 거치지 않고 다량 복용하면 위험하다.

■ 꽃무릇(석산)

민간이나 한방에서 약용으로 쓰는 경우가 간혹 있는데, 과량 복용하면 위험하다.

■ 족두리풀

한방에서 뿌리를 약용으로 쓰는데, 이를 믿고 적절한 가공을 거치지 않고 과용하면 위험하다.

■ **자리공**

뿌리를 외용하는 경우가 간혹 있는데, 과량 복용하면 위험하다. 자리공은 조선시대 역모를 다스릴 때 사약의 한 재료였음을 기억해야 한다.

■ **붓순나무**

열매를 가축의 피부 기생충 구제용으로 쓰거나 민간에서 특정 곤충의 퇴치용으로 쓰는 경우가 있으나 복용하면 위험하다.

■ **주엽나무(조각자나무)**

열매와 가지를 약용하는 경우가 드물게 있는데, 적절한 가공을 거치지 않은 것을 과용하면 위험하다.

■ **멀구슬나무**

민간이나 한방에서 나무와 뿌리껍질을 외용하는 경우가 드물게 있는데, 과용하면 위험하다.

■ **나팔꽃**

씨앗을 약용하는 경우가 드물게 있는데, 적절한 가공을 거치지 않고 과용하면 위험하다.

주의를 요하는 식물들

■ 노랑투구꽃

산행할 때 이 풀의 잎을 따서 입에 물고 다닌다든가 손으로 비비면 생명에 위협을 받을 수 있어 주의해야 한다.

■ 피나물

중부, 북부지방의 깊은 산 숲속에서 자람. 4~5월에 노란 꽃이 피며 줄기를 자르면 주황색 유액이 나온다. 독성이 강하다.

■ 애기똥풀

양귀비과의 두해살이풀로 전국 산과들, 길가 빈터에 자라며 5~7월에 노란 꽃이 피며 줄기를 자르면 노란 유액이 나오고 독성이 강하다.

■ 점현호색

잎에 흰 반점이 있으며 여러살이 풀이다. 독성이 있고 들현호색, 왜현호색 등도 먹을 수 없다.

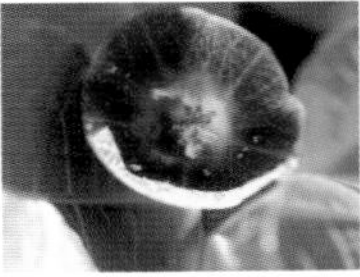

■ 미치광이풀

전국각지의 깊은 산 숲속에 자라며 4~5월에 자주색 꽃이 피고 30~60cm쯤 되며 독성이 강하다.

■ 꽈리

중부, 북부지방의 산 낮은데서 자라며 집근처에 관상초로 심기도 한다.간혹 열매를 먹기도 하지만 새싹이나 뿌리는 독이 있어 먹을 수 없다.

■ **홀아비바람꽃**

중부지방의 깊은 산 숲속에 자라며 4~5월에 흰 꽃이 피고 10cm안팎이다. 여러해살이 풀로 독성이 있어 먹을 수 없다.

■ **꿩의 바람꽃**

고개를 숙인 듯 서있으며 해가 뜨면 국화처럼 생긴 꽃이 피고 여러해살이풀이며 독성이 있어 먹을 수 없다.

■ **동의나물**

산골짜기의 습기 있는 냇가에 자라며 풀잎에 털이 없고 가지가 옆으로 뻗는다. 곰취와 잎을 구별해내기 어려울 정도로 잎이 비슷하다.

■ **모데미풀**

남부, 중부지방의 깊은 산속에 자라며 5월에 흰 꽃이 핀다. 꽃은 흰 별꽃 모양으로 먹을 수 있는 참나물과 잎이 비슷하다.

■ **투구꽃**

바람꽃이라고 부른다. 전국의 산지 고원에 자라며 양의 자주색 꽃이 핌. 봄에 새싹이 나올 때 먹을 수 있는 붉은참반디와 잎이 비슷해 주의해야 한다.

■ **박새**

전국의 깊은 산지, 고원지대에 무리로 자라고 높이 150cm안팎이며 7~8월에 흰 꽃이 핀다. 봄에 어린순 나올 때 산마늘로 착각하는 경우가 있다. 산마늘은 양파 같은 한 개의 꽃이 피지만 박새는 원줄기를 형성하여 큰 잎이 많이 달린 것이 특징이다.

■ **여로**

전국의 산초원에 자라는 맹독성식물이다. 높이 1m 안팎이고 7~8월에 자주색, 흰색, 녹색등의 꽃이 피며 잎이 새로 날 때는 산마늘, 참나리, 둥글레와 비슷해 보이므로 주의해야 한다. 그러나 풀잎이 크면 난초 잎처럼 길게 자라 밑으로 꺽인다.

■ **은방울꽃**

높이 30cm안팎이며 5월에 은방울 모양의 꽃이 피고 향기가 강하다. 약으로 쓰이기도 하지만 독이 있어 먹지 못한다. 새싹이 나올 때는 우리가 즐겨먹는 둥굴레, 말나리, 참나리, 하늘말나리 털중나리, 풀솜대, 죽대아재비와 구분하기 어려움.

■ **천남성**

여러해살이풀로 50cm안팎이고 전국각지에서 흔히 볼 수 있는 식물. 천남성과의 모든 식물은 맹독성 식물이어서 주의해야 한다. 새순이 나올 때 먹을 수 있는 싱아, 호장근과 비슷하다.

■ **참동의나물**

4~5월에 노란 꽃이 피고,50cm안팎이고 동의나물과 거의 비슷하게 생겼지만 잎자루만 더 길다. '나물' 이라고 부르지만 먹지 못하는 풀이다.

■ **삿갓나물**

6~7월에 노란 꽃이 피고 높이는 20~40cm쯤 되며 풀잎이 줄기를 중심으로 수레바퀴 모양으로 달리고 꽃이 거미모양임. 독성이 강해 먹을 수 없다.

■ **진범**

8~9월에 자주색 꽃이 피고 높이는 30~80cm쯤 되며 꽃은 벌레처럼 생김. 여러해살이 풀이고 독성이 강해 먹을 수 없다.

■ **흰진범**

중부지방의 깊은 산에 자라며 약간덩굴성을 띠는 맹독성식물. 높이는 2m정도 되며,7~8월에 흰 고깔 모양의 꽃이 핀다.

한국인의 음식보약 산나물 들나물!

약이 되는 산나물

각시둥굴레

폐결핵, 기침, 당뇨병, 항암효과가 있는

산과 들에 자라는 여러해살이풀이다.

■ 식물의 형태

뿌리줄기는 가늘고, 길게 옆으로 뻗는다. 줄기는 높이 15-30cm로 곧추서며, 겉에 능선이 있다. 잎은 어긋나며, 2줄로 배열된다. 잎몸은 긴 타원형으로 잎 가장자리와 뒷면 맥 위에 돌기 같은 털이 난다.

■ 약리 효과와 효능

폐와 위에 열이 있고 건조하여 발생하는 마른기침과 갈증이 나면서 금방 배가 고파지는 증상, 발열, 소변이 자주 마려운 증상 등에 효과를 나타낸다.

주의사항 : 비장이 약하여 습열과 담이 있는 사람은 복용을 피해야 한다.

■ 약초의 성질

맛은 달고 성질은 약간 차갑다. 폐와 위에 작용한다.

■ 채취시기

어린 줄기나 잎을 따서 국거리나 데쳐서 나무로 먹기도 한다.

■ 약용법

주독을 푸는 데는 잎, 줄기, 꽃, 뿌리 등을 6~9g을 달여 복용한다.

〈외용〉 짓찧어 즙을 복용한다.

■ 산나물 요리 먹는 방법

- 어린줄기와 잎을 나물이나 국거리로 한다.
- 어린 잎이나 줄기는 부드럽기 때문에 살짝 데쳐야만 하는 나물이고 그래야 맛이 난다.
- 어린순을 삶아 초고추장을 찍어먹거나 말려 두고 기름에 볶아 먹고 뿌리는 솥에 쪄서 먹을 수 있다.

각시원추리

여성질환에 효과가 있는

산지에서 자라는 숙근성 다년초로 포기 전체는 키가 작다.

■ 식물의 형태

잎은 길이가 35~50cm 정도 자라고 폭은 0.6~1.5cm로 뒤로 처진다. 1화경에 2~5송이의 꽃이 핀다. 꽃대 높이는 40~70cm로 잎 길이와 비슷하다.

■ 약리 효과와 효능

여성의 몸을 보해주며 이뇨, 소종 등의 효능을 가지고 있다. 적용질환으로는 소변이 잘 나오지 않는 증세, 수종, 황달, 대하증, 월경과다, 월경불순, 유선염, 젖분비부족 등이다.

■ 약초의 성질

성질이 서늘하고 맛이 달고 독이 있다

■ 약용법

사용부위: 뿌리를 약재로 쓴다. 뿌리에 아르기닌(Arginin), 아데닌(Adenin), 콜린(Cholin) 등 아미노산류와 단백질을 함유하고 있다.

약재를 1회에 2~4g씩 200ml의 물로 달여서 복용한다. 경우에 따라서는 생뿌리로 즙을 내어 복용하기도 한다.

■ 산나물 요리 먹는 방법

- 봄에 어린순을 채취하여 나물로 먹거나 국에 넣어 먹는다.
- 부드러운 맛이 나므로 가볍게 데쳐 물기를 짜낸 다음 그대로 간을 맞추면 된다.
- 고깃국에 넣어 먹으면 맛이 좋다.
- 봄에 어린 잎을 끓는 물에 삶아서 찬물에 헹군 뒤 나물 무침을 하거나 기름에 볶아 먹으며,
- 튀김을 만들고 찌개거리나 국거리로도 쓴다. 삶은 것을 말려서 묵나물로 이용한다.
- 꽃을 봉오리째 채취하여 살짝 데쳐 초장에 찍어 먹거나 조림을 한다.

갈퀴꼭두서니 관절염, 신경통, 간염에 좋은

여러해살이 덩굴풀이다.

■ 식물의 형태

줄기에는 네 개의 모가 나 있고 모 위에 갈고리와 같은 작은 가시가 있다. 다른 풀이나 나무에 기대어 자라 올라가며 많은 가지를 친다. 마디마다 5~9장의 잎이 둥글게 배열된다.

■ 약리 효과와 효능

통경, 지혈, 소종 등의 효능을 가지고 있으며 피를 식혀 준다고도 한다. 적용질환은 관절염, 신경통, 간염, 황달, 만성기관지염, 월경불순, 자궁출혈, 토혈, 혈변, 악성종기, 코피가 날 때 등이다.

■ 약초의 성질

맛은 쓰고 성질은 차갑다. 간에 작용한다.

■ 약용법

봄이나 가을에 뿌리를 캐서 말린 것을 쓴다. 5~10g씩 달여서 하루 2~3번 나누어 마신다. 약을 먹고 3~4시간이 지나면 소변이 붉게 나오는데 장미 빛이 되도록 양을 많이 먹어야 효과가 좋다.

■ 산나물 요리 먹는 방법

- 어린순을 나물로 먹는다.
- 쓴맛이 강하므로 데친 다음 잘 우려내어 간을 맞출 필요가 있다.

| 약 차 | 꼭두서니차

- 천초근 6~15g(신선품 15~30g), 물 600ml. 끓기 시작하면 약불로 줄여서 30분 정도 달인 후 1일 2~3잔 기호에 따라 꿀이나 설탕을 가미해서 음용한다. (1잔 분량 100~150ml)

갈퀴나물

류머티즘 동통, 관절통에 좋은

갈퀴나물은 각처에서 나는 다년생 초본이다.

■ 식물의 형태

생육환경은 햇볕이 잘 들어오는 곳의 경사지 비옥한 곳에서 자란다. 키는 80~180cm이고, 잎은 어긋나고 작은 잎은 길이는 1.5~3.0cm, 폭은 0.4~1.0cm이고 긴 타원형이거나 피침형이며, 엽축 끝에 2~3개로 갈라진 덩굴손이 있다.

■ 약리 효과와 효능

한방에서 류머티즘 동통, 관절통, 근육마비, 종기의 독기, 음낭습진 등의 치료에 사용한다.

■ 약초의 성질

달고 쓰며 성질은 따뜻하다.

■ 약용법

7~9월에 윗부분의 어린 줄기와 잎을 채취하여 햇볕에 말려서 사용한다. 말린 것을 5~10g을 달여서 복용한다.

〈외용〉 진하게 달여서 찜질하거나 씻으며 가루내어 개어서 바르기도 한다.

■ 산나물 요리 먹는 방법

• 갈퀴나물은 어린 순을 데쳐 나물이나 된장국으로 먹는다.
• 아삭하게 씹히는 맛이 있다. 덩굴 끝, 어린잎, 어린 콩꼬투리만 먹는게 좋다.

강활

발산작용이 강하여 외감성 두통, 발열에 좋은

강호리라고도 한다.

■ 식물의 형태

산골짜기 계곡에서 자란다. 높이는 약 2m로 곧게 서며 윗부분에서 가지를 친다. 잎은 어긋나고 잎자루를 가지며 3장의 작은 잎이 2회 깃꼴로 갈라진다.

■ 약리 효과와 효능

인체의 허리 아래쪽에 작용하여 허리나 대퇴부 등의 근골이 저리고 아픈 데에 효과가 있다. 류머티즘, 관절통 등 각종 신경통에 통증과 경련을 진정시키는 빠질 수 없는 약초이다. .

■ 약초의 성질

약간 따뜻하며 맛은 쓰고 매우며 독이 없다.

■ 약용법

피를 잘 돌게 하고 통증을 멎게 하는 성질이 있어 특히 어깨가 쑤시고 아플 때 좋다. 어깨통증 치료에 하루 12g을 달여서 3회 나누어 마시면 좋다.

주의사항 기나 혈이 부족한 이의 각기증에는 조심해서 써야 한다.

■ 산나물 요리 먹는 방법

- 봄에 어린순을 채취하여 나물로 먹는다.
- 느낌이 좋으나 쓴맛이 강하여 끓는 물로 데친 다음 찬물로 담가서 여러 차례 우려내 간을 맞춰야 한다.

개구릿대

두통, 편두통, 각종 신경통에 좋은

여러해살이풀이다.

■ 식물의 형태

높이 2m에 달하는 줄기는 굵고 길다. 줄기는 속이 비어 있으며 자줏빛이 돈다. 잎은 두세 번 깃털 모양으로 갈라지는데 전체적인 생김새는 세모꼴 모양이고 갈라진 잎 조각은 좁은 계란 꼴이다. 잎 뒤에는 털이 산재해 있고 흰빛이 돈다. 잎 가장자리에는 뾰족한 톱니가 있고 잎 몸이 잎자루로 흘러 날개처럼 된다.

■ 약리 효과와 효능

진통, 소종 등의 효능이 있고 풍기를 없앤다고 한다. 적용질환으로는 두통, 편두통, 각종 신경통, 복통, 치통, 안구의 통증 등을 들 수 있다.

■ 약초의 성질

맛이 맵고 성질이 따뜻하다.

■ 약용법

늦가을에 잎이 마르면 뿌리를 캐서 햇볕에 말려 사용한다. 쓰기에 앞서서 잘게 썬다. 말린 약재를 1회에 1~3g씩 200ml의 물로 달이거나 가루로 빻아 복용한다. 〈외용〉 치루와 악성종기에는 가루로 빻은 것을 기름에 개어 환부에 바른다.

■ 산나물 요리 먹는 방법

- 봄에 갓 자라나는 순을 캐어다가 나물로 먹는다.
- 조금 매운맛이 있어서 데친 뒤 찬물로 담궈 여러 차례 헹궈내야 한다.

개별꽃

강장제로 쓰이는

여러해살이풀로 덩이뿌리를 가지고 있다.

■ 식물의 형태

가느다란 줄기는 곧게 서서 15cm 정도의 높이로 자란다. 잎은 마디마다 2장이 마주 자리잡고 있는데 아래쪽 잎은 주걱 모양이다.

■ 약리 효과와 효능

폐가 허하여 기침이 나는 증상, 입안이 마르고 건조할 때, 밤에 가슴이 뛰며 잠이 안올 때 약용한다. 한약재로는 별로 쓰이고 있지 않으며 약효도 미상이다. 다만 덩이뿌리를 태자삼이라 하여 강장제로 쓴다.

■ 약초의 성질

맛은 달고 조금 쓰며 성질은 평하다.

■ 약용법

여름철 줄기가 마르기 시작할 때 채취하여 털뿌리를 제거한 후 끓는 물에 약 3~5분 담갔다가 햇볕에 건조한다. 말린 약재를 1회 10~20g씩 달여서 하루에 3번 복용한다.

■ 산나물 요리 먹는 방법

- 순하고 부드러운 맛이다. 때문에 즐겨 나물로 무쳐 먹는다.
- 담백하게 양념하여 맛을 돋우는 것이 좋다. 끓는 물에다 가볍게 데쳐 찬물로 한 번 헹군 후 무쳐 먹는다.
- 약간 쓴맛이 나므로 끓는 물에 살짝 데친 다음 찬물에 1~2번 헹구고 조리한다.

개미취

진해, 거담, 항균 등의 효능이 있는

전국의 산지의 숲속에서 자라는 여러해살이풀로 세계적으로는 분포한다.

■ 식물의 형태

줄기는 곧추서며, 위쪽에서 가지가 갈라지고, 높이 100-150cm, 짧은 털이 난다. 뿌리잎은 꽃이 필 때 마르며, 큰 것은 길이 50cm에 이른다. 줄기잎은 어긋나며, 난형 또는 긴 타원형, 가장자리에 날카로운 톱니가 있고, 밑이 잎자루로 흘러서 날개처럼 된다.

■ 약리 효과와 효능

기침에 가래가 있는 데에 좋은 효과가 있으며 특히 감기가 오래되어 잘 낫지 않으면서 마른기침이 있고 가래가 잘 배출이 되지 않는 경우에 좋은 효과를 보인다.

■ 약초의 성질

맛은 쓰고 매우며 성질은 따뜻하다. 폐에 작용한다.

■ 약용법

가래에는 잔뿌리를 말려 두었다 달여 먹으면 가래를 삭이고 피부에 윤기가 흐르게 하며 갈증도 멎게한다. 급성 기관지염, 폐농양에도 사용한다.

주의사항 감기초기에 열이 심하면서 기침하는 경우와 진액이 부족한 이가 기침하면서 피나는 증상에는 사용하지 않는다.

■ 산나물 요리 먹는 방법

- 취나물 종류의 하가지로 먹고 있으나
- 쓴맛이 강하여 데쳐서 여러 날 흐르는 물에 우려낸 다음 말려서 조리해 먹는다.
- 오래도록 갈무리해 두는 것은 쓴맛을 없애기 위한 것이다.

개시호

해열과 발한 효과가 강한

큰시호라고도 한다.

■ 식물의 형태

깊은 산의 나무 밑이나 풀밭에서 자란다. 높이 40~150cm이다. 줄기가 곧게 서며 위쪽에서 가지를 친다. 잎은 2줄로 어긋나고 뿌리에 달린 잎은 모여나며 긴 타원형이고 긴 잎자루가 있다.

■ 약리 효과와 효능

스트레스로 울체된 것을 풀어주고 발열과 오한이 교대로 반복되는 증상과 가슴과 옆구리가 결리는 증상, 생리가 순조롭지 않은 증상 등에 이용된다.

■ 약초의 성질

맛은 쓰고 약간 차갑다. 간과 담에 작용한다

■ 약용법

3~9g을 달여서 복용하거나 환제, 산제로 하여 복용한다. 열 감기나 어지럼증 등에 효능이 있다.

■ 산나물 요리 먹는 방법

- 봄에 어린 순을 채취하여 나물로 먹는다.
- 끓 는 물에 살짝 데친 후 찬물에 헹구고 나물 무침을 한다.
- 겉절이, 물김치를 담그고 전을 부치거나 장아찌를 만들며 국거리로도 쓴다.

| **약 차** | 시호차 시호 6~9g, 물 700ml.

- 끓기 시작하면 약불로 줄여 30분 정도 달인 후 1일 2~3잔 음용한다.

| **약 죽** | 미나리 죽 뿌리달린 미나리 120g, 백미 1/2컵

• 백미를 물에 넣어 충분하게 불린 다음 물기를 제거한다. 미나리를 뿌리 채 깨끗하게 씻어 손질한 다음 먹기 좋게 자른다.질그릇냄비에 쌀을 넣어 볶다가 물을 붓고 흰죽을 쑨다.

고추나무 마른기침에 좋은

산 숲 속에 자라는 낙엽 떨기나무로 세계적으로는 중국과 일본에 분포한다.

■ 식물의 형태

잎은 마주나며, 작은 잎 3장으로 된 겹잎이다. 작은 잎은 타원형 또는 난상 타원형, 가장자리에 뾰족한 잔 톱니가 있다. 꽃은 5-6월에 원추꽃 차례에 달리며, 흰색이다.

■ 약리 효과와 효능

열매, 뿌리(성고유)이라하여 마른기침이나 산후 오로가 깨끗하게 나오지 않을 때 사용한다.

■ 약초의 성질

성미는 달고 성질은 평하다.

■ 약용법

뿌리는 봄에서 가을, 열매는 가을이 가장 적합하고 뿌리와 열매를 채취한다.
약용으로 사용방법은 열매와 뿌리는 가을~겨울에 채취하여 사용한다. 열매, 뿌리(성고유) 말린 것 10g을 물 700cc에 넣고 달여서 하루 3회 마신다.

■ 산나물 요리 먹는 방법

- 새순을 데쳐서 나물로 먹는다.
- 봄에 잎과 새순을 채취하여 끓는 물에 살짝 데쳐서 나물 무침을 하거나 기름에 볶아 먹는다.
- 잎은 삶은 후 살살 비비면서 말려 묵나물로 두었다가 이용할 때는 물에 불려 나물 무침을 하여 먹거나 국거리로 쓴다.

고려엉겅퀴

단백질, 비타민A, 탄수화물, 칼슘이 풍부한

높이가 1.2m에 이르는 큰 여러해살이풀이다.

■ 식물의 형태

밑줄기는 곧게 자라는데 가지는 갈라지면서 사방으로 넓게 퍼진다. 잎은 피침 꼴 또는 계란 꼴에 가까운 타원 꼴이고 아래쪽의 잎은 기다란 잎자루를 가지고 있으나 위쪽에 생겨나는 잎에는 잎자루가 없다. 잎 가장자리는 밋밋하거나 가시와 같은 털이 돋아나 있다.

■ 약리 효과와 효능

엉겅퀴의 일종으로 다른 엉겅퀴들이 식용뿐만 아니라 약용으로 사용되고 있는 반면, 고려엉겅퀴는 식용으로만 이용되고 있다.

■ 약초의 성질

성질은 평하고 맛은 쓰며 독이 없다.

■ 약용법

다른 엉겅퀴는 식용뿐만 아니라 약용으로 사용되는 반면, 고려엉겅퀴는 식용으로만 사용한다.

■ 산나물 요리 먹는 방법

- 어린잎과 줄기를 채취하여 사용한다.
- 어린순을 나물로 한다. 봄철에 한꺼번에 많이 뜯어 놓았다가 삶아서 말린 다음 1년 내내 먹거리로 이용한다.
- 봄에 잎을 삶아서 쌈채로 쓰고 겨자 무침 등 나물 무침을 하여 먹으며, 국거리로도 쓴다.
- 옛날에는 구황식물로 사용하던 식물이다. 빈궁기에 곤드레밥이라 하여 주곡의 증체를 목적으로 이용되기도 하였으며, 해장국에 이용하기도 하였다. 요즘은 별미로 전국의 어디서나 맛으로 먹는 최고의 나물이다. 5~6월까지도 잎이나 줄기가 연하여 사용할 수 있다.

고본

두통, 관절통, 치통, 복통, 설사에 좋은

깊은 산 산기슭에서 자란다.

■ 식물의 형태

높이 30~80cm이다. 풀 전체에 털이 없고 향기가 난다. 줄기는 곧게 서고 가지를 친다. 잎은 어긋나며 뿌리에 달린 잎은 긴 잎자루가 있고 줄기에 달린 잎에는 잎집이 있다. 3회 깃꼴겹잎으로 갈라지며 갈라진 조각은 줄 모양이다.

■ 약리 효과와 효능

감기에 쓰며 주로 진통효과를 나타내므로 사지관절의 통증, 복통, 머리 윗부분의 두통에 좋다.

■ 약초의 성질

맵고 성질은 따스하며 방광경에 작용한다.

■ 약용법

가을에 뿌리를 캐서 말린다. 약으로 사용할때는 뿌리10g에 물700cc를 넣고 달인 액을 반을 나누어 아침저녁으로 복용하고 환부에는 달인 액을 바르기도 한다.

■ 산나물 요리 먹는 방법

- 향기와 색소가 좋아 술이나 차로 이용한다.
- 뿌리를 끓는 물에 데친 후 물에 헹구고 나물 무침을 한다.

| 약 술 | 고본술

- 지황 25g, 숙지황 25g, 인삼 10g, 맥문동 20g, 천문동 20g, 소주 1000㎖, 설탕 100g, 과당 50g
- 준비한 생약을 가늘게 썰어 용기에 담고 소주를 붓는다. 밀봉한 다음 시원한 곳에 보관하면 된다.
- 처음 4~5일 동안은 매일 1회 술을 가볍게 흔들어 줘야한다.

고비

감기로 인한 발열과 피부 발진에 효과가 있는

평지 또는 산야에 나는 다년초이다.

■ 식물의 형태

고비과의 여러해살이 양치식물로 잎이 갈라져 있고 키가 1.5m까지 자란다. 실 모양의 뿌리는 무더기로 자라는데 이를 고비섬유라고 부른다. 산속의 깊은 계곡에서 자생하고 어린잎에는 흰솜털이 있다.

■ 약리 효과와 효능

간신을 보하고 허리와 다리를 튼튼하게 하며 관절의 운동을 순조롭게 한다.

■ 약초의 성질

맛은 쓰고 달며 성질은 따뜻하며 간, 신에 작용한다.

■ 약용법

7~8월에 채취하여 사용한다. 건조한 고비 10g에 물 350ml를 넣고 반이 될 때 까지 달여 마신다. 이뇨에 좋은 효과를 본다.

주의사항 신정이 부족하여 허열이 왕성한 증상에는 쓰지 않는다.

■ 산나물 요리 먹는 방법

- 이른 봄에 연한 잎줄기를 재취해 나물로 먹는다.
- 떫은맛이 강하기 때문에 물에 담가 충분히 우려낸 다음 먹는 것이 좋다.
- 말린 줄기와 잎은 인후 통에, 뿌리는 이뇨작용을 한다.
- 봄에 연한 새순을 채취하여 솜털을 제거하고 끓는 물에 삶아 말려서 묵나물로 이용한다.
- 국거리로 쓰고 고추장 장아찌를 만들기도 한다.

고사리

단백질, 칼슘, 칼륨 등 무기질도 풍부한

다년생 식물로써 겨울에는 잎이 떨어진다.

■ 식물의 형태

고사리는 하나의 종을 지칭하는 말이 아니라, 약 10여 가지의 종이 속하는 속을 가르키는 말이다.

■ 약리 효과와 효능

신을 보하므로 신이 허할 때 생기는 허리 통증이나 오랜 설사, 귀울음, 타박상, 팔 다리 저림, 뼈가 부러진 데 등에 사용한다. 성질이 따뜻해서 혈액의 운동을 촉진시키는 작용을 한다.

■ 약초의 성질

맛은 쓰고 성질은 따뜻하며 신장에 작용한다.

■ 약용법

말린 약재를 1회에 4~8g씩 200ml의 물로 달여서 복용한다. 위가 냉하거나 저혈압, 빈혈이 있는 경우 피해야 한다.

주의사항 음이 허한 사람과 어혈이 없는 사람이 사용해서는 안 된다.

■ 산나물 요리 먹는 방법

- 고사리는 잎이 땅 위로 올라와서 잎이 완전히 전개되기 전에 채취하여 사용하여야 한다.
- 고사리의 어린순은 어릴수록 부드럽고 고사리나물을 만들어 먹고 뿌리줄기의 전분은 빵을 만드는데 사용하기도 한다.
- 봄에 연한 순을 채취하여 끓는 물에 삶아서 말린 후 묵나물로 만든다.
- 요리를 할 때는 물에 불려서 나물 무침을 하거나 국거리로 사용한다.

고추냉이

생선 중독, 국수중독 치료에도 쓰이는

산골짜기 물이 흐르는 곳에서 자란다.

■ 식물의 형태

굵은 원기둥 모양의 땅속줄기에 잎 흔적이 많이 남아 있다. 땅속줄기에서 나온 잎은 심장 모양이며 길이와 나비가 각각 8~10cm로 가장자리에 불규칙하게 잔 톱니가 있다.

■ 약리 효과와 효능

봄에 땅속줄기의 잔뿌리를 떼어내고 말린 것을 산규근이라 해서 류머티즘, 신경통 등의 아픈 부위에 바른다. 생선중독, 국수중독 치료에도 쓰며 향신료나 방부제, 살균제로도 쓴다. 성분으로는 땅속줄기에 시니그린이 들어 있으며, 이것이 티오글루코시다아제의 작용으로 분해되어 매운맛을 낸다.

■ 약초의 성질

맛은 맵고 성질은 따뜻하다.

■ 약용법

봄에 전초를 채취하여 잔뿌리를 떼어내고 햇볕에 말린다. 뿌리 적당량을 내복한다.

■ 산나물 요리 먹는 방법

- 봄에 포기 째 김치를 담가 먹는다.
- 어린 줄기와 잎을 생채로 쌈채로 먹거나 포기째 김치를 담근다.
- 삶아서 나물 무침을 해서 먹는다.
- 톡 쏘는 자극적인 향과 매운맛이 강하다. 뿌리는 껍질을 벗기고 생으로 이용 한다.
- 뿌리줄기에 비린내와 독성을 제거하는 효능이 있으므로 갈아서 생선을 먹을 때의 향신료(와사비)로 쓴다.

고수

소화를 촉진시키고 식욕을 회복시키는

■ 식물의 형태

높이 30~60cm이고 줄기의 속은 비어있으며 가지가 조금 갈라지고 곧게 자란다.

■ 약리 효과와 효능

고수는 소화를 촉진시키고 식욕을 회복하며 기운이 위쪽을 치밀어 오르는 것을 내려주는 효능이 있다. 그래서 식체나 소화불량, 전염병의 발열에 사용하고, 물고기나 육류의 독을 풀어준다.

■ 약초의 성질

따뜻하고 맛은 맵고 독특한 냄새가 난다.

■ 약용법

여름에 열매가 다 익으면 전초를 베어 말리거나 열매를 따로 털어 바람이 잘 통하는 그늘에 말린다. 말린 약재를 하루에 3~6g씩 달여서 복용한다. 체하거나 소화불량에는 호유자(씨를 말린 것) 3~7g을 넣은 홍차를 마시면 효과가 좋다.

■ 산나물 요리 먹는 방법

- 고수는 향이 일품이고 비린내를 없애는 데도 효과가 있다.
- 잎은 얼얼한 향을 가지고 있고, 씨는 달콤하고 매운 감귤 맛과 향을 낸다.
- 전초를 채취하여 끓는 물에 살짝 데친 후 찬물에 담가 우려내고 나물 무침을 한다.
- 생잎을 쌈채로 이용하거나 겉절이를 만들어 먹는다.

곤달비 여자들에게 좋은

여러해살이풀로 곧게 자라는 줄기는 높이가 60~90cm에 이른다.

■ 식물의 형태

잎은 신장 꼴로 밑동은 깊게 패어 있으며 3~5개 정도의 두드러진 잎맥을 가지고 있다. 아래의 잎과 위의 잎이 모두 같은 외모를 가지고 있지만 아래쪽의 잎이 유별나게 커서 곰취와 흡사하게 보이므로 고장에 따라서는 이 풀을 곰취라고 부르기도 한다. 줄기에 나는 잎은 3장 안팎이다.

■ 약리 효과와 효능

한방에서는 뿌리를 부인병 치료에 쓴다.

■ 약초의 성질

맛은 달고 매우며 따뜻하고 독이 없다.

■ 약용법

가을에 굴취하여 줄기를 따버리고 깨끗이 씻은 다음 햇볕에 말린다. 쓰기 전에 잘게 썬다. 말린 약재를 1회에 2~4g씩 200ml의 물로 달이거나 곱게 가루로 빻아 복용한다.

■ 산나물 요리 먹는 방법

- 어린잎을 나물로 먹는데 부드럽다. 꽃대가 자라나기 전까지 채취하여 사용할 수 있다.
- 채취하여 깨끗이 씻은 다음 다른 야채와 쌈을 싸 먹거나 데쳐서 나물을 무쳐 먹는다.
- 잎을 끓는 물에 살짝 데친 후 찬물에 헹구어 나물 무침을 한다. 삶은 것을 말려서 묵나물로 이용한다.
- 어린 생잎을 쌈채로 먹거나 간장 장아찌를 만든다.

광대수염

해열, 소종, 활혈 등의 효능을 가지고 있는

수모야지마라고도 한다. 산지의 숲속 그늘진 곳에서 자란다.

■ 식물의 형태

줄기는 곧게 서고 높이 60cm 정도이며 네모지고 털이 약간 있다. 잎은 마주나고 잎자루가 있으며 달걀 모양이다.

■ 약리 효과와 효능

해열, 소종, 활혈 등의 효능을 가지고 있다. 적용질환은 감기, 각혈, 토혈, 혈뇨, 월경불순, 타박상, 종기 등이다.

■ 약초의 성질

맛은 맵고 달며 성질은 평이하다.

■ 약용법

약용으로는 4~6월 꽃이 필 때에 채취하여 그늘에서 말린다. 뿌리를 포함한 모든 부분을 약재로 쓴다. 점액질인 슐레임과 타닌 및 염기인 라민을 함유하고 있으며 휘발성의 기름을 함유하고 있다.

말린 약재를 4~6g씩 200ml 물로 달이거나, 가루로 빻아 복용한다. 해열, 소종, 활혈 등의 효능이 있다.

■ 산나물 요리 먹는 방법

- 나물이나 국거리로 한다.
- 맛이 삼삼하고 순하므로 국거리로는 생것을 그대로 넣는다.
- 나물의 경우에는 살짝 데쳐 찬물로 한 차례 헹군 다음 무친다. 또한 생것을 기름에 튀겨도 먹을 만하다.

골등골나물

해열, 진통, 소종 등의 효능이 있는

생약명은 평간초, 백승마, 토승마라고도 부른다.

■ 식물의 형태

온몸에 까실까실한 털이 있는 여러해살이풀로 짧은 뿌리줄기를 가지고 있다. 줄기는 곧게 서서 70cm 정도의 높이로 자라며 피침 모양으로 생겼다.

■ 약리 효과와 효능

해열, 진통, 소종 등의 효능을 가지고 있다. 적용질환은 감기, 기침, 홍역이 잘 퍼지지 않는 증세, 신경통, 월경불순, 산후의 여러 증세(출혈이 멈추지 않거나 아랫배가 아픈 증세 등), 치질 등이다.

■ 약초의 성질

맛은 맵고 성질은 평이하다.

■ 약용법

약용으로 사용할 때는 여름부터 가을 사이에 채취하여 햇볕에 잘 말려서 사용한다.

말린 약재를 1회 4~8g씩 200ml의 물로 달여 복용한다. 감기, 기침, 홍역 잘 퍼지지 않는 증세, 신경통, 월경불순, 산후, 치질에 작용한다.

■ **산나물 요리 먹는 방법**

- 봄에 자라나는 어린순을 나물로 무쳐 먹거나 국거리로도 쓰인다.
- 맵고 쓴맛이 강하므로 데친 다음 잘 우려내어 조리해야 한다.

곰취

진해, 거담, 진통 등에 효능이 있는

국화과의 여러해살이풀이다.

■ 식물의 형태

식물 전체에 털이 없고 뿌리줄기에서 나오는 잎은 길이가 85㎝까지 자란다. 줄기에는 3장 정도의 잎이 둥글게 달린다.

■ 약리 효과와 효능

『동의보감』에 진해, 거담, 진통 등에 효능이 있다고 적혀있다. 향기와 맛이 독특해 봄에 어린잎을 채취해 생이나 데쳐서 나물로 먹거나, 말려서 묵나물로 만들어 먹는다.

■ 약초의 성질

맛은 달고 성질이 따뜻하다.

■ 약용법

가을에 뿌리를 캐서 말린다. 뿌리줄기와 잔뿌리를 함께 약재로 쓴다. 가을에 채취하여 줄기를 따버리고 깨끗이 씻은 다음 햇볕에 말려 사용한다.

말린 약재를 4~6g씩 200ml 물로 달이거나, 가루로 빻아 복용한다. 혈액순환을 촉진시켜 기침 및 가래를 멎게 하는데 도움을 준다.

■ 산나물 요리 먹는 방법

- 어린잎을 나물이나 쌈으로 먹는데 나물로 할 때에는 데쳐서 말려 갈무리해 두었다가 필요에 따라 조리한다.
- 쌈으로 먹을 때는 가볍게 데쳐서 찬물에 잠시 우렸다가 먹는다.
- 취나물 가운데서 제일 유명한 대표적인 산채나물이다.
- 잎을 끓는 물에 살짝 데친 후 찬물에 헹구어 나물 무침을 한다. 삶은 것을 말려서 묵나물로 이용한다.
- 어린 생잎을 쌈채로 먹거나 간장장아찌를 만든다.

구기자나무 강장, 보양 등의 효능이 있는

열매를 약재로 쓴다. 뿌리껍질도 지골피라 하여 약으로 쓴다.

■ 식물의 형태

구기자나무는 청양과 진도에서 대단위로 재배되며 표고 100~700m 사이의 마을 주변에 심어 재배도 한다.

■ 약리 효과와 효능

시력을 개선하고 눈이 아찔하고 눈물이 많은 증상과 요통, 슬관절통, 유정 등을 다스린다.

■ 약초의 성질

달며 성질은 차며 간과 신장에 작용한다.

■ 약용법

한번에 5~19g을 달여서 먹고, 구기자의 신선한 잎은 한번에 50~1 50g을 달여서 먹거나 짓찧어서 먹어도 괜찮다.

■ 산나물 요리 먹는 방법

- 연한 순을 나물 또는 나물밥으로 해먹는다.
- 쓰거나 떫은맛이 가볍게 데쳐 찬물에 헹궈 사용하면 된다.
- 어린 순을 채취해 끓는 물에 살짝 데친 후 찬물에 헹궈 나물 무침을 하거나 튀김을 만든다.

| 약 술 | 구기술 구기자 150g, 소주 1000㎖, 설탕 100g, 미림 50㎖, 벌꿀 30㎖

- 구기자는 가능하면 선홍색을 띤 것으로 고른 후 용기에 넣은 다음 25°짜리 소주를 붓는다.
- 공기가 통하지 않게 밀봉하여 시원한 곳에 보관하면 된다.

| 약 죽 | 구기자 죽 구기자열매 5개, 백미 1컵, 소주 1컵, 잘게 썬 파 1/2개

- 백미를 미리 물에 불려둔다.구기자열매를 술에 불려둔다.
- 백밀를 질그릇냄비에 넣고 물 10컵을 부어 강한 불로 끓인다.

| 약 차 | 구기자 나뭇잎차 구기자 나뭇잎과 연한 줄기 적당량.

- 봄과 여름철에 구기자 나무 잎과 연한 줄기를 따서 깨끗이 씻은 뒤 끓는 물에 살짝 데쳐내어 물기를 뺀다.
- 다시 이것을 잘게 썰어서 햇볕에 바짝 말려 솥에 넣고 황갈색이 되도록 볶아서 밀봉하여 보관한다.

궁궁이

두통, 빈혈증, 부인병 등에 좋은

산골짜기 냇가에서 자란다.

■ 식물의 형태

높이 80~150cm 정도이며 줄기는 곧게 서고 가지를 치며 뿌리는 다소 굵다. 뿌리에서 난 잎과 밑부분의 잎은 길이 20~30cm의 깃꼴겹잎으로 잎자루가 길다.

■ 약리 효과와 효능

인체 내에서 혈액이 잘 돌지 못하면 월경부조, 월경통, 부월경, 두통, 복통 등 여러 가지 증상에 좋은 효과가 있다.

■ 약초의 성질

맛은 맵고 따뜻하다. 간과 담, 심포에 작용한다.

■ 약용법

하루 6~12g을 사용하는데 물 1L를 붓고 달여서 2~3회에 나누어 복용한다. 또한, 환이나 가루로 만들어 복용하기도 한다. 뿌리는 물에 담가서 휘발성 정유 성분을 우려내야 두통을 방지할 수 있다.

■ 산나물 요리 먹는 방법

- 독특한 향기가 있고 씹히는 맛이 좋은 나물로 봄에 어린순을 뜯어 나물로 무치거나 국을 끓여도 좋다.
- 살짝 데쳐 잠깐 우려내면 된다.
- 어린 잎을 쌈으로 먹거나 데쳐서 나물 무침을 한다.

| 약 차 | 당귀 천궁차 당귀 20g, 천궁 12g, 물 600㎖, 꿀 약간

- 차관에 재료와 물을 넣고 끓이는데 끓기 시작하면 불을 줄인 후 은근하게 달이면 된다.

| 약 술 | 행기회생술 향부자 25g, 천궁 25g, 창출 25g, 소주 1000㎖, 설탕 100g, 과당 80g

- 잘게 썬 생약을 용기에 넣고 25°짜리 소주를 부은 다음에 공기가 통하지 않게 밀봉하여 시원한 곳에 보관하면 된다.

구릿대

두통, 편두통, 각종 신경통에 좋은

백지, 백초, 두약, 향백지라고도 한다.

■ 식물의 형태

두해 내지 세해살이풀로 굵은 뿌리줄기를 가지고 있다. 줄기는 곧게 서고 가지를 치면서 1.5m 정도의 높이로 자란다.

■ 약리 효과와 효능

감기로 인해 머리와 이마가 아프거나, 치통, 콧물 등 얼굴에 나타나는 증상들을 다스리는 효과가 있으며 또한 대하나 피부의 창양, 피부병과 소양감 등을 다스리는 효과도 있다.

■ 약초의 성질

맛은 맵고 성질은 따스하다. 폐와 위와 대장에 작용한다.

■ 약용법

여름과 가을에 잎이 누렇게 될 때, 그 뿌리를 채취하여 줄기와 잎, 잔뿌리를 제거하고 햇볕에 말려서 사용한다. 신경통이나 요통에는 하루에 구릿대 6~12g을 물로 달여 먹는다.

주의사항 과다하게 사용하면 구토 증상이 나타날 수 있으므로 주의하여야 하며 평소 허열이 있거나 피부병에 이미 농이 생긴 사람은 그 양을 줄여서 사용하여야 한다.

■ 산나물 요리 먹는 방법

- 봄에 자라나는 연한 순을 나물로 먹는다.
- 매운맛이 있어 찬물로 우려서 사용한다.

금낭화

몸에 열이 많은 사람은 많이 먹지 말아야 하는

산지의 돌무덤이나 계곡에 자라지만 관상용으로도 심는다.

■ 식물의 형태

높이 40~50cm이다. 전체가 흰빛이 도는 녹색이고 줄기는 연약하며 곧게 서고 가지를 친다. 잎은 어긋나고 잎자루가 길며 3개씩 2회 깃꼴로 갈라진다.

■ 약리 효과와 효능

풍을 제거하고 혈액순환을 좋게 하며, 상처의 독을 없애는 효능이 있다. 옴, 종기, 버짐 등에 사용한다. 한방에서 전초를 채취하여 말린 것을 금낭이라고 하며, 피를 잘 고르고 소종의 효능이 있어 타박상·종기 등의 치료에 쓴다.

■ 약초의 성질

성질은 따뜻하고 맵다. 심, 경락에 작용한다.

■ 약용법

이른 봄이나 가을에 뿌리를 캐서 햇볕에 말린다.

말린 약재를 1회에 2~4g씩 200ml 물에 넣어 천천히 달여서 복용한다.

〈외용〉 생잎을 짓찧어서 환부에 붙인다.

■ 산나물 요리 먹는 방법

- 봄에 어린 순을 채취한다.
- 어린잎을 가볍게 데쳐서 찬 물에 우려낸 뒤 나물로 먹거나 된장국의 국거리로 사용한다.
- 독성이 있으므로 끓는 물에 삶은 후 물에 충분히 담가 우려낸 다음 나물 무침을 하여 먹는다.

기린초

지혈, 이뇨, 진정, 소종 등의 효능이 있는

기린초는 중부 이남의 산에서 자라는 다년생 초본이다.

■ 식물의 형태

생육환경은 산의 바위틈이나 과습하지 않은 곳에서 자생한다. 키는 약 20~30cm 정도이다.

■ 약리 효과와 효능

적용질환은 토혈, 코피 흐르는 증세, 혈변, 월경이 멈추지 않는 증세, 가슴이 몹시 두근거리는 증세(심계항진), 이유 없이 가슴이 울렁거리는 증세 등이다.

■ 약초의 성질

맛은 시고 성질은 평하고 독이 없다.

■ 약용법

말린 약초를 1회 2~4g 물에 달이거나 생초를 찧어서 즙으로 복용한다. 히스테리(신경질) 증상에는 빛에 말린 약재 전초를 1회 5~6g정도 달여서 하루 4-5회 복용한다.

〈외용〉 타박상이나 종기에는 생초를 짓찧어서 환부에 발라준다.

■ 산나물 요리 먹는 방법

- 봄에 나는 어린 잎을 채취하여 나물로 먹는다.
- 가볍게 데쳐서 나물로 해서 먹으면 담백한 맛이 나며 약간 씁쌀한데 떫은 뒷맛이 남는다.

긴담배풀

해열, 해독, 소종의 효능이 있는

여러해살이풀로 온몸에 털이 산재해 있다.

■ 식물의 형태

줄기는 곧게 서서 30~60cm의 높이로 자라며 약간의 가지를 친다. 얇은 잎은 서로 어긋나게 자리한다.

■ 약리 효과와 효능

해열, 해독, 소종의 효능이 있다. 적용질환으로는 감기, 인후종, 결핵성임파선염, 대장염, 치질, 악성종기, 악성종양 등 각종 질병에 효과가 있다.

■ 약초의 성질

성질은 서늘하고 맛은 쓰고 독성이 없다.

■ 채취시기

어린잎을 채취하여 사용한다. 약용으로 사용할 때는 꽃이 필 때에 채취한다. 때로는 생풀을 쓰기도 한다.

■ 약용법

말린 약재를 1회에 2~4g씩 200ml의 물로 천천히 반 정도의 양이 되게 달이거나 생즙을 내어 복용한다.

〈외용〉 생풀을 짓찧어서 환부에 붙이거나 말린 약재를 달인 물을 솜에 적시어 환부를 씻어낸다.

■ 산나물 요리 먹는 방법

• 어린순을 나물로 해먹거나 국거리로 쓴다. 맵고 쓴맛이 있어 우린 후 조리하는 것이 좋다.

• 독특한 냄새가 나므로 끓는 물에 데친 후 오래도록 찬물에 담가 충분히 우려낸 다음 건져내 쌈채로 하거나 나물 무침을 한다.

긴병꽃풀

담석증, 방광 결석, 황달에 좋은

꿀풀과의 여러해살이풀이다.

■ 식물의 형태

긴병꽃풀은 우리나라 경기도, 황해도, 평안도 등지에 자생하는 꿀풀과의 여러해살이풀로 산야지의 숲 가장자리나 습기가 있는 양지 풀밭에서 잘 자란다.

■ 약리 효과와 효능

신장 결석증, 방광 결석, 방광염 및 기타 황달, 기관지천식, 만성기관지염, 이하선염, 부종, 옹종, 습진등에 사용한다.

■ 약초의 성질

맛은 맵고 약간 쓰며 성질은 약간 차고, 간과 담, 신장, 방광에 작용한다.

■ 약용법

4~5월에 꽃이 금방 피었을 때 신선한 줄기째로 채취하여 잘라서 사용한다. 약재는 하루 15~30g을 탕제 ,주제 형태로 만들어 먹는다. 또는, 신선한 것을 짓찧어 즙으로 먹기도 한다.

주의사항 소화기가 약해 설사하는 사람은 복용하지 말아야 한다.

■ 산나물 요리 먹는 방법

- 봄에 나오는 새순을 삶아서 나물 무침을 하여 먹는다.
- 전초를 채취하여 녹즙을 짜내어 마시기도 한다.
- 햇빛에 말린 금전초를 가루 내어 향신료나 물을 넣고 우려낸 후 차로 마신다.

꽃층층이꽃

해열, 해독, 소종 등의 효능이 있는

산지나 들의 양지쪽에서 자란다.

■ 식물의 형태

줄기는 높이 15~40cm이며 윗부분에서 가지가 갈라진다. 줄기 전체에 털이 있으며 원줄기는 네모지고 곧추선다. 잎은 마주나고 달걀 모양으로 길다.

■ 약리 효과와 효능

해열, 해독, 소종 등의 효능을 가지고 있다. 적용질환은 감기, 편도선염, 인후염, 장염, 담낭염, 간염, 황달, 종기, 습진 등이다.

■ 약초의 성질

성미는 맵고 쓰며 성질은 서늘하다.

■ 약용법

약용으로는 여름부터 가을 사이에 채취하여 사용한다. 잎과 줄기를 약재로 쓰는데 산층층이꽃도 함께 쓰이고 있다.

말린 약재를 1회에 3~6g씩 200ml의 물로 달여서 복용한다.

〈외용〉 종기와 습진에 달인 물로 환부를 닦거나 생풀을 짓찧어서 붙인다.

■ **산나물 요리 먹는 방법**

- 봄철에 연한 순을 나물로 해서 먹는다.
- 쓴맛이 강하므로 데쳐 찬물에 하루 정도 담가서 우려낸 다음에 사용한다.

까실쑥부쟁이 감기로 인한 열, 기침, 기관지염, 편도선염에 좋은

산백국, 소설화, 야백국, 팔월백이라고도 한다.

■ 식물의 형태

여러해살이풀로 높이는 30~60cm이고 온몸에 잔털이 나 있어 까실까실한 느낌이 든다.

■ 약리 효과와 효능

해열, 진해, 거담, 소염, 해독 등의 효능을 가지고 있다. 적용질환은 감기로 인한 열, 기침, 기관지염, 편도선염, 유선염, 종기 등이다. 뱀이나 벌레에 물린 경우에는 해독약으로 쓰인다.

■ 약초의 성질

맛은 쓰고 매우며 성질은 서늘하다.

■ 약용법

여름과 겨울에 채취하여 햇볕에 말린다. 꽃을 포함한 모든 부분을 약재로 쓰는데 세스퀴테르펜카본, 디펜텐,등이 함유되어 있다. 여름부터 가을 사이에 채취하여 사용한다. 약재를 1회에 4~10g씩 200㎖의 물로 달여서 사용하거나 즙을 내어 복용한다.

■ 산나물 요리 먹는 방법

- 어린순을 나물로 먹거나 튀겨서 먹는다.
- 튀김은 채취하여 깨끗이 씻은 다음 데치지 않고 그대로 튀긴다.
- 쑥갓과 비슷한 맛이 나며 데쳐서 나물밥으로 해서 먹기도 한다.

꼭두서니

관절염, 신경통, 간염에 좋은

가삼자리, 갈퀴잎이라고도 한다.

■ 식물의 형태

산지 숲 가장자리에서 자라며 길이 약 2m이다. 뿌리는 굵은 수염뿌리로 노란빛이 도는 붉은색이다. 줄기는 네모나고 가지를 치며 밑을 향한 짧은 가시가 난다.

■ 약리 효과와 효능

혈열로 인한 코피, 토혈 및 자궁 출혈, 대장 출혈 등의 각종의 출혈증 및 부인의 생리통, 타박어혈, 토혈, 자궁출혈, 혈뇨, 관절통, 무월경 등에 사용된다.

■ 약초의 성질

맛은 쓰고 성질은 차갑다. 간에 작용한다.

■ 약용법

뿌리에 푸르푸린이라는 배당체 색소와 문지스틴, 루베리산 등이 함유되어 있다. 약용으로는 봄이나 가을에 채취하여 사용하며 생풀을 사용하기도 한다. 약재를 1회에 3~5g씩 200cc의 물로 달여서 사용한다. 약술을 만들어 하루에 20cc씩 아침저녁으로 복용하기도 한다.

■ 산나물 요리 먹는 방법

- 어린순은 나물을 해 먹는데 쓴맛이 강하다.
- 데쳐서 하루 이틀 물에 잘 우려낸 후 사용한다.

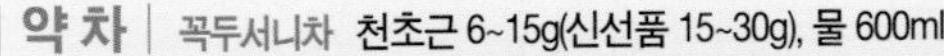

| **약 차** | 꼭두서니차 천초근 6~15g(신선품 15~30g), 물 600ml.

- 끓기 시작하면 약불로 줄여서 30분 정도 달인 후 1일 2~3잔 기호에 따라 꿀이나 설탕을 가미해서 음용한다.

(1잔 분량 100~150ml)

꿩고비

구충, 해열, 지혈의 효능이 있는

산지의 습지에서 무리 지어 자란다.

■ 식물의 형태

뿌리줄기는 굵고 지름이 5~8cm이며 끝에서 잎이 뭉쳐난다. 잎은 곧게 서고 끝 부분이 약간 뒤로 젖혀지며 영양엽과 포자엽 2가지가 있다.

■ 약리 효과와 효능

약효는 구충, 해열, 지혈의 효능이 있어 회충병, 풍열감모, 온열반진, 토혈, 육혈, 장풍혈변, 혈리, 자궁출혈, 대하증을 다스린다.

■ 약초의 성질

맛은 쓰고 성질은 약간 따뜻하다.

■ 약용법

봄과 여름에 뿌리줄기를 캐서 말린다. 뿌리줄기 10g을 물 700ml를 넣고 달여서 반이 되면 아침, 저녁으로 복용한다. 대변 출혈에 지혈제로 사용한다.

■ 산나물 요리 먹는 방법

- 연한 줄기를 채취하여 나물로 먹거나 국을 끓여 먹는다.
- 떫은맛이 강하여 하루이틀정도 우려낸 다음 조리해서 사용한다.
- 고사리처럼 말려서 저장하여 먹기도 한다.

노루오줌

열을 내려주고 기침 및 통증 완화 시키는

노루오줌은 우리나라 각처의 산에서 자라는 다년생 초본이다.

■ 식물의 형태

생육환경은 산지의 숲 아래나 습기와 물기가 많은 곳에서 자란다. 키는 60㎝ 내외이고, 잎은 넓은 타원형으로 끝이 길게 뾰족하다.

■ 약리 효과와 효능

몸속의 열을 내려주고 기침 및 통증 완화, 감기증상이나 두통, 전신의 통증, 허리와 등의 통증, 가래와 해수를 치료하며 열성경련에도 사용한다. 뿌리는 혈액순환을 돕고 어혈을 없애며 해독작용을 한다.

■ 약초의 성질

성질은 차고 맛은 쓰며 독이 없다.

■ 채취시기

뿌리는 8~10월 잎과 줄기, 꽃은 6~10월에 채취한다.

■ 약용법

전초는 1회에 5~10g을 200ml의 물에 달여서 복용하고, 뿌리는 1회에 4~8g을 200ml의 물로 달여 마신다. 타박상, 관절염, 위통과 장염, 통증완화에 좋다.

■ 산나물 요리 먹는 방법

• 어린순을 채취하여 사용한다.

• 풀에서 역한 동물의 오줌 냄새가 나므로 끓는 물에 데친 후 찬물에 오래도록 담가두어 역한 냄새를 충분히 빼내고 건져내어 나물 무침을 한다.

나비나물 허약한 체질에도 사용하는

산과 들에서 흔하게 자라는 여러해살이풀로 전체에 털이 없다.

■ 식물의 형태

줄기는 네모지며 조금 딱딱하고 뭉쳐나며 곧게 서거나 약간 비스듬히 자라고 높이가 30~100cm이다.

■ 약리 효과와 효능

나비나물은 소변배설을 촉진하고 혈압을 내리며 열이 나거나 호흡기 질환, 부종 등에 사용하고, 현기증과 피로회복, 어지럼증에도 사용한다. 또한 강장작용도 있어서 허약한 체질에도 사용한다.

■ 약초의 성질

맛이 달고 약성은 평범한 성질이다.

■ 약용법

약용으로는 개화기에 뿌리채 전체를 채취하여 사용한다.말린 약재를 다려서 먹는데 혈압을 내리는데 좋으며, 숙취에도 좋고 이뇨작용도 있고 현기증, 피로회복에 약효가 있다.

일반적인 복용법 물 60ml에 말린 나비나물 전초를 30g 넣고 반으로 될 때까지 달여서 아침저녁 식후에 1컵씩 복용한다.

■ 산나물 요리 먹는 방법

- 이른 봄에 어린 싹을 데쳐서 나물로 먹기도 하며,
  국거리, 찌개거리, 샐러드로도 좋고 묵나물로도 이용한다.
- 이른 봄에 나오는 어린 새싹을 쓰는데 얇고 부드럽기 때문에 시들지 않도록 빨리 처리하는 것이 좋다.
- 삶아서 깨 무침 등 무침 요리를 하고, 또 튀김을 만들며 국거리로도 쓴다.
- 꽃은 튀김으로 만들어 먹기도 한다. 식물자체가 부드러워 여름까지도 먹을 수 있다.

날개하늘나리 윤폐지해, 청심안신의 효능이 있는

산에서 자란다.

■ 식물의 형태

높이는 20~90cm이다. 비늘줄기는 공 모양이고 지름 3~5cm이다. 줄기는 원기둥 모양이고 크며 곧게 선다.

■ 약리 효과와 효능

비늘줄기는 윤폐지해, 청심안신의 효능이 있다. 폐결핵의 구해, 해수담혈, 열병의 여열미청, 허번경계, 정신황홀, 각기부종을 치료하며 꽃은 윤폐, 청화, 정신을 안정하게 하는 효능이 있다.

■ 채취시기

약용으로는 연한 줄기를 채취하여 사용한다.

■ 약용법

약용으로 사용할 때는 가을에 채취하여 지상부분을 버리고 깨끗이 씻어 인편을 끓는 물에 잠깐 담갔다가 건져내거나 살짝 쪄 말려서 사용한다.

인경에는 colchicine등 다종의 alkaloid 및 전분, 단백질, 지방 등이 함유되어 있다.

■ 산나물 요리 먹는 방법

- 비늘줄기는 식용한다.
- 삶아서 먹거나 죽을 만들어 먹는다.
- 비늘줄기는 생으로 된장을 찍어 먹거나 삶아서 나물 무침을 한다.
- 삶은 것을 감식초에 담가 밑반찬으로 쓰기도 한다.
- 생잎을 잘게 잘라 국수에 넣어 먹거나 비빔밥의 재료로 쓰며, 전을 부쳐서 먹고 국거리로도 이용한다.

냉초

해열, 진통, 해독, 이뇨의 효능이 있는

산지의 습기가 약간 있는 곳에서 자란다.

■ 식물의 형태

높이는 50~90cm이고 뭉쳐난다. 잎은 3~8개씩 돌려나고 여러 층을 이루며 긴 타원형 또는 타원형이고 끝이 뾰족하다.

■ 약리 효과와 효능

해열, 진통, 해독, 이뇨의 효능이 있고 풍습을 없애주기도 한다. 적용질환으로는 감기, 근육통, 신경통, 풍습성의 통증, 변비 등이다. 또한 이뇨제, 통경제, 사하제, 각기약으로도 쓰이며 뱀이나 벌레에 물렸을 때에는 외용약으로 사용된다.

■ 약초의 성질

냄새가 미약하고 맛이 쓰며 차갑다.

■ 채취시기

이른 봄에 어린순을 채취하여 사용한다.

■ 약용법

약용으로는 꽃이 필 때에 채취하여 사용한다. 모든 부분을 약재로 쓴다. 털냉초, 시베리아냉초도 함께 쓰인다. 플라본계의 루테올린이 함유되어 있다.

■ 산나물 요리 먹는 방법

- 이른 봄에 어린순을 나물로 해서 먹는다.
- 약간의 쓴맛이 있어서 데친 다음 우려내어 사용한다.

눈개승마 암세포억제 피부노화에 좋은

눈산승마라고도 한다.

■ 식물의 형태

높은 산에서 자란다. 높이 30~100cm이다. 뿌리줄기는 나무처럼 단단하고 굵다. 잎은 어긋나고 긴 잎자루가 있으며 2~3회 깃꼴겹잎이다. 작은잎은 막질(얇은 종이처럼 반투명한 것)이고 달걀 모양이며 끝은 뾰족하고 밑은 뭉뚝하다.

■ 약리 효과와 효능

신장손상억제 항산화활성, 암세포억제 피부노화 및 억제, 항당뇨활성 등이 알려져 있으며, 한방에서는 해독, 지혈, 어혈제거 목적으로 사용되고 있다.

■ 약초의 성질

성질은 평이하고 맛은 달고 쓰며 독이 없다.

■ 약용법

끓는 물에 20분 정도 삶아 미지근한 물에 5~6시간 우려낸 후, 물기를 꼭 짜서 냉장 보관한 다음 이용한다. 해독제나 지혈제 효능이 매우 좋다.

■ 산나물 요리 먹는 방법

- 잎이 펼쳐지기 전의 어린순을 뜯어 사용한다.
- 소금을 넣고 데치며 찬물로 잠시 우려낸 다음 나물로 해서 먹는다.
- 지방에 따라서는 국에 넣어 먹기도 한다.

| **약 차** | 승마차 승마 2~9g, 물 700ml.

- 끓기 시작하면 약불로 줄여 30분 정도 달인 후 1일 2~3잔 음용한다.
- 사용시 전문가와 상담후 사용을 권함

눈빛승마 해열, 해독, 소종의 효능이 있는

깊은 산 숲속에서 자란다.

■ 식물의 형태

높이 약 2.4m이다. 줄기는 크고 곧게 서며 많은 가지를 낸다. 잎은 2회깃꼴겹잎이다. 작은잎은 달걀 모양 또는 달걀 모양 타원형이고 끝은 뾰족하며 가장자리에 깊이 패어 들어간 모양의 톱니가 있다.

■ 약리 효과와 효능

감기로 인한 두통, 치통, 구내염, 목이 붓고 아플 때, 두드러기, 발진, 탈항, 자궁하수 등에 이용된다.

■ 약초의 성질

맛은 맵고 약간 달며 성질은 약간 차갑다. 폐와 비장, 위, 대장에 작용한다.

■ 약용법

말린 약재를 1회에 1~4g씩 200ml의 물로 달이거나 가루로 빻아 복용한다. 알칼로이드가 함유되어 있으므로 데친 뒤에 잘 우려내어 조리해야 한다.

주의사항 신장이 약하거나 몸의 하반신에 기운이 없는 사람, 허열이 있는 사람과 피부병에서 이미 발진이 생긴 사람은 복용을 피하여야 한다.

■ 산나물 요리 먹는 방법

- 어린순을 나물로 먹는다.
- 알칼로이드가 함유되어 있으므로 데친 뒤에 잘 우려내어 조리해야 한다.

단풍취

숙취해소 및 콜레스테롤 수치를 낮추는

산에서 흔히 자란다.

■ 식물의 형태

땅속줄기를 뻗고 줄기는 곧게 서며 가지를 내지 않고 높이가 35~80cm이다. 전체에 긴 갈색 털이 나 있다. 줄기 중간에 긴 잎자루를 가진 잎이 돌려난다.

■ 약리 효과와 효능

뿌리를 제외한 전초를 사용하며, 약용성분은 플리보노이드 성분의 아피제논의 씁쓸한 맛과 세르퀘테르펜락톤 등의 항산화물질로 숙취해소 및 콜레스테롤 수치를 낮추고 항염증에 효과있다.

■ 약초의 성질

맛은 달고 맵고 성질은 따뜻하며, 맛과 향이 좋은 산채이다.

■ 약용법

4~5월에 뿌리를 캐서 잘 말린다. 15~30g을 달여서 복용한다. 또는 가루를 만들어서 술에 담가서 사용한다. 생식할 경우 취나물에는 수산이 많아 생것으로 먹으면 몸속의 칼슘과 결합하여 결석을 유발하므로 끓는 물에 살짝 데친다.

■ 산나물 요리 먹는 방법

- 봄에 자라는 연한 잎을 따다가 데쳐서 나물로 먹는다.
- 뿌리를 제외한 전초를 사용하며, 생채 또는 데쳐서 쌈으로 먹을 수 있다.
- 데친것을 말려서 묵나물로 사용하기도 한다.
- 잎을 데쳐서 쌈채로 쓰고 나물 무침을 하거나 소금물에 2일정도 담가 장아찌를 만들어 먹는다.

다래

신경통에 좋은

다래는 우리나라 각처의 산에서 자라는 낙엽 덩굴나무이다.

■ 식물의 형태

생육환경은 산지의 숲이나 등산로 반그늘진 곳에서 자란다. 키는 2~5m 정도이고, 잎은 넓은 난형과 타원형으로 가장자리에 가늘다.

■ 약리 효과와 효능

다래 열매는 단맛이 있으므로 생식되고 있으며, 뜨거운 물을 끼얹어 건조시킨 것을 달여 마시면 신경통에도 좋다고 한다. 특히, 열매에 충영(혹처럼 생긴 식물체)이 생긴 것은 목천료라 하여 귀중한 한약재로 여긴다.

■ 약초의 성질

차갑고 맛은 시며 달고 독은 없다.

■ 약용법

당뇨병 말린 열매 10~15g을 물 600~700ml에 넣어 물이 반이 되도록 달인다. 달인물을 하루에 2~3번 나눠 마신다.

강장 보호, 건위 말린 다래 뿌리를 4~6g을 물 500ml에 넣고 약한 불로 달인다. 달인 물을 아침저녁으로 식간에 10일 정도 복용한다.

■ 산나물 요리 먹는 방법

- 어린잎을 나물로 먹는다.
- 우려낸 것을 말린 후 묵나물이나 장아찌로 만든다.
- 열매는 생으로 먹기도 한다.

약 술 | 다래술 다래 400g, 소주 1800㎖, 얼음과 설탕 5~20g

- 다래를 깨끗이 씻은 후에 물기를 완전히 제거한다.
- 다래를 용기에 넣고 소주를 부은 다음 얼음과 설탕을 넣는다.
- 공기가 통하지 않게 뚜껑을 밀봉하여 시원한 곳에 6개월 이상 보관하여 숙성시킨다.

담배풀

거담, 해열, 파혈, 지혈작용이 있는

들이나 산기슭에서 자란다.

■ 식물의 형태

뿌리는 양끝이 뾰족한 원기둥 모양이며 목질이다. 줄기는 높이가 50~100cm이고 많은 가지가 옆으로 길게 뻗으며 잔털이 있다.

■ 약리 효과와 효능

거담, 해열, 파혈, 지혈작용이 있어서 급성간염에 복용하면 간 기능이 회복되고, 어린이의 급만성 경풍에 해열, 진경의 효능이 있다. 피부의 가려움증과 신경통에도 유효하고 요충, 조충을 제거하는 데도 사용하며, 코피가 그치지 않을 때 지혈 목적으로 사용한다. 이밖에도 만성 하지궤양과 신장염에도 활용된다.

■ 약초의 성질

성질은 차고 맛은 맵다.

■ 약용법

말린 담배풀 10~15g 정도를 물 1L에 붓고 달여서 하루 2~3회로 나누어 마시거나 환 또는 가루로 만들어 복용하면 된다. 비위가 허하고 찬 사람은 사용에 신중을 기하여야 한다.

■ 산나물 요리 먹는 방법

- 어린잎을 식용하며, 열매와 잎, 줄기 윗부분을 말려 약재로 사용한다.
- 열매는 구충제로 쓰며 잎과 줄기는 해열제로 쓴다.
- 냄새가 나므로 끓는 물에 데친 후 오래도록 찬물에 담가 충분히 우려낸다.
- 약용으로는 가을에 과실이 성숙할 때 채취하여 말려서 사용한다.

더덕

위, 허파, 비장, 신장을 튼튼하게 해주는

사삼이라고도 한다.

■ 식물의 형태

해발 2,000m 이상의 높은 산에서부터 들판, 구릉, 강가, 산기슭, 고원지대 등 도처에 자생하고 있다. 뿌리는 도라지나 인삼과 비슷하다.

■ 약리 효과와 효능

몸이 약하고 팔다리가 무겁고, 말하기가 힘들고, 병을 앓고 기력을 회복하지 못하는 경우나 만성소모성 질병, 만성호흡기 질병, 빈혈 등의 질환에 응용된다.

■ 약초의 성질

맛은 달고 성질은 평하며 비, 폐에 작용하여 기와 폐를 보하고 진액을 불려준다.

■ 약용법

몸집 속에 함유되어 있는 흰 즙에 사포닌(Saponin)의 한 종류가 들어 있다. 약용으로는 가을에 채취하여 줄기와 잔뿌리를 제거하고 물로 깨끗이 씻은 다음 말려서 사용한다.

■ 산나물 요리 먹는 방법

- 어린잎을 삶아서 나물로 만들어 먹고 쌈으로 먹기도 한다.
- 껍질은 두들겨서 납작해진 것을 찬물에 담가 쓴맛을 우려낸 다음 고추장을 발라 구워 먹는다.
- 잎은 생으로 쌈채로 먹거나 삶아서 말렸다가 묵나물로 이용하거나 차를 끓여 마신다.

| **약 차** | 더덕차

- 만삼 10g, 물 600ml. 용기에 넣고 끓기 시작하면 약불로 줄여 30분 정도 달여준 후 1일 2~3잔 음용한다.

덩굴별꽃 구토, 요폐, 풍한기통, 타박상을 치료하는

산과 들에서 자란다.

■ 식물의 형태

길이 1.7m 정도 벋으며 줄기가 가늘고 꼬불꼬불한 털이 있다. 가지가 많이 갈라지고 마디에서 뿌리가 내린다. 잎은 마주나고 달걀 모양 또는 달걀 모양 바소꼴로 길이 2~5cm, 나비 7~20mm이다. 잎 끝은 뾰족하고 밑은 갑자기 좁아져 길이 1~4mm의 잎자루가 된다.

■ 약리 효과와 효능

이대소장의 효능이 있다. 구토, 요폐, 풍한기통, 타박상을 치료한다.

■ 약초의 성질

맛은 짜고 따뜻하다. 비경, 위경 신경에 작용한다.

■ 약용법

5~8월 햇볕에 말려 사용한다. 구토에는 화근초 15g에 소금을 넣서서 물이 절반 정도 될때까지 달여 복용한다. 폐뇨에는 화근초, 백모근, 지비파를 짓찧어 종이에 싸서 음경에 도포한다.

■ 산나물 요리 먹는 방법

• 어린순은 나물로 식용하고 전초는 화근초라하여 약용한다.

도꼬로마

강장, 이뇨, 거풍, 소염 등의 효능이 있는

산에서 자란다.

■ 식물의 형태

덩굴성 다년초로 굵은 근경이 옆으로 벋으며 불규칙하고 짧게 가지가 갈라지고 수염뿌리가 나며 줄기는 다른 물체에 감기고 털이 없다. 잎은 호생하고 둥근 심장형으로 길이 5~12㎝이며 양면에 털이 없다.

■ 약리 효과와 효능

적용질환은 습기가 많은 곳에서 지내면 풍습이 생기는데 이로 인한 허리와 무릎의 통증, 류머티스 등이다. 습기를 없애고 이뇨효과가 있어서 배뇨가 시원하지 않고 아프며 색이 뿌옇게 나오는 증상이나 대하에 효과가 있다.

■ 약초의 성질

맛은 쓰고 성질은 어느 한 쪽으로 치우지지 않고 평한다. 간과 위와 방광에 작용한다.

■ 약용법

뿌리줄기에 디오신, 디오스게닌, 요노게닌, 토코로게닌, 코가게닌 등의 배당체를 함유한다.

주의사항 신장의 기운이 약하고 몸에 진액이 부족한 사람은 복용을 피해야 한다.

■ 산나물 요리 먹는 방법

• 뿌리줄기를 쪄서 먹는데 맛이 상당히 쓰다.

도라지

가래가 끓는 증세, 기침, 기관지염에 좋은

굵은 뿌리줄기를 가지고 있는 여러해살이풀이다.

■ 식물의 형태

줄기는 곧게 서고 40~80cm 정도의 높이로 자라며 가지를 거의 치지 않는다. 잎은 마디마다 서로 어긋나게 자리하거나 2~3장의 잎이 나기도 한다.

■ 약리 효과와 효능

거담, 진해, 배농, 소종의 효능을 가지고 있다. 적용질환은 가래가 끓는 증세, 기침, 기관지염, 목구멍이 붓고 아픈 증세, 악성종기 등이다.

■ 약초의 성질

맛은 맵고 쓰며 성질은 평하다. 기침을 멈추고 담을 없애는 작용을 한다.

■ 약용법

뿌리줄기에 사포닌의 일종인 플라티코딘과 플라티코디게닌이 함유되어 있다. 이 성분이 거담작용과 진해작용을 한다.

■ 산나물 요리 먹는 방법

- 가늘게 쪼개 물에 담가서 우려낸 다음 생채로 하거나 가볍게 데쳐서 나물로 해서 먹는다.
- 가을에 뿌리를 채취하여 먹는다. 생으로 또는 물에 담가 우려낸 것을 가늘게 쪼개어 나물 무침을 하거나 고추장장아찌를 담근다.

| 약 술 | 도라지술 도라지 뿌리 600g, 소주 1800㎖

- 도라지를 뜨물에 깨끗이 씻어 물기를 빼고 3cm의 길이로 자른 후에 용기에 넣어 소주를 붓고 뚜껑을 밀봉한 다음 서늘한 곳에 보관하면 된다.

| 약 차 | 길경차 말린 도라지 10g, 감초 10g, 꿀 약간, 물

- 차관에 재료를 넣고 물을 부어 끓이는데, 끓기 시작하면 불을 줄여 뭉근하게 달이면 된다. 달인 다음 체로 밭쳐 꿀을 타서 마시면 좋다.

| 약 죽 | 도라지죽 도라지 30g, 잣 10g, 쌀 1/2컵

- 백미를 물에 넣어 충분하게 불린 다음 물기를 제거한다. 도라지는 껍질을 벗긴 다음 곱게 다져 잣과 쌀을 넣어 질그릇냄비에 약한 불로 죽을 쑨다.

도토리

피로회복,숙취에 탁월한 효과가 있는

산에서 자란다.

■ 식물의 형태

견과로서 겉은 단단하고 매끄러운 과피가 있으며, 속에 조각으로 된 1개의 종자가 들어 있다. 모양은 공 모양, 달걀 모양, 타원 모양 등이며 크기도 여러 가지이다.

■ 약리 효과와 효능

도토리 속에 함유되어있는 야콘산은 인체내부의 중금속과 여러 유해물질을 흡수,배출시키는 작용을 한다. 또 피로회복, 숙취에 탁월한 효과가 있고 소화기능을 촉진시켜 입맛을 돋우어주며 장과 위를 또한 당뇨 및 암등 성인병 예방에 효과가 있다.

■ 약초의 성질

맛은 쓰고 떫으며 성질은 약간 따뜻하고 독성이 없다.

■ 채취시기

가을에 도토리를 채취하여 사용한다.

■ 약용법

짓찧어서 누렇게 볶아서 약용한다.

■ 산나물 요리 먹는 방법

- 도토리 껍질을 벗긴다.
- 물에 불려서 믹서기에 간 후 물에 담가두면 밑에 앙금이 생기고 떫은맛을 없애기 위하여 여러 번 우려낸다.
- 위에 물을 따라내고 깨끗한 물을 부어 떫은맛을 없애주며 그다음 밑에 앙금을 이용하여 묵을 쑤어 드시거나 도토리전을 만들어 먹는다.

독활(땅두릅) 중풍의 반신불수에 널리 쓰이는

땅두릅이라고도 한다.

■ 식물의 형태

유사한 발음 때문에 땃두릅이라 불리기도 하나 땃두릅나무와는 다른 종이다. 산에서 자란다. 높이는 1.5m이고 꽃을 제외한 전체에 털이 약간 있다.

■ 약리 효과와 효능

주로 인체의 허리 아래쪽에 작용하여 허리나 대퇴부 등의 근골이 저리고 아픈 데에 효과가 있다. 류머티즘, 관절통 등 각종 신경통에 통증과 경련을 진정시키는 빠질 수 없는 약초이다.

■ 약초의 성질

맵고 쓰며 약간 따뜻하며 신장과 방광에 작용한다.

■ 약용법

말린 약재를 1회 3~9씩 달여서 복용한다. 뿌리를 달여 먹거나 믹서기에 갈아서 막걸리를 만들어 마시면 신경통이나 다리 통증에 좋다.

■ 산나물 요리 먹는 방법

- 산뜻한 맛과 씹히는 느낌이 좋다.
- 어린순을 나물로 해서 먹거나 국거리로 한다. 어린줄기는 껍질을 벗겨 된장이나 고추장을 찍어 먹기도 한다.
- 된장장아찌를 만들기도 한다.
- 어린순을 튀김으로 해서 먹는 방법도 있다.

| **약 차** | **땅두릅차** 독활 3~9g, 물 700ml.

- 끓기 시작하면 약불로 줄여 30분 정도 달인 후 1일 2~3잔 음용한다.

돌나물 해열, 해독, 소종의 효능이 있는

산에서 자란다.

■ 식물의 형태

줄기는 옆으로 뻗으며 각 마디에서 뿌리가 나온다. 꽃줄기는 곧게 서고 높이는 15cm 정도이다.

■ 약리 효과와 효능

해열, 해독, 소종의 효능이 있어 한방에서는 급만성간염, 황달, 인후종통, 기관지염, 옹종, 사충교상, 화상에 사용한다. 내상의 경우 달이거나 즙을 내어 복용하고, 외상의 경우 짓찧어서 환부에 붙인다.

■ 약초의 성질

성질이 차고 싱거운 맛이 있어 몸에 열이 많은 사람에게 잘 맞는다.

■ 약용법

신선한 돌나물 60g 정도를 짓이겨 하루에 2번 즙을 내어 마신다. 말린 전초를 4~15g에 물 700ml를 넣고 2~3시간 달여 식전 또는 식후 1시간 후에 복용하고 그 찌꺼기로는 환부를 찜질한다. 해열, 소종, 몸속 독성을 없애는 효능이 있다.

■ 산나물 요리 먹는 방법

- 연한순은 나물로 하고 어린 줄기와 잎은 김치를 담가 먹는데 향미가 있다.
- 잎에 많은 물기를 있어 나물이나 국거리 등으로는 적합하지 않다.
- 담백한 맛이 있고 씹히는 느낌이 좋으므로 김치를 담가서 먹는다.

두메부추

동맥경화나 심장질환에 매우 좋은

산에서 자란다.

■ 식물의 형태

높이는 20~30cm이다. 비늘줄기는 달걀 모양 타원형으로 지름 3cm 정도이고 외피가 얇은 막질이며 섬유가 없다.

■ 약리 효과와 효능

두메부추는 동맥경화나 심장질환에 매우 좋은 약이다. 협심증으로 가슴이 쥐어뜯는 것처럼 아플 때 잎과 뿌리를 생즙을 내어 한 잔 마시면 곧 통증이 가라앉는다. 사포닌 성분이 혈압을 낮추고 심장혈관을 확장시킨다. 오래 먹으면 혈액이 깨끗해지고 고혈압, 동맥경화, 심장병, 당뇨병을 예방한다.

■ 약초의 성질

맵고 시고 성질이 따뜻하다. 독이 없다.

■ 약용법

비늘줄기는 60~120g을 먹는다. 씨는 6~12g을 물 800ml에 넣고 달여서 반으로 나누어 아침, 저녁으로 마신다.

■ 산나물 요리 먹는 방법

- 어린잎을 생으로 초장에 찍어먹거나 김치 등에 넣기도 하며 삶아서 나물로 사용한다.
- 두메부추는 부추나 파, 마늘대신 양념재료로 쓸 수 있어서 국이나 라면 같은 것을 끓일 때 넣으면 맛이 한결 좋아진다.
- 명이나물처럼 초간장을 부어 절임식품을 만들면 아삭한 식감이 일품이다. 즙을 내어 마시기도 한다.

두릅나무

혈액순환과 피로회복에 좋은

산기슭의 양지쪽이나 골짜기에서 자란다.

■ 식물의 형태

높이는 3~4m이다. 줄기는 그리 갈라지지 않으며 억센 가시가 많다.

■ 약리 효과와 효능

향이 독특한 두릅 새순을 봄에 채취해 끓는 물에 약간 데친 다음 초고추장에 찍어 먹거나, 나물로 무쳐 먹는다. 또한 해수, 위암, 당뇨병, 소화제 등에 한약재로 사용된다. 특히 두릅에는 사포닌성분이 들어있어 혈액순환과 피로회복에 좋다.

■ 약초의 성질

따뜻하고 맛은 맵고 독이 있다.

■ 약용법

스티그마스테롤, 알파-타랄린, 베타-사이토스테롤, 리롤레닉산, 페트로셀리디닉산 등이 함유되어 있다. 봄에 채취하여 수피는 가시를 제거하고 사용한다.
말린 약재를 1회에 5~10g씩 200ml의 물로 달여서 복용한다.

■ 산나물 요리 먹는 방법

- 4월 상, 중순경에 자라나는 새순을 데쳐서 나물로 먹는다.
- 봄에 어린 순을 채취하여 끓는 물에 살짝 데친 후 잠시 찬물에 담가 떫고 쓴맛을 우려내고 초장을 찍어 먹는다.
- 데친 것을 나물 무침을 하거나 장아찌, 전, 튀김, 물김치를 만들고 된장국의 국거리로도 쓴다.

| **약 차** | **독활차/땅두릅차** 독활 3~9g, 물 700ml.

• 끓기 시작하면 약불로 줄여 30분 정도 달인 후 1일 2~3잔 음용한다.

둥근잔대

배농, 보중, 소종, 익기, 지해의 효능이 있는

산기슭의 양지쪽이나 골짜기에서 자란다.

■ 식물의 형태

뿌리는 굵고 깊이 들어가며 끝에서 많은 줄기가 뭉쳐나고 능선이 있다. 높이는 15cm 정도이다. 는 2~3개씩 총상으로 달린다.

■ 약리 효과와 효능

폐가 건조하여 나오는 마른기침과 몸이 허약해져서 발생하는 기침, 열병을 앓은 후에 생기는 갈증과 허열 등에 효과가 있다.

■ 약초의 성질

맛은 달고 성질은 약간 차갑다. 폐와 위에 작용한다.

■ 약용법

잔대 20g 정도를 물에 잘 씻은 다음 주전자에 물1L와 함께 끓인다. 끓어오를 때까지는 센 불로 하고 그 다음 약한 불로 달여서 달인 물을 하루에 2~3잔 차로 마시면 좋다.

주의사항 몸이 허약하면서 열이 나지 않고 오히려 속이 찬 사람은 복용을 피해야 한다.

■ 산나물 요리 먹는 방법

- 연한 잎과 줄기를 채취하여 사용한다.
- 봄에 어린 순을 채취한다.
- 쓴맛이 나므로 끓는 물에 데친 후 찬물에 담가 우려내고 나물 무침을 하여 먹는다.
- 약재로 사용할 때는 봄, 가을에 채취하여 코르크층을 벗겨 버리고 말려서 사용한다.

둥굴레

당뇨병 환자에게 쓰면 치료 효과가 좋은

맥도둥굴레, 애기둥굴레, 좀둥굴레 등이 있으며 약재명은 옥죽이다.

■ 식물의 형태

산과 들에서 자란다. 굵은 육질의 뿌리줄기는 옆으로 뻗고 줄기는 6개의 능각이 있으며 끝이 비스듬히 처진다. 높이는 30~60cm이다. 잎은 어긋나고 한쪽으로 치우쳐서 퍼진다.

■ 약리 효과와 효능

폐와 위에 열이 있고 건조하여 발생하는 마른기침과 갈증이 나면서 금방 배가 고파지는 증상, 발열, 소변이 자주 마려운 증상 등에 효과를 나타낸다.

■ 약초의 성질

맛은 달고 성질은 약간 차갑다. 폐와 위에 작용한다.

■ 약용법

둥굴레 10g과 물 1L를 붓고 끓기 시작하면 1시간 정도 달인다. 용기에 담아 냉장 보관하며 1회 100ml씩 1일 2~3회 음용한다. 오래마시면 안색과 혈색이 좋아지며 혈압과 혈당을 내리는 작용을 한다

■ 산나물 요리 먹는 방법

- 어린잎으로 나물을 만들어 먹는다.
- 봄에 어린 순을 채취하여 끓는 물에 데친 후 찬물에 헹구어 나물 무침을 하거나 기름에 볶아 먹는다.
- 데친 것으로 죽을 끓이거나 장아찌를 만들기도 하고 묵나물로 이용한다.

| 약 술 | 옥죽술 옥죽 150g, 소주 1000㎖, 설탕 100g, 미림 50㎖

- 가늘게 썬 옥죽을 용기에 넣은 후에 25°짜리 소주와 미림을 동시에 붓는다.
- 그다음 뚜껑을 닫고 밀봉하여 시원한 곳에 보관하면 된다.

들메나무

천식, 장염, 간염, 관절통, 입덧, 통풍에 좋은

낙엽 큰키나무이다.

■ 식물의 형태

꽃은 5월에 피고 열매는 9월에 익는다. 깊은 산의 골짜기에서 자란다. 높이는 30m, 지름 1m정도이고 작은 가지는 녹갈색이며 한쪽으로 편평해진다.

■ 약리 효과와 효능

천식, 장염, 간염, 관절통, 입덧, 통풍에 좋다

■ 약초의 성질

맛은 쓰고 성질은 차갑다

■ 약용법

말린 약재를 1회 2~5g 달여서 복용한다. 결막염에는 말린 약재를 1회 5~6g 달여서 2~3회 복용하면서 달인 물로 환부를 씻어낸다.

■ 민간요법

뿌리껍질은 수시로 채취하여 햇볕에 말려서 쓴다. 통풍에 말린 것을 달인 물로 찜질을 한다.

■ 산나물 요리 먹는 방법

- 어린잎을 데쳐서 나물로 먹는다. 들메나무 잎을 들미순이라고 한다.
- 약용으로 사용하는 줄기껍질은 봄과 가을에, 뿌리껍질은 수시로 채취하여 사용한다.

등갈퀴나물

거풍습, 활혈, 서근, 지통의 효능이 있는

산과 들의 풀밭에서 주위의 나무 등을 타고 올라가며 자란다.

■ 식물의 형태

길이는 80~150cm이다. 뿌리가 길게 벋으면서 번식하며 줄기에는 능선과 더불어 잔털이 있다.

■ 약리 효과와 효능

거풍습, 활혈, 서근, 지통의 효능이 있다. 류머티즘통, 섬좌상, 무명종독, 음낭습진을 치료한다.

■ 약초의 성질

맛은 달고 쓰며 성질은 따뜻하다.

■ 약용법

갈퀴나물, 등갈퀴나무, 큰갈퀴의 경엽을 산야완두라 하며 약용한다.

약용으로는 7~9월에 채취하여 말려서 사용한다.

6~15g 달여서 복용한다.

〈외용〉 가루를 환처에 개어 붙이기도 한다.

■ **산나물 요리 먹는 방법**

- 어린 순과 연한 잎, 줄기를 채취해 삶아서 말려두고 나물로 먹거나 국으로 먹는다.
- 끓는 물에 데쳐서 물에 헹구고 나물 무침을 하거나 국거리로 쓴다.
- 약간의 쓴맛이 있는데 살짝 데쳐 찬물에 헹구면 없어진다.

딱총나무

관절염, 풍과 습기로 인한 통증에 좋은

전국의 산 숲 속에 자라는 낙엽 떨기나무로 일본에도 분포한다.

■ 식물의 형태

줄기는 높이 4-6m다. 새 가지는 녹색, 오래된 줄기에는 코르크가 발달한다. 잎은 마주나며, 작은 잎 5-9장으로 된 깃꼴겹잎이다.

■ 약리 효과와 효능

적용질환은 관절염, 풍과 습기로 인한 통증, 통풍, 신장염, 각기, 산후에 오로가 잘 나오지 않는 증세, 골절상 등이다.

■ 약초의 성질

달고 시며 쓰다. 따뜻하고 평하다.

■ 약용법

줄기는 8~12g을, 뿌리줄기는 20~40g을, 잎사귀는 10~20g까지 달여서 먹는다. 단, 너무 많이 먹으면 설사가 날 수 있으므로 주의한다. 또한 혈액순환을 촉진시키는 작용이 강하므로 임신부는 잎이나 꽃, 줄기, 뿌리 모두 복용을 금지한다.

■ 산나물 요리 먹는 방법

- 어린잎과 순을 나물이나 튀김으로 해먹는다.
- 나물로 할 때에는 데쳐서 가볍게 우려내 사용하고 튀김은 날것을 그대로 조리한다.
- 산채 가운데서는 맛이 좋은 편에 속한다.
- 독성이 있으므로 임산부는 먹지 않는 것이 좋다.

마

비장을 튼튼하게 하고 장의 기능을 좋게 하는

산우, 서여라고도 한다.

■ 식물의 형태

식물체에 자줏빛이 돌고 뿌리는 육질이며 땅 속 깊이 들어간다. 품종에 따라 긴 것, 손바닥처럼 생긴 것, 덩어리 같은 것 등 여러 가지이다.

■ 약리 효과와 효능

고혈압, 뇌졸중, 불면증, 신경쇠약, 중풍, 당뇨병, 출혈 증세를 치료한다. 특히 자양 강장의 효능이 있고 소화가 잘 되게 도와주며 설사가 있을 때 먹어도 좋다.

■ 약초의 성질

맛은 맵고 성질은 평하다. 간에 작용한다

■ 약용법

말린 마를 갈아서 볶아서 복용한다.생마를 물로 씻고 물기를 뺀 다음 적당한 크기로 잘라 항아리에 넣고 설탕이나 시럽을 부어 100일 정도 발효를 시킨 후에 효소 1에 찬물 5를 희석해서 먹는다.

■ 산나물 요리 먹는 방법

- 마의 당질은 맛의 주가 되며 무기질 함량으로 볼 때 알칼리성 식품에 해당된다.
- 봄에 연한 줄기와 잎을 채취하여 끓는 물에 데친 후 잠시 찬물에 담가 우려내고 나물 무침을 한다.
- 아밀라아제 등 효소도 함유하고 있어 소화가 잘된다. 마를 이용하여 마생즙 마죽 등을 만들어 먹을 수 있다. 피로에 좋다.

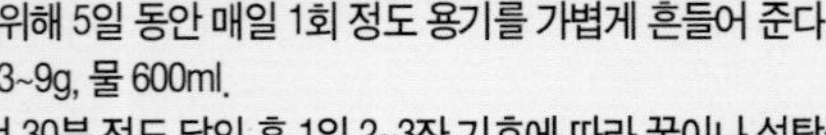

| 약 술 | 산약술 산약(참마) 200g, 소주 1000㎖, 설탕 100g, 과당 50g

• 가늘게 썬 산약을 용기에 넣고 20°짜리 소주를 붓는다. 그 다음 공기가 들어가지 않게 밀봉하여 시원한 곳에 보관하면 된다. 침전을 막기 위해 5일 동안 매일 1회 정도 용기를 가볍게 흔들어 준다.

| 약 차 | 천마차 천마 3~9g, 물 600ml.

• 끓기 시작하면 약불로 줄여 30분 정도 달인 후 1일 2~3잔 기호에 따라 꿀이나 설탕을 가미해서 음용한다.

마가목

신체허약증, 기침, 기관지염에 좋은

장미과의 낙엽활엽교목으로 높이가 6~8m정도다.

■ 식물의 형태

잎은 어긋나는 깃꼴 겹잎인데, 작은 잎은 긴 타원형이다. 잔가지 끝에 5~6월경 희고 작은 꽃이 우산꼴로 모여서 핀 다음 빨갛게 열매를 맺는다.

■ 약리 효과와 효능

익은 열매를 채취해 햇볕에 말려 물로 달여서 복용하면 이뇨, 진해, 거담, 강장 등에 효능이 있다. 이밖에 신체허약증, 기침, 기관지염, 폐결핵, 중풍, 위염 등에 쓰인다. 마가목은 부종을 없애주고 혈액순환을 도와준다. 기침이 심하고 기관지가 약할 때를 비롯해 요도염에도 효과가 있다.

■ 약초의 성질

맛은 쓰고 성질은 차다.

■ 약용법

열매는 가을에 성숙하면 따서 햇볕에 말리고, 줄기껍질은 겨울에 채취하여 초피를 제거하고 그대로 썰어서 사용한다. 줄기껍질은 12~24g을 달여서 하루에 3번 공복에 복용하고 열매는 12~24g을 달이거나 5배량의 술에 담가서 6개월 이상 두었다가 매일 조금씩 복용한다.

■ 산나물 요리 먹는 방법

• 어린순을 나물로 만들어 먹는다.

물봉숭아

강장효과와 어혈을 풀어주는

산골짜기의 물가나 습지에서 무리지어 자란다.

■ 식물의 형태

줄기는 곧게 서고, 많은 가지가 갈라지며, 높이는 40~80cm이다. 잎은 어긋나고 넓은 바소꼴이며 끝이 뾰족하고 가장자리가 톱니모양이다.

■ 약리 효과와 효능

말린 뿌리를 물로 달여 복용하면 강장효과와 어혈을 풀어준다. 말린 잎과 줄기로 달인 물을 종기나 뱀에 물린 환부를 바르거나 붙이면 좋다.

■ 약초의 성질

맛은 쓰고 성질은 차다.

■ 약용법

여름부터 가을 사이에 물봉선의 줄기와 잎 뿌리를 캐서 햇볕에 건조한다.

물봉선 건조한 뿌리를 1회 용량 2~3g씩 달여서 복용하면 강장에 효과가 있을 뿐만 아니라 피멍이 든 것을 없애 준다.

■ 산나물 요리 먹는 방법

- 잎과 줄기가 연하기 때문에 봄에 어린순을 나물로 먹는다.
- 유독성분이 함유되어 있어서 가급적이면 먹지 않는 것이 좋다.

마타리

간을 보해주는 작용을 하는

마타리과의 여러해살이풀이다.

■ 식물의 형태

높이가 1~1.5m정도이고 잎이 마주나며 깃꼴로 갈라진다. 노란색 꽃이 7~8월경 산방꽃차례로 피고, 열매는 긴 타원형으로 익는다.

■ 약리 효과와 효능

간을 보해주는 작용과 진통, 해독, 배농, 소종 등의 효능을 가지고 있다. 따라서 간기능 장애, 간농양, 간염, 위장통증, 위궤양, 유행성이하선염, 자궁내막염, 산후복통, 대하증 등의 질병을 다스리는 약으로 쓰인다. 그밖에 종기, 옴 등 피부질환을 치료하는 데에도 사용된다.

■ 약초의 성질

맛은 맵고 쓰며 성질은 약간 차갑다.

■ 약용법

뿌리에는 올레아놀릭산이 함유되어 있다. 약재로 쓰는 것은 가을철에 채취하여 햇볕에 말려 사용한다.

말린 약재를 1회 4~6g을 달여서 복용한다.

■ 산나물 요리 먹는 방법

- 쓴맛이 있어 데쳐서 우려낸 뒤에 사용한다.
- 어린 싹을 나물로 해 먹거나 쌀과 섞어서 나물밥을 지어먹는다.
- 볶아서 먹기도 하고 나물에는 식초나 겨자를 곁들어 먹으면 좋다.

만삼

허약체질, 면역력증강, 혈액순환에 좋은

깊은 산속에서 자란다. 자르면 즙이 나온다.

■ 식물의 형태

뿌리는 도라지 모양이며 길이 약 30cm이다. 잎은 어긋나지만 짧은 가지에서는 마주나고 달걀 모양 또는 달걀 모양 타원형이며 양면에 잔털이 난다.

■ 약리 효과와 효능

몸이 약하고 팔다리가 무겁고, 말하기가 힘들고, 병을 앓고 기력을 회복하지 못하는 경우나 만성소모성 질병, 만성호흡기 질병, 빈혈 등의 질환에 응용된다.

■ 약초의 성질

맛은 달고 성질은 평하며 비, 폐에 작용하여 기와 폐를 보하고 진액을 불려준다.

■ 약용법

저혈압에 만삼을 가루내어 6~8g씩을 식전에 먹는다. 빈혈은 만삼 10~15g을 1회분으로 달여서 하루 2~3회씩 4~5일 복용한다.

■ 산나물 요리 먹는 방법

- 봄에 연한 순을 나물로 먹거나 쌈으로 먹기도 한다.
- 봄에 어린 잎을 채취하여 생채로써 겉절이를 담그거나 샐러드의 재료로 사용한다.
- 장아찌를 만들어 먹는다.

| **약 차** | **만삼차** 만삼 10g, 물 600ml.

- 용기에 넣고 끓기 시작하면 약불로 줄여 30분 정도 달여준 후 1일 2~3잔 음용한다.

말나리

정신을 안정하게 하는 효능이 있는

높은 지대에서 자란다.

■ 식물의 형태

높이 약 80cm이다. 지름 2~2.5cm의 둥근 비늘줄기에서 원줄기가 1개씩 나와 곧게 선다. 잎은 어긋나는 것과 돌려나는 것이 함께 돋는다. 줄기 중간의 잎은 돌려나며 4~9개씩 달리지만 10~20개 달리는 것도 있으며 길이 약 15cm, 나비 2~3cm로서 타원형이거나 바소꼴이다.

■ 약리 효과와 효능

윤폐지해, 청심안신의 효능이 있다. 폐결핵의 구해, 해수담혈, 열병의 여열미청, 허번경계, 정신황홀 ,각기부종 치료 한다. 꽃은 윤폐, 청화, 정신을 안정하게 하는 효능이 있고 종자는 장풍하혈을 치료 한다.

■ 약초의 성질

성질은 평하고 맛은 달고 약간 쓰다.

■ 약용법

말린 알뿌리 10~30g 정도를 물 1L에 넣고 달여 하루 2~3회로 나누어 마시면 된다.

■ 산나물 요리 먹는 방법

- 어린잎을 데쳐서 우려낸 다음 나물로 조리한다.
- 비늘줄기를 쪄서 먹는다.

멸가치 기침, 천식, 소변불통에 효과가 있는

응달의 다소 습기가 있는 곳에서 자란다.

■ 식물의 형태

줄기는 곧게 서고 짧은 뿌리줄기에서 1대의 원줄기가 나와 50~100cm로 자라고 가지가 갈라진다. 윗부분에 대가 있는 선이 있고 줄기와 잎의 뒷면에 선모가 밀생한다. 잎은 어긋나고 삼각상 신장형이다.

■ 약리 효과와 효능

약효는 지해평천(기침을 멈추고 숨찬 증상), 이뇨산어(오줌을 잘 나가게 하여 몸이 붓는 것을 미리 막거나 부은 것을 내리게 하며 어혈을 헤치고 부은 것을 삭이는 것)의 효능이 있다.

■ 약초의 성질

맛이 쓰고 매우며 성질은 서늘하다.

■ 약용법

말린 뿌리 20g을 물 1L에 넣고 달여 하루 3회로 나누어 마신다. 천식, 심한 기침 및 소변을 잘 나오게 하는 효능이 있다.

〈외용〉 잎과 줄기는 골절로 부었을 때 또는 피부가 거칠 때 생으로 찧어 바른다.

■ 산나물 요리 먹는 방법

- 약간 쌉싸래하면서 씹을수록 단맛이 나고 쫄깃하면서도 아삭거리는 특별한 맛이 난다.
- 어린 싹을 캐어 데쳐서 찬물에 우려낸 다음 나물로 무쳐 먹거나 국거리로 삼는다.
- 데쳐 말려서 두었다가 수시로 나물로 해 먹기도 한다.

모시대

해독, 거담, 해열, 강장 등에 효능이 있는

초롱꽃과의 여러해살이풀이다.

■ 식물의 형태

줄기가 40~100㎝정도 자란다. 잎은 어긋나고 잎 가장자리에 뾰족한 톱니들이 있다. 종모양의 엷은 보라색 꽃은 8~9월경 원추꽃차례로 핀다. 산야의 그늘에서 자라며 줄기 끝이 여러 개로 갈라져 있다.

■ 약리 효과와 효능

동의보감에 '뿌리를 말려 말린 약재를 달여서 복용하면 해독, 거담, 해열, 강장 등에 효능이 있고 기침, 기관지염, 인후염 등의 약으로 쓰인다.

■ 약초의 성질

맛은 달고 성질은 차다.

■ 약용법

가을 또는 봄에 모싯대의 뿌리를 캐서 물에 씻고 햇볕에 말린다.

말린 뿌리 10g에 물 700㎖를 넣고 반으로 달여서 아침, 저녁으로 식후에 복용한다.

■ 산나물 요리 먹는 방법

• 새순은 나물로 먹고 뿌리는 약재로 사용한다.

민박쥐나물

활성산소를 막는 주는 역할을 하는

산자락에서 자란다.

■ 식물의 형태

높이 1~2m이고 줄기는 곧게 서며 윗부분에 가지가 갈라지며 짧은 털이 있다. 뿌리잎과 줄기잎의 밑부분은 꽃이 필 때 없어지고 중간부분의 줄기잎은 어긋나며 길이 25~35cm, 너비 30~40cm의 삼각모양이고 끝이 뾰족하며 가장자리에 잔거치가 있다. 잎자루가 있으며 날개가 있다.

■ 약초의 성질

맛은 달고 따뜻하며 독이 없다.

■ 약용법

어린잎을 따다가 데쳐서 찬물을 바꾸어가며 잘 우려낸 다음 나물로 해서 먹는다. 취나물과 함께 높이 평가되는 산채로 말려서 갈무리해 두었다가 수시로 조리하기도 한다.

■ **산나물 요리 먹는 방법**

- 어린잎을 따다가 데쳐서 찬물을 바꾸어가며 잘 우려낸 다음 나물로 해서 먹는다.
- 산채로 말려서 두었다가 수시로 조리하여 먹기도 한다. 취나물과 함께 높이 평가되는 나물이다.

밀나물

혈액순환을 활발하게 해주는

덩굴성 여러해살이풀이다.

■ 식물의 형태

꽃은 7-8월에 핀다. 백합과의 덩굴성 여러해살이풀로 가지가 많이 갈라져 자란다. 잎은 어긋나고 나란히 맥에서 조그만 맥들이 있다. 연두색 꽃은5~7월경 산형꽃차례로 피고 암, 수꽃이 각각 달린다.

■ 약리 효과와 효능

동의보감에 뿌리를 약재로 쓰는데, 말린 뿌리를 달여 복용하면 근육을 펴주고 혈액순환을 활발하게 해주며, 피로회복과 기운을 돋워준다. 기운을 보강하고 혈액순환을 촉진시켜서 근육을 풀고 경락을 통하게 한다.

■ 약초의 성질

성질은 평온하고 맛은 쓰며 독이 없다.

■ 약용법

말린 뿌리를 1회에 3~6g씩 200ml의 물로 달여서 복용한다. 또한 말린 뿌리 200g을 같은 양의 설탕과 함께 2L의 소주에 담가서 3~4개월 묵혔다가 하루 한두잔씩 마시면 피로회복과 기운을 돋우는데 효과가 나타난다.

■ 산나물 요리 먹는 방법

- 어린순을 나물로 하고 그 뿌리와 줄기를 약재로 사용하고 있다.
- 봄에 새순을 생으로 기름에 볶거나 튀김을 만들어 먹는다.
- 연한 잎을 삶아서 고추장에 찍어 먹거나 나물 무침을 한다.

묏미나리 양기를 돋우어 주는 효능이 있는

멧미나리라고도 한다.

■ 식물의 형태

산골짜기 냇가에서 자란다. 뿌리줄기가 굵고 줄기는 곧게 서며 높이 1m 정도로 자라며 뿌리잎은 잎자루가 길다.

■ 약리 효과와 효능

스트레스로 울체된 것을 풀어주고 발열과 오한이 교대로 반복되는 증상과 가슴과 옆구리가 결리는 증상, 생리가 순조롭지 않은 증상 등에 이용된다.

■ 약초의 성질

맛은 쓰고 약간 차갑다. 간과 담에 작용한다.

■ 약용법

잘게 썰은 건조뿌리 3~10g에 물800*ml*를 넣고 약한 불에 반으로 줄 때 까지 달여 하루에 2~3회로 나누어 마신다.

주의사항 진액과 혈이 부족한 사람과 간의 양기가 치솟은 사람은 복용을 피해야 한다.

■ 산나물 요리 먹는 방법

- 4월부터 5월 사이에 어린줄기와 연한 잎을 살짝 데쳐서 나물로 먹는다.
- 미나리와 흡사한 향기와 맛을 지니고 있다.
- 씹히는 느낌도 미나리와 같으며 때로는 김치에 넣어 먹기도 한다.

| 약 차 | 시호차 시호 20g, 물 600*ml*

- 시호 20g 정도를 물 600*ml* 에 넣어 달인 것을 3~6번 정도 나누어 마시면 된다.

| 약 죽 | 미나리 죽 뿌리달린 미나리 120g, 백미 1/2컵

- 백미를 물에 넣어 충분하게 불린 다음 물기를 제거한다. 미나리를 뿌리 채 깨끗하게 씻어 손질한 다음 먹기 좋게 자른다.질그릇냄비에 쌀을 넣어 볶다가 물을 붓고 흰죽을 쑨다.

물쑥 간에 이로운 작용을 하는

냇가 또는 습지에서 잘 자란다.

■ 식물의 형태

뿌리줄기가 옆으로 뻗으면서 퍼져간다. 줄기는 곧게 서고 털이 없으며 높이가 70~140cm이다.

■ 약리 효과와 효능

복부가 차면서 아프거나 월경부조, 자궁이 차서 임신이 안되는 증상 등에 효과가 있으며, 차가운 약재와 함께 쓰면 각종 열성 출혈증을 다스리는 효과도 있다.

■ 약초의 성질

맛은 맵고 쓰며 성질은 따뜻하고 약간의 독성을 가지고 있다.

■ 약용법

간과 비장, 신장에 작용한다. 약재로는 꽃이 피기 전에 채취하여 말려 사용한다. 잎과 줄기를 약재로 쓰는데, 외잎물쑥도 함께 쓰이고 있다. 여름철에는 생즙을 내어 복용해도 같은 효과를 얻을 수 있다.

■ 산나물 요리 먹는 방법

- 이른 봄에 어린 싹을 채취하여 나물로 먹거나 묵과 함께 무쳐 먹는다.
- 약간의 쓴맛이 있어서 데친 뒤 우렸다가 조리하는 것이 좋다.

약 술 | **쑥술** 쑥 적당량, 소주 준비한 재료의 3배의 양

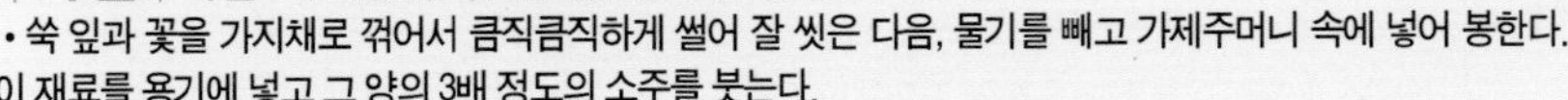

• 쑥 잎과 꽃을 가지채로 꺾어서 큼직큼직하게 썰어 잘 씻은 다음, 물기를 빼고 가제주머니 속에 넣어 봉한다. 이 재료를 용기에 넣고 그 양의 3배 정도의 소주를 붓는다.

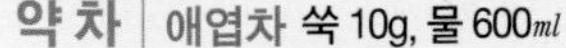

약 차 | **애엽차** 쑥 10g, 물 600㎖

• 쑥을 한줌 넣고 끓는 물을 붓고 5~10분정도 지나 엑기스를 우려낸 다음에 마시면 된다.

미나리냉이 경련성 기침에 좋은

산지의 그늘진 곳에서 자란다.

■ 식물의 형태

땅속줄기가 길게 옆으로 벋으면서 번식한다. 줄기는 높이가 40~70cm이고 전체에 부드러운 털이 있다.

■ 약리 효과와 효능

백일해(경련성 기침을 일으키는 어린이의 급성전염병)에 달여 먹이면 된다. 중국에서는 땅속줄기를 캐서 백일해, 타박상에 약용한다.

■ 약초의 성질

맵고 달며 성질은 평하다.

■ 약용법

가을철에 뿌리를 캐서 수염뿌리를 제거하고 햇볕에 말려 사용한다.

뿌리 30g, 물 1200cc을 넣고 달인물을 반으로 나누어 아침, 저녁에 복용한다.

■ **산나물 요리 먹는 방법**

- 어린순을 데쳐서 찬물에서 우린 후 무쳐 나물로 먹거나 국에 넣어 먹는다.
- 논쟁이냉이와 큰는쟁이냉이도 같은 방법으로 식용한다.

미역취

감기, 두통, 인후통에 효능이 있는

■ 식물의 형태

국화과의 여러해살이풀로 키가 50cm정도 자라고 잎이 어긋나게 달려있다. 밑에 달린 잎은 꽃이 개화할 때 떨어지고 위의 잎은 난형이다. 잎자루는 위로 올라갈수록 짧아지면서 없어진다.

■ 약리 효과와 효능

동의보감에 장복하면 감기, 두통, 인후통에 효능이 있다.

■ 약초의 성질

맛은 맵고 쓰며 차갑다.

■ 약용법

봄의 어린잎과 여름 잎을 나물로 먹고 꽃과 잎을 말려 한약재로도 사용한다. 미역취의 전초 말린 것을 할 10~20g 정도를 물 1L에 넣고 달여 하루에 2회에서 3회 정도로 나누어 마시거나 찧어 환부에 붙이거나 달인 물로 환부를 닦아내기도 한다.

■ 산나물 요리 먹는 방법

- 맛이 좋고 비타민 A가 풍부해 산나물의 대표로 불린다.
- 잎이 미역내피와 모양이 비슷해 미역취라고 부른다.
- 봄에 어린 순을 채취하여 나물로 먹는다.
- 쓴맛이 강하여 끓는 물에 데쳐 찬물에 오래도록 담가 우려내어 나물 무침을 만들어 먹고 국거리로 쓴다.

목련(신이) 과민성 비염이나 콧물에 좋은

목련과 갈잎큰키나무 자목련의 꽃봉오리다.

■ 식물의 형태

낙엽교목이다. 높이는 6~12m이다. 개화기는 2~3월이며 결실기는 8~9월이다.

■ 약리 효과와 효능

풍한을 발산시키고, 코를 통하게 해준다. 주로 축농증, 풍한감기로 인한 두통, 코가 막힘, 콧물을 흘림 등을 치료한다.

■ 약초의 성질

맛은 맵고 따뜻한 성질이 있다. 폐경과 위경에 속한다.

■ 채취시기

봄에 꽃잎을 채취하여 사용한다.

■ 약용법

약용으로는 1~3월에, 꽃이 아직 피지 않는 꽃망울을 채취하여, 낮에 햇볕에 쪼이고, 밤에 차곡차곡 쌓아 진을 낸다. 50% 말린 후 다시 차곡차곡 쌓아 완전히 말린다.

■ 산나물 요리 먹는 방법

• 봄에 꽃을 채취하여 살짝 삶아서 식초에 버무려 먹는다.

박쥐나물

통풍작용, 중풍을 예방하는

산귀박쥐나물이라고도 한다.

■ 식물의 형태

해발고도 1,000m 이상의 깊은 산에서 자란다. 높이 60~120cm이다. 윗부분에서 가지가 갈라지며 엉킨 털이 있다. 잎은 어긋나고 길이 7~17cm의 콩팥 모양이다. 끝은 짧게 뾰족하고 밑은 심장 모양이며 가장자리에 불규칙한 톱니가 있다. 양면에 털이 없고 뒷면 맥 위에 짧은 털이 있다.

■ 약리 효과와 효능

어혈작용, 통풍작용, 중풍을 예방한다.

■ 약초의 성질

맵고 약간 떫으며 따뜻하다.

■ 약용법

말린 약재를 1회에 2~4g씩 200ml의 물로 달여서 복용한다. 약효로는 거풍, 진통, 관절통, 근육통, 요통, 근육이 굳어져 감각이 없어지는 증세 등에 좋다.

■ 산나물 요리 먹는 방법

- 봄에 어린 잎과 줄기를 먹는다.
- 어린 순을 생으로 먹거나 데쳐서 무치거나 묵나물로 먹는다.
- 약간 떫은 맛이 있고 역한 냄새가 나므로 삶아서 물에 우려낸 뒤 나물 무침을 하거나 튀김을 만들어 먹는다.

바위취

해열, 해독, 소종 등의 효능이 있는

호이초, 범의귀, 왜호이초, 등이초, 석하엽이라고도 한다.

■ 식물의 형태

그늘지고 축축한 땅에서 잘 자란다. 전체에 붉은빛을 띤 갈색 털이 길고 빽빽이 난다. 높이는 60cm 정도이다. 짧은 뿌리줄기에서 잎이 뭉쳐나며, 잎이 없는 기는줄기 끝에서 새싹이 난다.

■ 약리 효과와 효능

해열, 해독, 소종 등의 효능이 있다. 적용질환은 감기, 고열, 습진, 종기, 중이염, 어린아이의 이질, 경련, 간질, 동상, 벌레에 물렸을 때 등이다.

■ 약초의 성질

맛은 약간 쓰고 매우며 성질은 차고 독이 있다.

■ 약용법

잎을 약재로 쓴다. 타닌과 고미질인 베르게닌, 글루코스 등이 함유되어 있다. 약용으로 생잎을 쓰는데 때로는 여름에 채취해서 볕에 말려 두었다가 쓰기도 한다. 어린아이의 이질이나 경련, 간질 증세에는 생잎 7~8장을 약간의 소금과 함께 비벼 생즙을 내서 먹인다.

■ **산나물 요리 먹는 방법**

- 잎을 생으로 쌈채소로 먹거나 겉절이를 담그고 밀가루를 입혀 튀김을 만들기도 한다.
- 끓는 물에 살짝 데친 후 찬물에 헹구어 나물 무침을 하거나 국거리고 이용한다.

바위떡풀

콩팥의 기능을 원활하게 하는

바위떡풀은 우리나라 각처의 산지 습한 곳에서 자라는 다년생 초본이다.

■ 식물의 형태

생육환경은 산에 있는 바위틈, 물기가 많은 곳과 습한 이끼가 많은 곳에서 자란다.

■ 약리 효과와 효능

여러 원인에 의한 신장병을 다스리는 데 쓰이고 있으며 콩팥의 기능을 원활하게 해준다.

■ 약초의 성질

차고 맛은 쓰다.

■ 약용법

약용으로 사용할 때는 꽃이 필 무렵에 채취하여 햇볕에 말린다. 뿌리 부분이 약효가 높다고 한다. 소변이 잘 나오지 않을 때에 복용하면 효과를 얻을 수 있다. 말린 약재를 1회에 2~3g씩 200ml의 물로 달여서 복용하는데 특히 뿌리 부분이 약효가 높다고 한다. 소변이 잘 나오지 않을 때에도 위와 같은 요령으로 자주 복용하면 효과를 얻을 수 있다.

■ 산나물 요리 먹는 방법

- 쓴맛이 없어 나물로 하는 경우 우려낼 필요는 없으며 가볍게 데치기만 하면 된다.
- 연한 잎과 줄기는 살짝 데쳐서 나물로 하거나 기름으로 볶아서 먹는다.
- 6~7월경에 잎을 따서 쌈으로도 먹는다. 또한 밀가루를 입혀 튀김으로 먹기도 한다.

박쥐나무 거풍, 진통의 효능이 있는

과목근. 팔각풍근이라고도 한다.

■ 식물의 형태

꽃은 6-7월에 피고 열매는 9월에 맺는다. 박쥐나무는 우리나라 각처의 산지 숲에서 나는 낙엽 관목이다.

생육환경은 반그늘의 물 빠짐이 좋고 토양이 비옥한 곳에서 자란다.

■ 약리 효과와 효능

뿌리를 약재로 쓴다. 단풍잎박쥐나무, 털박쥐나무의 뿌리도 함께 쓰인다. 거풍, 진통의 효능이 있고 관절통, 근육통, 요통, 근육이 굳어져 감각이 없어지는 증세 등에 쓰인다.

■ 약초의 성질

맵고 쓰며 따뜻하고 약간의 독이 있다.

■ 약용법

말린 약재를 1회 2~4g 달여서 복용한다. 약간 독성이 있어서 많이 먹으면 안 된다.

■ 산나물 요리 먹는 방법

- 쓴맛이 없으므로 가볍게 데치기만 해서 조리하거나 양념장에 싸먹는다.
- 봄에 어린잎을 뜯어 나물로 해서 먹는다.
- 잎을 소금물에 삭혔다가 간장이나 고추장을 이용해 장아찌를 담가 먹어도 좋다.

버들분취

혈열, 지혈, 토혈, 조경 진해 등에 효능이 있는

다년초로 줄기는 곧추선다.

■ 식물의 형태

높이 50~160㎝이며 짧은 털과 선점이 있다. 근엽은 화시에도 남아 있고 장타원형으로 길이 11~30㎝이며 밑은 쐐기 모양으로 좁아지고 우상으로 깊게 갈라지며 열편은 4~6쌍으로 드문드문 나고 도피침형이고 밋밋하거나 불규칙한 깊은 물결 모양의 결각이 있으며 양면에 잔털이 있고 뒷면에 선점이 있으며 엽병은 길이 5~22㎝이다.

■ 약리 효과와 효능

혈열, 지혈, 토혈, 조경 진해 등에 효능이 있다

■ 약초의 성질

맛은 짜고 맵고 차다.

■ 약용법

가을에 뿌리 전초를 채취한다. 어린잎은 다른 나물과 같이 데쳐서 된장이나 간장에 무쳐먹는다. 묵나물로 먹어도 좋다.

■ 산나물 요리 먹는 방법

- 어린잎을 나물로 먹기도 하고 다른 나물과 같이 데쳐서 된장이나 간장에 무쳐먹기도 한다.
- 묵나물로 먹어도 좋다.

범꼬리

열을 내리게 하고 경련을 풀어주는

만주범의꼬리라고도 한다.

■ 식물의 형태

산골짜기 양지에서 자란다. 높이 30~80cm이다. 뿌리줄기가 짧고 굵으며 잔뿌리가 많다. 뿌리에 달린 잎은 어긋나고 잎자루가 길며 넓은 달걀 모양이고 점차 좁아져서 끝이 뾰족하고 밑은 심장밑 모양이다.

■ 약리 효과와 효능

열을 내리게 하고 경련을 풀어주며 종기를 가시게 한다. 적용질환은 고열에 의한 어린아이의 경련, 어린아이들이 놀라 발작하는 간질 등의 치료약으로 쓴다.

■ 약초의 성질

맛은 쓰고 성질은 서늘하고 독성이 없다.

■ 약용법

뿌리에 타닌산과 옥시안테라치논글리코시드, 녹말, 당분, 고무질 등이 함유되어 있으며 매우 떫고 쓰다. 가을 또는 봄에 캐내 잔뿌리를 따낸 다음 햇볕에 말려 약용으로 사용한다.

뿌리 6~8g을 1회분 기준으로 달여서 1일 2~3회씩 4~5일 복용한다. 청리열, 진경, 이습, 소종의 효능이 있다.

■ 산나물 요리 먹는 방법

• 봄에 어린 잎과 줄기를 채취하여 사용한다.

병풍취

초기 중풍에 효능이 있는

잎이 펼쳐진 모습이 병풍처럼 보이는 싼이라 붙여진 이름이다.

■ 식물의 형태

높이 50~100cm. 뿌리는 가늘고 여러 갈래로 갈라진다. 줄기는 곧게 올라오며 붉은 가는 줄이 세로로 있다. 잎은 한줄기에 한 장씩 줄기를 감싸듯이 난다. 잎 가장자리는 들쑥날쑥한 톱니가 있다.

■ 약리 효과와 효능

비타민 A, B가 풍부하여 피부미용에 효과가 있고, 초기 중풍에 효능이 있다.

■ 약초의 성질

따뜻하고 맛이 몹시 매우며 독이 없다.

■ 약용법

5월초에서 중순 병충취 뿌리를 캐서 말린다. 말린 뿌리를 물에 달여 마신다. 어지럼증이나 중풍 초기에 약용으로 이용한다.

■ 산나물 요리 먹는 방법

- 향이 독특하고 잘근잘근 씹히는 맛이나며, 비타민 A,B가 풍부하다.
- 봄에 어린 잎을 쌈으로 먹거나, 살짝 데쳐서 나물로도 먹는다.
- 커다란 잎은 푹 삶아서 말려 묵나물로 먹는다.

봄맞이

해열작용, 해독작용을 하는

야산과 들에서 흔히 자란다.

■ 식물의 형태

뿌리 잎은 사방으로 퍼져나가며 잎자루는 길이 1~2 cm이다. 잎은 거의 반원형이고 길이와 나비가 4~15mm로 가장자리에 삼각상의 톱니와 더불어 거친 털이 있다.

■ 약리 효과와 효능

해열작용, 해독작용, 탕상, 인후 부종 및 동통, 구창, 적안, 두통 및 편두통, 치통, 풍습, 효천, 각종 여성질환, 타박상에 좋다.

■ 약초의 성질

맛은 맵고 달며 성질이 차다.

■ 약용법

각혈에는 말린 약재 12g을 불에 말려서 가루내어 술로 복용한다. 풍습성 관절통에 말린 약재 20g을 물로 달여서 복용한다.

천식에는 말린 약재 37~75g을 물로 달여서 복용한다.

■ 산나물 요리 먹는 방법

- 봄에 어린잎을 살짝 데쳐 나물로 먹는다.
- 된장국을 끓여서 먹기도 한다. 꽃은 말려서 차로 마신다.

분취

폐렴, 황달, 간염에 좋은

분취는 서울, 경기, 충북의 산지에서 나는 다년생 초본이다.

■ 식물의 형태

생육환경은 습기가 많은 반그늘 혹은 양지의 토양이 비옥한 곳에서 자란다. 키는 20~80cm이고, 잎은 길이가 6~11cm로 표면에 꼬불꼬불한 털과 거미줄 같은 털이 빽빽이 있고 뒷면에는 거미줄 같은 백색 털이 있으며 가장자리에 뾰족한 톱니가 있다.

■ 약리 효과와 효능

혈열 지혈, 토혈, 조경 진해 등에 효능이 있다. 폐렴, 황달, 간염, 기관지염, 안염, 임질, 고혈압 인후통을 주치한다.

■ 약초의 성질

맛은 맵고 쓰며. 성질은 평범하다.

■ 채취시기

어린잎을 채취하여 사용한다.

■ 약용법

봄에 어린순을 삶아 나물로 먹는다.

■ 산나물 요리 먹는 방법

• 어린잎은 식용하는데 나물로 해먹는다.

비비추 사포닌 성분이 들어있는

산지의 냇가나 습기가 많은 곳에서 잘 자란다.

■ 식물의 형태

높이 30~40cm이다. 잎은 모두 뿌리에서 돋아서 비스듬히 자란다. 잎은 타원형이며 끝이 뾰족하고 8~9맥이 있다.

■ 약리 효과와 효능

사포닌 성분이 들어있기 때문에 씨앗이나 식물전체를 한방 또는 민간요법에 활용되고 있다. 또한 잎의 즙을 짜서 젖앓이하거나 중이염에 사용하면 된다. 이밖에 잎에서 추출한 기름은 만성피부궤양에 좋고, 뿌리즙은 임파선과 결핵 등에 효능이 있다.

■ 약초의 성질

성질은 평하고 맛은 약간 시고 달다.

■ 약용법

생약명은 자옥잠으로 중이염에 입의 즙을 짜서 사용한다. 임파선, 결핵에 뿌리즙을 바르거나 9~15g을 달여서 복용한다.

〈외용〉 창독과 화상에는 짓찧어 붙인다.

■ 산나물 요리 먹는 방법

- 봄에 올라오는 연한 잎을 채취하여 익혀서 쌈으로 먹는다. 새순의 맛이 담백하고 씹히는 느낌이 좋다.
- 잎을 삶아서 찬물에 헹구고 나물 무침을 하거나 쌈채로 쓰며 국거리로도 이용한다.
- 장아찌를 만들거나 죽을 쑤는 데 넣어 먹기도 한다.
- 잎자루는 껍질을 벗겨내어 된장국의 국거리로 쓰고 튀김을 만들어 먹는다.

사람주나무 변비에 좋은

숲속에 흔히 자란다.

■ 식물의 형태

수피는 녹색 빛과 회색빛을 띤 흰색이며 오래된 줄기는 얇게 갈라진다. 높이는 6m이다. 잎은 어긋나고 자르면 하얀 즙액이 나오며 달걀을 거꾸로 세운 듯 한 모양의 타원형이고 가장자리가 밋밋하다. 표면은 짙은 녹색이고 뒷면은 연한 녹색 빛을 띤 흰색으로 길이 6~12cm이다.

■ 약리 효과와 효능

변비에 좋다.

■ 채취시기

어린잎을 채취하여 사용한다.

■ 약용법

변비에 가을에 채취한 씨앗을 말려 기름을 짜 공복에 한 숟가락씩 먹는다.

■ 민간요법

씨앗은 가을에 채취하여 말려 사용한다. 말린 씨앗은 변비에 기름을 짜서 조금씩 마신다.

■ 산나물 요리 먹는 방법

• 잎을 데쳐서 나물로 먹거나 생것을 소금물에 삭혔다가 장에 박아 장아찌를 담가 먹는다.

산부추 이뇨, 강장, 곽란, 해독작용을 하는

산지나 들에서 자란다.

■ 식물의 형태

높이 30~60cm이다. 비늘줄기는 달걀 모양 바소꼴로서 길이 2cm 안팎이고 밑 부분과 더불어 마른 잎집으로 싸이며, 외피는 잿빛을 띤 흰색이고 두껍다.

■ 약리 효과와 효능

가슴이 저리고 통증이 있는 흉비 증상이나 가래와 함께 기침을 할 때, 설사 후 뒤가 무겁고 개운하지 않은 증상 등에 효과가 있다.

■ 약초의 성질

맛은 맵고 쓰며 성질은 따스하다. 폐와 위, 대장에 작용한다.

■ 약용법

봄 또는 가을에 채취하여 잎과 뿌리를 제거한 후 햇볕에 말리거나 생 것을 쓴다. 말린 약재를 1회 2~4g씩 200ml의 물로 달이거나 가루로 빻아 복용한다.

주의사항 몸이 허약하고 기운이 없는 사람은 복용을 피해야 한다.

■ 산나물 요리 먹는 방법

- 나물로 사용하며 생으로 다른 야채와 같이 쌈으로 먹기도 한다.
- 초무침, 나물, 볶음, 국거리, 튀김, 샐러드, 장아찌 조미료, 물김치 등으로도 이용된다.

| 약 죽 | 부추죽 백미 1컵, 물 7컵, 부추 한 움큼, 소금약간

- 백미는 30분전에 씻은 다음 체에 밭여 물기를 뺀다.
- 부추를 다듬은 다음 씻어서 물기를 제거하고 3㎝ 크기로 자른다.
- 질그릇냄비에 백미를 담고 물을 부어서 죽을 쑨다.

산달래

건위제, 정장제로 쓰이는

돌달래, 큰달래라고도 한다. 산과 들에서 자란다.

■ 식물의 형태

비늘줄기는 둥글며 흰색 막질로 덮혀 있고, 잎은 2~9개 이고, 꽃은 5~6월에 흰색 ~연한 붉은색으로 핀다.

■ 약리 효과와 효능

앓아 가슴이 저리고 통증이 있는 흉비 증상이나 가래와 함께 기침을 할 때, 설사 후 뒤가 무겁고 개운하지 않은 증상 등에 효과가 있다.

■ 약초의 성질

맛은 맵고 쓰며 성질은 따스하다. 폐와 위, 대장에 작용한다.

■ 약용법

뿌리를 약재로 쓴다. 봄이나 가을에 채취하여 잎과 뿌리를 버리고 말려서 사용한다. 알뿌리와 잎을 함께 달인 것은 수면제 역할을 한다. 약재를 1회에 2~4g씩 200ml의 물로 약한 불로 달여서 사용한다.

주의사항 몸이 허약하고 기운이 없는 사람은 복용을 피해야 한다.

■ 산나물 요리 먹는 방법

- 달래와 같이 잎과 알뿌리에서 마늘과 비슷한 냄새를 풍긴다.
- 이른 봄에 뿌리와 잎을 함께 생채로 해서 먹는다. 지짐이의 재료로도 쓰인다.

산마늘

위장을 튼튼히 하는 작용과 해독작용을 하는

멩이, 맹이, 명이라고도 한다. 산지에서 자란다.

■ 식물의 형태

비늘줄기는 바소꼴이고 길이 4~7cm이며 그물 같은 섬유로 싸여 있다.

■ 약리 효과와 효능

위장을 튼튼히 하는 작용과 해독 등의 효능을 가지고 있다. 적용질환은 소화불량과 복통 등이다. 종기나 벌레에 물렸을 때에 해독약으로 쓰는 경우가 있다.

■ 약초의 성질

맛은 맵고 성질은 조금 따뜻하다.

■ 약용법

뿌리를 약재로 쓴다. 함유 성분은 마늘에 함유되어 있는 것과 같은 아일린(Alliin)이 함유되어 있는 것으로 알려지고 있다. 약용으로는 한여름에 채취하여 볕에 말리거나 날것을 쓴다. 섬유질의 껍질을 벗겨서 사용한다.

〈외용〉 종기, 벌레 물린 데에는 생 알뿌리를 찧어 환부에 붙인다.

■ 산나물 요리 먹는 방법

- 잎은 6월까지 나물이나 또는 쌈으로 먹는다.
- 감칠맛이 나는 산채로서 별미 중의 하나로 손꼽힌다.
- 알 뿌리는 1년 내내 기름에 볶거나 튀김으로 해서 먹는다.

| 약 죽 | **마늘죽** 깐 마늘 10개, 백미 1/2컵, 양파 1/2개, 표고버섯 1개, 소금 및 참기름 약간

- 백미를 물에 넣어 충분하게 불려둔다. 양파와 표고버섯을 다져놓는다.
- 깐 마늘을 끓는 물에 1분간 삶은 후 마늘과 마늘 즙을 구분한다.
- 동시에 넣어 물을 붓고 죽을 쑨다.

삼지구엽초 정력 감퇴, 양기부족에 좋은

산지의 나무 그늘에서 자란다.

■ 식물의 형태

뿌리줄기는 옆으로 벋고 잔뿌리가 많이 달린다. 줄기는 뭉쳐나고 높이가 30cm 이며 가늘고 털이 없으며 밑 부분은 비늘 모양의 잎으로 둘러싸인다.

■ 약리 효과와 효능

남자의 발기부전, 정력감퇴, 여자의 자궁발육부전, 팔다리가 차고 저린 증상에 효과가 좋다. 양기부족으로 인한 불임증, 조루증, 무력감, 기억력 감퇴 등에도 효과가 있다. 여성은 생리불순에 사용하면 된다.

■ 약초의 성질

맛은 맵고 달며 성질은 따뜻하다. 간과 신장에 작용한다.

■ 약용법

음양곽이라고도 한다. 잎과 줄기를 약재로 쓰며 플라보놀 배당체인 이칼린(Ikalin)이 함유되어 있다.

■ 산나물 요리 먹는 방법

• 봄에 어린잎과 꽃을 따다가 나물로 해 먹는다.
• 어린잎에는 쓴맛이 별로 없으므로 가볍게 데쳐서 찬물에 헹구기만 하면 된다.

| 약 술 | 음양곽술 음양곽 60g, 소주 1000㎖, 설탕 100g, 과당 50g

• 잘게 썬 음양곽을 용기에 넣안 후에 25°짜리 소주를 넣는다.
• 그 다음 뚜껑을 덮어 밀봉하여 시원한 곳에 보관하면 된다.

| 약 차 | 음양곽차 삼지구엽초 4~10g, 물 600cc

• 차의 분량은 물 600cc 에 재료 4~10g정도를 넣고 뭉근한 불로 끓여 하루에 2~3잔으로
• 나누어 마시는데, 식은 것은 조금 데워서 마시면 좋고 벌꿀을 1숟갈정도 넣어 마셔도 좋다.

삽주

식욕부진, 소화불량, 위장염에 좋은

창출, 선출, 산계, 천정이라고도 한다.

■ 식물의 형태

산지의 건조한 곳에서 자란다. 뿌리줄기는 굵고 길며 마디가 있고 향기가 있다. 줄기는 곧게 서고 윗부분에서 가지가 몇 개 갈라지며 높이가 30~100cm이다. 뿌리에서 나온 잎은 꽃이 필 때 말라 없어진다.

■ 약리 효과와 효능

체온이 낮아져 생기는 모든 병과 기가 허해서 생기는 병, 발열, 중풍, 배뇨곤란, 결막염, 고혈압, 현기증, 노인의 천식 등에 사용한다.

■ 약초의 성질

맛은 쓰고 매우며 성질은 따듯한다. 비장과 위, 간에 작용한다.

■ 약용법

뿌리줄기에 아트락틸론이 후각을 자극하여 반사적으로 위액의 분비를 촉진시킨다.

주의사항 기가 약하고 부족하여 땀이 나는 자와 음이 허하여 몸에 열이 나는 사람은 복용을 피해야 한다.

■ 산나물 요리 먹는 방법

- 연한순과 잎을 채취하여 나물로 사용한다.
- 쓴맛이 나므로 데쳐서 여러 번 물을 갈아가면서 잘 우려낸 후 조리한다.
- 어린순과 연한 잎은 나물로 해 먹는다. 쌈으로 먹기도 하는데 쓴맛이 입맛을 돋우어 준다.

선밀나물 혈액 순환을 도와주는

산과 들에서 자란다.

■ 식물의 형태

뿌리줄기는 옆으로 벋는다. 줄기는 곧게 서지만 윗부분이 약간 휘고 높이가 1 m 이며 노란 색을 띤 녹색이다. 잎은 어긋나고 넓은 타원 모양 또는 달걀 모양의 타원형이다.

■ 약리 효과와 효능

진통 효능이 있으며 혈액 순환을 도와준다. 적용질환은 허리와 다리의 근골통증, 관절염 등이다.

■ 약초의 성질

맛은 달고 쓰며 성질은 평하다.

■ 약용법

뿌리줄기를 약재로 쓴다.

말린 뿌리줄기를 1일 3~10g을 물 600ml로 1/2양이 되도록 달여 3회 나누어 복용한다.

■ 산나물 요리 먹는 방법

- 이른 봄에 어린순을 따다가 나물로 무쳐 먹는다.
- 밀나물과 비슷하고 담백한 약간의 단맛이 난다. 나물 가운데서는 맛이 좋은 편이다.
- 봄에 새순을 생으로 기름에 볶거나 튀김을 만들어 먹는다.

소경불알 가래 삭이는 거담제로 사용되는

우리나라 각처의 산에서 나는 다년생 덩굴이다.

■ 식물의 형태

생육환경은 반그늘의 비옥한 토양에서 자란다. 키는 1~3m 정도이고, 잎은 길이 2~4.5cm, 폭 1.2~2.5cm로 표면은 녹색이며 뒷면에 백색 털이 많은 분백색이고 타원형으로 네 개의 잎이 있다. 꽃은 자주색이고 끝이 다섯 개로 갈라져서 약간 뒤로 말리고 길이는 2~2.5cm로 안쪽은 짙은 자주색이며 짧은 가지 끝에 달린다.

■ 약리 효과와 효능

성분으로 알려진 것으로 스피나스테롤(spinasterol)과 탁사세롤(taxaxerol)이 있고 한방에서는 가래 삭이는 거담제로 사용된다.

■ 약초의 성질

맛은 달고 매우며 성질은 평하고 독성이 없다.

■ 약용법

5~8g을 1회분으로 탕으로 하거나 산제로 하여 복용한다. 호흡기, 이비인후과 질환 등을 다스린다.

■ **산나물 요리 먹는 방법**

- 뿌리를 식용한다.

솔나물

해열, 해독 등의 효능을 가지고 있는

큰솔나물, 송엽초, 황미화, 봉자채라고도 한다. 들에서 흔히 자란다.

■ 식물의 형태

높이 70~100cm이며 줄기는 곧게 서고 윗부분에서 가지가 갈라진다.

■ 약리 효과와 효능

해열, 해독, 조혈, 소종 등의 효능을 가지고 있다. 적용질환은 감기, 인후염, 황달, 월경불순, 월경통 등이다. 또한 각종 피부염이나 종기의 치료약으로도 쓰인다.

■ 약초의 성질

약간 차갑고 쓰고 싱겁다.

■ 약용법

꽃을 포함한 모든 부분을 약재로 쓰는데 꼬리솔나물, 털솔나물, 왕솔나물, 흰솔나물 등도 함께 쓰이고 있다. 피부염과 종기에는 생풀을 짓찧어서 환부에 바르거나 말린 약재를 가루로 빻아 기름에 개어서 바른다.

말린 전초 15~30g을 짙게 달여서 수시로 마시면 자궁암 치료의 보조 약으로 효과가 있다. 꽃은 달여서 동맥경화에 마신다.

■ 산나물 요리 먹는 방법

- 약간 쓴맛이 나므로 데쳐서 우렸다가 조리를 해야 한다.
- 봄철에 어린순을 나물로 먹는다.

수리취

사포닌이 들어있어 청열 해독, 소종에 좋은

국화과에 속하는 여러해살이풀로 산에서 자란다.

■ 식물의 형태

키가 1m정도이다. 줄기에는 세로로 줄이 있으며 흰털이 밀생한다. 잎은 뿌리에서부터 줄기로 어긋나면서 올라가는데, 표면에 꼬불꼬불한 털이 있고 뒷면에는 부드러운 흰털이 촘촘히 나 있으며 잎의 가장자리에는 톱니가 있다.

■ 약리 효과와 효능

알칼리성 식품으로 칼슘, 단백질, 인, 철분, 비타민 B1, B2, 나아신 등이 함유되어 있기 때문에 감기, 도통, 진통 등에 좋다. 『본초도감』에 '가을에 열매가 익은 다음에 채취해 종자를 털어 햇볕에 말린다. 사포닌이 들어있어 청열 해독, 소종에 좋다' 라고 적고 있다.

■ 약초의 성질

맛은 맵고 성질은 평하다.

■ 약용법

말린 수리취를 4~15g을 물 700ml에 2~3시간 달여서 하루에 2~3회 나누어 복용하면 당뇨병에 좋다.

■ 산나물 요리 먹는 방법

- 봄에 부드러운 잎을 사용하여 나물이나 떡으로 해먹는다.
- 봄에 연한 잎을 따다가 살짝 데쳐서 잠시 물에 우렸다가 쌈으로 먹거나 나물 무침을 한다.
- 데친 것을 말려서 묵나물로 이용한다.

시로미

방광염, 신장염 등에 약재로 쓰이는

높은 산 정상에서 자란다.

■ 식물의 형태

높이 10~20cm이다. 줄기는 옆으로 벋지만 가지는 곧게 선다. 잎은 뭉쳐나고 줄 모양이며 길이 5~6mm, 너비 0.7~0.8mm이다. 두껍고 윤이 나며 뒤로 젖혀져서 사방으로 퍼지고 가장자리가 뒤로 말린다.

■ 약리 효과와 효능

한방에서는 포기 전체를 방광염, 신장염 등에 약재로 쓴다. 열매 추출액이 이뇨 작용을 나타낸다.

■ 약초의 성질

열매는 맛은 달고 성질은 서늘하다.(따뜻하다고도 함)

■ 약용법

병구체허, 요슬산연, 양기부족에 하루 9~15g을 물로 달여서 먹는다.

12~24g을 달여 복용하거나 술에 담가서 복용한다. 강장, 지갈, 양혈에 효능이 있으며, 신체허약, 소화불량, 식욕부진, 갈증을 치료한다.

■ 산나물 요리 먹는 방법

• 열매는 식용할 수 있고 잼이나 술을 담그거나 주스 등 청량 음료수용으로 쓰인다.

싸리냉이

폐결핵과 혈압강하에 사용되는

싸리황새냉이라고도 한다.

■ 식물의 형태

산기슭의 그늘진 습지에서 자란다. 높이 약 50cm이다. 포기 전체에 부드러운 털이 나고 가지가 갈라진다. 뿌리에 달린 잎은 어긋나며 1회 깃꼴겹잎이고 길이 약 10cm이다.

■ 약리 효과와 효능

비타민 A와 C 그리고 식이섬유가 많이 함유되어 있는 우수한 식품일 뿐만 아니라 아세틸콜린, 콜린, 티라민 등 많은 특수성분이 있어 약리효과도 높다.

■ 채취시기

봄에 이른 봄에 어린 싹을 뿌리째 캐어 사용한다.

4월 10일 전후에 새싹 잎을 데쳐서 나물로 하거나 국거리로 하여 먹는다.

■ 산나물 요리 먹는 방법

- 어린순을 나물로 먹는다.
- 냉이 맛과 비슷하며 이른 봄에 어린 싹을 뿌리째 캐어 흐르는 물에 잘 씻어낸 다음 가볍게 데쳐 잠시 우렸다가 나물로 무쳐 먹거나 국을 끓여 먹기도 한다.

앉은부채

구토제, 진정제, 이뇨제로 쓰이는

산지의 응달에서 자란다.

■ 식물의 형태

뿌리줄기는 짧고 끈 모양의 뿌리가 나와 사방으로 퍼지며, 줄기는 없다. 잎은 뿌리에서 뭉쳐 나오고 길이 30~40cm의 둥근 심장 모양이다.

■ 약리 효과와 효능

한방에서는 줄기와 잎을 구토제, 진정제, 이뇨제로 쓴다.

■ 약초의 성질

평범한 성질이나 독성이 있는 식물로 주의해야 한다.

■ 채취시기

어린잎을 채취하여 사용한다. 약재로는 가을에 뿌리나 뿌리줄기를 캐 물에 씻어 말려서 사용한다.

■ 약용법

뿌리는 탕약으로 사용하는데 약리 실험에서 혈압 강하 작용을 하는 결과가 있어 혈압 내리는데 좋다. 근경을 불에 볶거나 삶아서 독성을 없애고 사용한다. 진통, 진경, 거담제로 신경통, 관절염, 기관지염, 폐결핵, 전간, 경련 등에 쓴다.
〈외용〉 잎을 벌에게 쏘인 데와 관절염, 상처 등에 붙인다.

■ 산나물 요리 먹는 방법

• 독성분이 함유되어 있는 풀이어서 먹을 유의하여야 하며 어린잎을 따다가 데쳐서 며칠 동안 흐르는 물에 담가서 유독성분을 제거한 다음 다시 장기간 건조 저장해 두었다가 나물로 해 먹는다.

구절초

구절초는 국화과의 여러해살이풀이다.

■ 식물의 형태

키가 50cm 정도이고 잎은 깃 모양으로 잘게 갈라져 있다. 9~10월에 분홍색이나 흰색 꽃이 피고 가을에 뿌리를 채취해 약으로 사용한다. 또 한방과 민간에서는 전초를 채취해 그늘에서 말린 다음 부인냉증, 위장병, 치풍 등의 치료제로 사용하고 있다

■ 약리 효과와 효능

손과 발을 따듯하게 해주면서 혈액순환을 좋게 해준다. 약재는 냉병, 보신, 부인병, 불임, 신경통, 방광염, 기침, 가래해소, 설사 등에 효과적이며, 특히 부인병에 매우 좋다. 이밖에 여성들의 다이어트를 도와준다.

■ 약초의 성질

맛이 쓰고 성질이 따뜻하다.

■ 약용법

봄에 연한 순을 채취하여 사용한다.

약용으로는 9월에 채취한다.

■ 산나물 요리 먹는 방법

• 이른 봄에 어린 잎을 채취하여 끓는 물에 삶아서 쓴맛을 제거한 후 나물을 해서 먹는다.

옻나무(칠)

옻나무과 갈잎큰키나무 옻나무의 수지를 건조시킨 것이다.

■ 식물의 형태

키는 7~10m정도 자란다. 잎은 여러 개의 작은 잎으로 구성된 깃 모양의 겹잎으로 어긋맞게 난다. 9~11장의 잔잎은 깃털 모양의 겹잎이고 끝이 뾰족한 타원형이다. 윗면에 털이 있고 가장자리가 밋밋하다.

■ 약리 효과와 효능

활혈약으로 경폐증을 치료하고, 적취를 제거하고 인체 내의 기생충을 제거하는 효능이 있다.

■ 약용법

봄에 연한 순을 채취하여 사용한다.

약용은 4~6월에 줄기와 나무껍질에 상처를 입혀 흘러나오는 수지를 건조시켜 만든다.

부주

임산부와 신체허약자, 어혈이 없는 사람, 칠독에 민감한 사람은 먹지 말아야 한다.

■ 산나물 요리 먹는 방법

- 이른 봄에 어린 잎을 채취하여 끓는 물에 삶아서 나물을 해서 먹는다.
- 초장을 찍어 먹어도 맛이 좋다.

알록제비꽃

해독과 발육촉진, 부인병에 쓰이는

열매는 삭과이다. 산지에서 자란다. 한국의 각지에 분포한다.

■ 식물의 형태

높이는 6cm 정도이다. 원줄기가 없고, 잎은 뿌리에서 모여난다. 잎의 길이와 폭은 각각 2.5~5cm로 넓은 심장 모양이다. 잎이 두껍고 양면에 털이 나 있다. 5월에 자주색 꽃이 잎 사이에서 나온 긴 꽃줄기 끝에 하나씩 핀다.

■ 약리 효과와 효능

해독, 태독, 하리, 발육촉진, 통경, 보익, 보간, 해소, 부인병에 쓰인다.

■ 약초의 성질

맛은 쓰고 성질이 차다.

■ 약용법

5~6월 뿌리 부위까지 전초를 채취한다.

몸에 열이 많은 사람의 부종이나 황달, 이질이나 설사에 사용하며 염증성 피부질환이나 악성 종기에 사용한다.

■ 산나물 요리 먹는 방법

- 어린순은 식용하지만
- 주로 관상용으로 쓰인다.

애기나리

천식에 효과가 있는

애기나리는 중부 이남의 산지에서 자라는 다년생 초본이다.

■ 식물의 형태

생육환경은 반그늘나 양지쪽에서 잘 자라며 배수가 잘되는 토양을 좋아한다. 키는 20~40㎝이고, 잎은 타원형으로 길이는 4~7㎝, 폭은 1.5~3.5㎝이다. 꽃은 4~5월에 연한 녹색으로 피며, 가지 끝에서 1~2개 밑을 향해 달린다. 열매는 길며 둥글고 흑색으로 익는다. 관상용으로 쓰이며, 어린싹은 식용으로 쓰인다.

■ 약리 효과와 효능

한방에서는 뿌리줄기를 보주초라는 약재로 쓰는데, 몸이 허약해서 일어나는 해수, 천식에 효과가 있고, 건위, 소화 작용을 한다.

■ 약초의 성질

맛은 달고, 약성은 평범하다.

■ 약용법

여름~가을철에 근과 근경을 캐내어 깨끗이 씻어서 햇볕에 말린다.

15~30g을 달여서 복용한다. 민간에서 기침, 식체, 폐결핵의 약재로 사용한다.

■ 산나물 요리 먹는 방법

- 맛이 순하고 부드럽다.
- 전국 각지에 분포하는 큰애기나리도 역시 나물로 해서 먹는다.
- 봄철에 갓 자라나는 어린 싹이나 연한 잎을 나물로 해 먹는다.

앵초

진해, 거담, 소종 등의 효능이 있는

앵초는 전국 각처의 산지에서 자라는 다년초다.

■ 식물의 형태

생육특성은 배수가 잘 되고 비옥한 토양의 반그늘에서 잘 자란다. 키는 10~25cm이고, 잎은 타원형이며 길이는 4~10cm이다.

■ 약리 효과와 효능

진해, 거담, 소종 등의 효능이 있다. 적용질환은 기침, 천식, 기관지염, 종기 등이다.

■ 약초의 성질

맛이 달고 성질이 평이하다.

■ 약용법

지해, 화담의 효능이 있다. 8~9월에 근과 근경을 채취하여 깨끗이 씻어서 햇볕에 말린다.

말린 약재를 1회에 3~5g씩 200ml의 물로 반 정도의 양이 되게 약한 불로 달여서 복용한다.

■ 산나물 요리 먹는 방법

- 이른 봄에 어린 싹을 캐어 나물로 해먹는다.
- 일반적으로 많이 사용되는 나물은 아니다.

오가피

음위제, 강장제, 피로회복제 등에 쓰이는

오갈피는 두릅나무과에 녹하는 낙엽활엽관목이다.

■ 식물의 형태

뿌리 근철에서 가시가 많이 갈라져서 사방으로 퍼진다. 소지는 회갈색이고 털이 없으며 가시도 거의 없다. 잎은 계란상 타원형이며 끝이 점차 뾰족해진다. 과실은 장과로 구형이며 9월에 검게 익는다.

■ 약리 효과와 효능

동의보감에 류머티즘이나 풍습을 치료하고 허리와 척추의 통증에 약효가 탁월해 뼈와 근육을 건강하게 만들어준다. 맛이 맵고 쓰면서 성질이 따뜻하고 독이 없기 때문에 기를 도와 중풍, 신경통, 요통, 동맥경화, 관절염, 당뇨병, 자양강장 등에 효과가 좋다.

■ 약초의 성질

맛이 맵고 쓰며 따뜻하고 고유 독특한 향이 있다.

■ 약용법

하루 6~9g을 탕제, 산제, 환제, 주제 형태로 만들어 먹는다.

■ 산나물 요리 먹는 방법

- 봄에 어린 순을 채취하여 생으로 초장을 찍어 먹는다.
- 부드러운 잎을 끓는 물에 살짝 데친 후 잠시 찬물에 담가 떫은 맛을 우려내고
- 쌈채로 쓰거나 나물 무침을 만들어 먹는다.

| **약 술** | 오가피술 오가피 150g, 소주 1000㎖, 설탕 150g, 과당 50g

- 잘게 썬 오가피를 용기에 넣고 25°짜리 소주를 부은 다음 뚜껑을 밀봉하여 시원한 곳에 보관한다.

| **약 차** | 오가피차 오가피 15g, 물 600ml.

- 용기에 넣고 끓기 시작하면 약불로 줄여서 30분 정도 달여준 후 꿀등을 첨가해서 뜨겁게 음용한다.

어수리

항염 작용과 혈액응고를 지연시키는 효과가 있는

산과 들에서 자란다.

■ 식물의 형태

줄기는 곧게 서고 높이가 70~150cm이며 속이 빈 원기둥 모양이고 세로로 줄이 있으며 거친 털이 있고 굵은 가지가 갈라진다.

■ 약리 효과와 효능

뿌리에서 추출한 기름은 항바이러스 효과가 있는 것으로 드러났으며 이는 본 분류군이 속한 어수리속에 공통적인 특징인 것으로 밝혀졌다. 또 항염 작용과 혈액응고를 지연시키는 효과가 있는 성분인 파낙시놀 및 팔카리노디올이 뿌리에 함유되어 있는 것으로 나타나 신약 개발과 관련된 연구가 진행 중인 분류군이다.

■ 약초의 성질

맛은 달고 맵고 성질은 따뜻하다.

■ 약용법

두통과 감기에는 4~5g을 달여서 하루 2~3회에 걸쳐 2~3일 복용하고 중풍에는 1주일 이상 복용한다..

■ 산나물 요리 먹는 방법

- 맛이 산뜻하고 씹히는 느낌이 좋아서 데친 뒤 잠깐 우려내어 나물로 먹는다.
- 봄에 연한 순을 뜯어 나물로 해먹는다.
- 어린 잎과 줄기를 끓는 물에 소금을 넣고 살짝 데쳐 쌈채로 쓰거나 나물 무침을 하여 먹고 전을 부치기도 한다.

얼레지

위장염, 구토, 설사 등에 좋은

산자고. 차전엽이라고도 한다. 백합과의 여러해살이풀이다.

■ 식물의 형태

키가 30㎝정도이고 비늘줄기가 있다. 4월경 보라색 꽃이 핀다. 초가을에 비늘줄기를 채취해 쪄서 먹으면 이질, 구토치료에 효과가 좋고 강장제로도 사용된다.

■ 약리 효과와 효능

동의보감에 말린 알뿌리를 물로 달이거나, 가루로 복용하면 건위, 지사, 진토 등에 효능이 있고 위장염, 구토, 설사 등의 처방약으로 쓰인다.

■ 약초의 성질

맛은 달고 성질은 따뜻하며 독이 있다.

■ 약용법

봄부터 초여름 사이에 채취하여 햇볕에 말리거나 생것을 쓴다. 말린 것을 그대로 쓴다.

말린 약재를 1회에 4~6g씩 200ml의 물로 달이거나 가루를 내어 복용한다.

〈외용〉 화상을 입었을 때에는 생알뿌리를 짓찧어서 환부에 붙여준다.

■ 산나물 요리 먹는 방법

- 봄에 어린 잎을 데쳐서 쌈채로 쓰고 나물 무침을 국에 넣어서 먹는다.
- 알뿌리를 강판으로 갈아 물에 가라앉혀 녹말을 얻어 요리용으로 사용한다.
- 채취한 녹말은 영양가는 높으나 많이 섭취하면 설사를 일으키므로 주의해야 한다.
- 알뿌리는 조림으로도 요리를 할 수 있다.
- 어린잎은 나물이나 국거리로 사용할 수 있으며 맛이 담백하다.

용담

식욕부진이나 소화불량 등에 좋은

산지의 풀밭에서 자란다.

■ 식물의 형태

높이 20~60cm이고 4개의 가는 줄이 있으며 굵은 수염뿌리가 사방으로 퍼진다. 잎은 마주나고 자루가 없으며 바소 모양으로서 가장자리가 밋밋하고 3개의 큰 맥이 있다.

■ 약리 효과와 효능

한방에서 식욕부진이나 소화불량 등을 비롯해 건위제, 이뇨제로 사용된다. 동의보감에 가을에 뿌리를 채취해 햇볕에 말린 약재를 물로 달여 복용하면 소화불량, 담낭염, 황달, 두통, 뇌염, 건위와 해열, 소염, 담즙 등이 잘 나오게 한다.

■ 약초의 성질

맛이 몹시 쓰고 성질이 매우 차다.

■ 약용법

뿌리를 약재로 쓴다. 뿌리에 고미배당체인 겐티오피크린과 삼당체인 겐티아노즈를 함유하고 있다. 말린 약재를 1회에 1~3g씩 200ml의 물로 달이거나 또는 곱게 가루로 빻아 복용한다.

■ **산나물 요리 먹는 방법**

• 어린 싹과 잎은 식용한다.

오리방풀

소화불량이나 식욕부진에 효과가 있는

깊은 산에서 자란다.

■ 식물의 형태

여러 대가 모여나서 높이 50~100cm이고 네모진 줄기에는 능선을 따라 밑으로 향한 털이 돋는다. 잎은 마주달리고 달걀 모양의 원형이며 끝이 3개로 갈라진다.

■ 약리 효과와 효능

연명초는 소화불량으로 인한 구토, 복통 등에 약효가 있는 약재로 소화불량이나 식욕부진에 양호한 효과가 있으며, 과음으로 인하여 위장기관에 손상을 받은 경우에도 사용한다.

■ 약초의 성질

맛은 쓰고 떫으며 냉하다.

■ 약용법

봄에 뿌리를 제외한 지상부 전초를 채취하여 햇볕에 잘 말린다. 하루 6~12g을 물로 달여 먹거나 환을 짓거나 가루 내어 먹는다. 건위, 지통, 양혈, 해독, 소종에 효능이 있다..

■ 산나물 요리 먹는 방법

- 봄철에 어린 싹을 캐어 나물로 무쳐 먹는다.
- 쓴맛이 있어 데친 다음에 흐르는 물에 오래도록 우려낸 다음 조리하는 것이 좋다.

우산나물

진통, 거풍, 소종, 해독 등의 효능이 있는

삿갓나물이라고도 한다.

■ 식물의 형태

같은 이름의 다른 종인 삿갓나물과 구분할 필요가 있다. 산지의 나무 밑 그늘에서 자란다. 높이 50~100cm이다.

■ 약리 효과와 효능

진통, 거풍, 소종, 해독 등의 효능이 있다. 적용질환으로는 관절염, 뼈마디가 쑤시는 증세, 근육이 굳어져 감각이 없어지는 증세, 악성종기 등이다. 그밖에 독사에 물렸을 때 해독약으로 쓰기도 한다.

■ 약초의 성질

독성이 없고 따뜻하고 맵다.

■ 약용법

말린 약재를 1회에 3~6g씩 200ml의 물로 달이거나 약재를 10배의 소주에 담가두었다가 복용한다. 거풍, 제습, 해독, 소종, 지통의 효능이 있다.

〈외용〉 독사에 물렸을 때에는 생풀을 짓찧어서 환부에 붙인다.

■ **산나물 요리 먹는 방법**

- 봄에 어린순이나 연한 잎은 향이 좋기 때문에 채취해 생채나 데쳐서 먹으면 좋다.
- 어린잎을 나물로 먹는다. 약간 냄새가 나는데데쳐서 우려내면 쓴맛과 함께 없어진다.

원추리

황달, 이뇨치료, 강장제 등으로 사용되는

훤초근, 의남, 원초라고도 한다. 넘나물이라고도 한다. 산지에서 자란다.

■ 식물의 형태

높이 약 1m이다. 뿌리는 사방으로 퍼지고 원뿔 모양으로 굵어지는 것이 있다. 봄철에 어린순을 나물로 먹는다.

■ 약리 효과와 효능

여성의 몸을 보해주며 이뇨, 소종 등의 효능을 가지고 있다. 적용질환으로는 소변이 잘 나오지 않는 증세, 수종, 황달, 대하증, 월경과다, 월경불순, 유선염, 젖 분비부족 등이다.

■ 약초의 성질

성질이 서늘하고 맛이 달고 독이 있다

■ 약용법

사용부위: 뿌리를 약재로 쓴다. 뿌리에 아르기닌(Arginin), 아데닌(Adenin), 콜린(Cholin) 등 아미노산류와 단백질을 함유하고 있다.

약재를 1회에 2~4g씩 200ml의 물로 달여서 복용한다. 경우에 따라서는 생뿌리로 즙을 내어 복용하기도 한다.

■ 산나물 요리 먹는 방법

- 달고 감칠맛이 나며 산나물 가운데에서는 맛이 좋다.
- 어린순을 나물로 하거나 국에 넣어 먹는다. 고깃국에 넣으면 더욱 맛이 좋다.
- 생것을 그냥 기름에 볶아 먹어도 좋다.
- 원추리는 전초에 독특한 냄새와 독성이 있으므로 절대로 생으로 먹으면 안된다.

| **약 차** | **혈액순환에 좋은 원추리차** 원추리의 어린잎 한줌, 물

- 원추리의 어린잎을 따서 깨끗이 씻은 다음 말린다. 말린 것을 끓는 물에 넣고 불을 줄여 뭉근하게 달여서 마시면 된다.

윤판나물 기침을 멈추게 하고 폐를 보해주는

숲속에서 자란다.

■ 식물의 형태

높이 30~60cm이다. 뿌리줄기는 짧고 뿌리가 옆으로 뻗으며 위에서 큰 가지가 갈라진다. 잎은 어긋나고 긴 타원형이며 길이 5~18cm, 나비 3~6cm이다.

■ 약리 효과와 효능

기침을 멈추게 하고 폐를 보해주며 체한 것을 내리게 하는 효능이 있다. 적용질환은 기침, 가래, 폐결핵, 식체, 장염 등이다.

■ 약초의 성질

맛은 달며, 성질은 독이 없다.

■ 약용법

여름~가을 사이에 채취하여 햇볕에 말려서 그대로 쓴다. 말린 약재를 1회에 50g씩 200ml 물로 뭉근하게 달여서 복용한다.

■ 산나물 요리 먹는 방법

- 둥굴레와 마찬가지로 부드럽고 맛이 달다.
- 봄철에 어린순을 나물로 무쳐 먹거나 국거리로 한다.
- 가볍게 데쳐 한 차례 찬물에 헹구기만 하면 된다. 많이 먹으면 설사한다.

왜(산)현호색

월경통, 월경불순 등에 처방약으로 쓰이는

산록 습기 있는 그늘에서 자란다.

■ 식물의 형태

높이 20cm 내외이다. 땅 속에 있는 덩이줄기는 둥글고 지름 1.5cm 정도이며 살은 노란색이 돈다.

■ 약리 효과와 효능

동의보감에 6월경 잎이 말라 죽을 때 덩이줄기를 채취해 햇볕에 말려 물로 달이거나, 가루로 복용하면 진통, 진정, 자궁수축 등에 효능이 있다.

■ 약초의 성질

따뜻하고 맛은 맵고 독이 없다.

■ 약용법

약초의 성질

따뜻하고 맛은 맵고 독이 없다. 덩이줄기 속에 프로토핀(Protopin)과 코리달린(Corydalin), 게누이닌(Genuinin) 등의 염기가 함유되어 있다. 1회에 2~4g의 약재를 200ml의 물로 달이거나 또는 곱게 가루로 빻아 복용한다.

■ **산나물 요리 먹는 방법**

• 어린 순을 나물로 먹는다.

| **약 차** | **현호색차** 현호색 6~11g, 물 600ml.

• 끓기 시작하면 약불로 줄여 30분 정도 달인 후 1일 2~3잔 기호에 따라 꿀이나 설탕을 가미해서 음용한다.

음나무

신장병 또는 당뇨병의 특효라고 알려져 있는

엄나무 또는 엄목이라고 한다.

■ 식물의 형태

높이 25m에 달하며, 가지는 굵으며 크고 밑이 퍼진 가시가 있다. 잎은 어긋나고 둥글며 가장자리가 5~9개로 깊게 갈라진다. 갈래조각에 톱니가 있으며 잎자루는 잎보다 길다.

■ 약리 효과와 효능

음나무는 신장병 또는 당뇨병의 특효라고 알려져 있다. 동의보감에 말린 뿌리 껍질 15g을 500cc의 물을 부어 절반으로 달인 다음 하루 3회 나누어 복용하면 혈당이 낮아지고, 위염과 위궤양, 이뇨 등에도 효능이 있다.

■ 약초의 성질

향이 강하고 맛은 쓰고 매우며 독이 없다.

■ 약용법

말린 약재 6~12g에 물 800ml를 넣고 약한 불에서 반으로 줄 때까지 달여 하루 2~3회 나누어 마신다. 풍한과 습을 없애주고 경락을 잘 통하게 한다.

■ 산나물 요리 먹는 방법

- 음나무 껍질은 고기를 삶거나 백숙 등의 함께 사용하면 잡냄새를 제거해 주는 용도로 사용된다.
- 순은 채취하여 가볍게 삶아 반찬을 해 먹거나 묵나물을 만들어 먹는다.
- 장아찌를 만들거나 김치를 담그기도 한다.

오이풀

지혈, 해독에 사용되는

우리나라 각처의 산지에서 자라는 다년생 초본이다.

■ 식물의 형태

생육환경은 반그늘 혹은 양지의 물 빠짐이 좋은 풀숲에서 자란다.

■ 약리 효과와 효능

한방에서 지혈, 해독에 사용되고, 각혈, 월경과다, 산후복통, 동상 등의 처방에 쓰인다.

■ 약초의 성질

맛은 쓰고 시며 성질은 차다

■ 약용법

말린 약재를 2~4g씩 달이거나 가루를내어 복용한다. 코피가 날때는 싹을 1회에 6~8g 또는 말린 약재를 2~3g을 달여서 하루에 3~4회로 4~5일 나누어 복용한다. 〈외용〉 무좀이나 습진, 외상 출혈에는 말린 약재를 가루내어 환부에 뿌린다. 옻 알레르기나 풀독, 살갗 쓸림 등에는 약재 달인 물을 식힌 후 헝겊에 적셔서 환부에 냉습포 한다.

■ 산나물 요리 먹는 방법

- 쓴맛이 강하므로 데쳐서 잘 우려낸 다음 조리를 하는 것이 좋다.
- 이른 봄에 어린잎을 나물로 먹기도 하고 뿌리를 잘게 썰어 쌀과 섞어 밥을 짓기도 한다.
- 잎과 꽃은 차로 달여 마시기도 한다.

익모초 산후의 지혈과 복통에 사용되는

육모초라고도 한다.

■ 식물의 형태

들에서 자란다. 높이 약 1m이다. 가지가 갈라지고 줄기 단면은 둔한 사각형이며 흰 털이 나서 흰빛을 띤 녹색으로 보인다.

■ 약리 효과와 효능

포기 전체를 말려서 산후의 지혈과 복통에 사용한다. 중국에서는 이 풀의 농축액을 익모초고라고 하는데, 혈압강하, 이뇨, 진정, 진통 작용이 있다고 한다. 한방과 민간에서는 해독, 정혈, 조혈, 자궁수축, 결핵, 부종, 유방암, 만성 맹장염, 대하증, 자궁 출혈, 출산과 산후지혈 등에 사용된다.

■ 약초의 성질

맛은 쓰고 맵다.

■ 약용법

말린 약재 10~30g에 물 900ml를 넣고 약한 불에서 반으로 줄 때까지 달여 하루 2~3회로 나누어 마신다.

■ 산나물 요리 먹는 방법

- 더위 먹었을 때 즙을 내어 먹기도 한다.
- 맛이 대단히 쓰다.

| 약 술 | 익모초술 익모초 150g, 소주 1000㎖, 설탕 100g, 과당 50g

- 잘게 썬 익모초를 용기에 담은 후에 20°짜리 소주를 붓는다. 그다음 뚜껑을 덮고 밀봉하여 시원한 에 보관하면 된다. 5일 동안 침전을 막기 위해 1일 1회 정도 용기를 가볍게 흔들어 줘야한다.

| 약 차 | 익모초차 익모초 60g, 물 300㎖, 흑설탕 50g

- 익모초를 차관에 넣고 물을 부어 약한 불로 은근히 끓여 국물만 따라낸다.
- 국물에 흑설탕을 타서 마시면 된다.

으름덩굴

신경통, 관절염에 좋은

으름이라고도 한다.

■ 식물의 형태

산과 들에서 자란다. 길이 약 5m이다. 가지는 털이 없고 갈색이다. 잎은 묵은 가지에서는 무리지어 나고 새가지에서는 어긋나며 손바닥 모양의 겹잎이다.

■ 약리 효과와 효능

이뇨, 진통의 효능이 있다. 적용질환은 소변이 잘 나오지 않는 증세, 수종, 신경통, 관절염, 월경이 잘 나오지 않는 증세, 젖 분비부족 등이다.

■ 약초의 성질

맛은 쓰고 성질은 차며 독성이 없다.

■ 약용법

이뇨작용을 하는 아케빈(Akebin)이란 성분이 함유되어 있다. 으름덩굴은 동물실험에서 줄기의 암세포 억제율 90%, 열매 50% 라는 결과가 나왔다.

말린 것은 10g을 물 700ml에 넣고 달여서 마신다.

■ 산나물 요리 먹는 방법

- 어린순은 좋은 국거리가 되며 나물로 해먹기도 한다.
- 봄에 어린 순을 채취하여 초장에 찍어 먹거나 나물 무침을 하여 국거리로도 쓴다.
- 독 성분이 들어 있으므로 끓는 물에 데친 후 오래도록 찬물에 담가 충분히 우려내고 요리해야 한다.

일월비비추 염증 치료와 피를 멈추게 하는

방울비비추, 비녀비비추라고도 한다.

■ 식물의 형태

석회암지대에서 자란다. 높이 35~65cm이다. 줄기는 곧게 선다. 잎은 뿌리에서 모여나고 넓은 달걀 모양이며 길이 10~16cm, 나비 5~7.7cm이다. 끝은 뾰족하고 밑부분은 심장 모양이거나 일자 모양이다.

■ 약리 효과와 효능

일월비비추는 인삼 성분인 사포닌이 들어 있어 한방에서는 종자나 전초를 자옥잠이라는 생약명으로 염증 치료와 피를 멈추게 하고, 이뇨 작용에 좋은 효능이 있어 약재로 사용한다. 약재가 되는 종자는 9~10월에 여무는데 콩 꼬투리를 닮은 모양이다.

■ 약초의 성질

맛은 담백하고 성질이 강건하다.

■ 약용법

말린 꽃은 9~15g을 달여서 마시면 부녀의 허약함과 대하, 유정, 토혈 등에 좋다. 말린 근경은 15~24g을 달여서 마시면 치통, 위통, 인후통, 부인병 등에 좋다.

■ **산나물 요리 먹는 방법**

- 이른 봄에 새순을 나물로 무쳐먹거나 된장국으로 끓여낸다.
- 잎과 줄기는 생식할 수 있는 식용식물로써 생약으로도 이용된다.
- 봄에 죽순 모양의 새순을 채취하여 된장국에 넣어 국거리로 먹는다.
- 장아찌를 만들어 먹기도 한다.

어성초

소변을 잘 나오게 해서 붓기를 없애주는

삼백초과 여러해살이풀 약모밀의 전초이다.

■ 식물의 형태

높이가 15~30㎝정도이고 전초에서 생선비린내가 난다. 잎은 어긋나고 심장형이며, 뒷면은 때때로 자주색을 띤다. 턱잎의 밑동은 줄기가 싸고 있다.

■ 약리 효과와 효능

열독 병증을 열을 내리고 독을 없애고, 소변을 잘 나오게 해서 붓기를 없애는 효능이 있다. 장염, 배가 아프고 속이 켕기면서 뒤가 무직하며 곱이나 피고름이 섞인 대변을 자주 누는 병에도 좋다.

■ 채취시기

연한 순을 채취하여 사용 한다.

■ 약용법

여름과 가을철에 채취해 잡질을 제거하고 깨끗이 씻어 말리거나 신선한 생으로 사용한다.

■ 산나물 요리 먹는 방법

- 봄에 어린순을 겉절이를 담가 먹는다.
- 생으로 된장에 먹기도 하며 끓는 물에 데친 후 찬물에 담가 냄새를 우려내고 나물 무침을 해 먹기도 한다.

잔대

진해, 거담, 해열, 강장, 배농제로 사용하는

사삼, 딱주, 제니라고도 한다.

■ 식물의 형태

산과 들에서 자란다. 뿌리가 도라지 뿌리처럼 희고 굵으며 원줄기는 높이 40~120cm로서 전체적으로 잔 털이 있다.

■ 약리 효과와 효능

진해, 거담, 강장, 소종 등의 효능을 가지고 있으며 또한 폐를 맑게 해주는 작용도 한다. 적용질환은 폐결핵성의 기침, 일반적인 기침, 종기 등이다.

■ 약초의 성질

성질이 차고 맛은 달다.

■ 약용법

뿌리를 약재로 쓴다. 사포닌과 이눌린이 함유되어 있다는 이외에는 별로 알려진 것이 없다. 잔대 10g과 물 1L를 붓고 물이 끓기 시작하면 1시간 정도 달여준다. 용기에 담아 냉장보관하며 1회 100ml씩 1일 2회 음용한다.

기가 허해 속이 찬 사람과 폐한으로 인한 기침에는 섭취를 금한다.

■ 산나물 요리 먹는 방법

- 어린순은 쓴맛을 우려낸 다음 나물로 만들어 먹는다.
- 뿌리는 더덕처럼 살짝 두들겨 쓴맛을 우려낸 다음 고추장을 발라 구워 먹는다.
- 또한 생것을 고추장 속에 박아 장아찌로 해서 먹기도 한다.

전호

해열, 거담, 진해, 진정 등의 효능이 있는

바디나물은 일전호라고도 부른다.

■ 식물의 형태

우리나라 곳곳의 산에 자생하지만 재배하지 않고 있다.

■ 약리 효과와 효능

해열, 거담, 진해, 진정 등의 효능이 있어 감기를 비롯하여 기침을 하거나 열이 나는 증세, 천식 등을 다스리는 데에 쓰인다. 그밖에도 구역질이 심할 때나 가슴과 겨드랑이 밑이 붓고 거북한 증세가 있는 경우에도 치료약으로 사용한다.

■ 약초의 성질

차고 맛은 달고 매우며 독이 없다.

■ 약용법

가을~겨울에 잎과 줄기가 말라 죽었을 때 뿌리를 캐서 줄기, 잎, 수염뿌리를 제거하고 햇볕에 말려 사용한다. 뿌리에는 안스리틴(Anthritine), 이소안스리틴(Isoanthritine), 알파-피넨(αPinene), 디-리모넨(d-Limonene) 등의 성분이 함유되어 있다.

■ 산나물 요리 먹는 방법

- 어린순은 쓴맛을 우려낸 다음 나물로 만들어 먹는다.
- 봄에서 가을 사이에 채취하여 줄기와 잔뿌리를 제거하고 물로 씻은 다음 말려서 사용한다.

| **약 차** | **전호차** 전호 3~9g, 물 600ml.

- 끓기 시작하면 약불로 줄여 30분 정도 달인 후 1일 2~3잔 따라 꿀이나 설탕을 가미해서 마신다.

조밥나물 복통에 효과가 있는

산지의 습기가 있는 곳에서 자란다.

■ 식물의 형태

줄기는 곧게 서며 높이 30~100cm이다. 자르면 흰 즙액이 나오고 위에서 가지가 약간 갈라지며 줄기잎은 어긋나고 꽃이 필 때 밑부분의 잎이 마르다.

■ 약리 효과와 효능

피부의 염증이나 종기, 요로감염, 이질, 복통에 효과가 있다. 최근 유럽에서는 조밥나물 추출물을 모발의 보습과 영양보충을 위해 컨디셔너에 이용하고 있다.

■ 약초의 성질

맛은 쓰고 성질은 서늘하다.

■ 약용법

지상부를 채취하여 햇볕에 말린다. 청열 해독작용이 있어 종기와 창진을 치료한다. 요로감염이나 복통, 이질에는 말린 것을 기준으로 한 번에 2~4g을 달여서 복용한다.

■ **산나물 요리 먹는 방법**

- 이른 봄에 어린잎을 채취하여 나물로 한다.
- 봄에 어린 잎을 채취하여 끓는 물에 데쳐서 된장이나 고추장에 무쳐 먹거나 된장국 끓일 때 넣는다.

좀개미취

진해, 거담, 항균 등의 효능이 있는

키가 큰 여러해살이풀이다.

■ 식물의 형태

높이가 1.5m에서 2m에 이르는 것도 있다. 줄기는 곧게 서고 약간의 가지를 치며 온몸이 까칠까칠한 털에 덮여 있다. 봄에 뿌리로부터 자라나오는 잎은 크다.

■ 약리 효과와 효능

진해, 거담, 항균 등의 효능이 있으며 천식, 각혈, 폐결핵성 기침, 만성기관지염 등의 증세를 다스리는데 쓰인다.

■ 약초의 성질

맛이 쓰고 성질이 따뜻하고 독이 없다.

■ 약용법

뿌리에 아스테르사포닌, 시오논, 퀘르세틴, 프리델린, 프로사포게닌(Prosapogenin) 등의 성분이 함유되어 있다.

말린 약재를 1회에 2~4g씩 200ml의 물로 달이거나 또는 가루로 빻아 복용한다. 진해, 거담, 향균 등의 효능이 있다.

■ 산나물 요리 먹는 방법

- 취나물의 하나로서 흔히 채식되고 있으나 쓴맛이 강하므로 데쳐서 여러 날 흐르는 물에 우려낸 다음 말려 오래 동안 갈무리해 두었다가 조리한다.
- 우려낸 것을 햇볕에 말려 묵나물로 만들어 보관한다.

좀꿩의다리

해열, 소염 등의 효능이 있는

산야에서 자란다.

■ 식물의 형태

높이 40~120cm이고 윗부분에서 가지가 갈라진다. 잎은 2~4회 세 장의 작은잎이 나오는 겹잎이고 작은잎은 달걀 모양이며, 끝이 얕게 3개로 갈라지고 뒷면에 흰빛이 돈다.

■ 약리 효과와 효능

해열, 소염 등의 효능이 있으며 적용질환은 감기, 홍역, 복통, 설사, 이질, 종기 등이다.

■ 약초의 성질

맛은 쓰고 차갑다.

■ 약용법

타카토닌(Takatonine), 탈리크베린(Thalicberin), 탈리크틴(Thalictin), 베르베린(Berberine) 등이 함유되어 있다.

말린 뿌리를 6~9g씩, 500~700ml의 물을 넣고 반 정도가 될 때까지 달여서 하루에 3회, 식후에 마신다.

■ 산나물 요리 먹는 방법

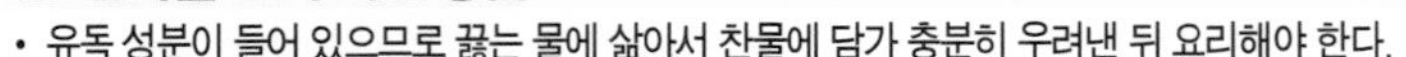

- 유독 성분이 들어 있으므로 끓는 물에 삶아서 찬물에 담가 충분히 우려낸 뒤 요리해야 한다.
- 독성식물의 하나이므로 데쳐서 흐르는 물에 오래도록 우려낸 다음 조리해야 한다.
- 어린순을 나물 또는 국거리로 해서 먹는다.

중나리

불면증과 부종에 사용하는

해안이나 산지의 풀밭에서 자란다.

■ 식물의 형태

비늘줄기는 둥글고 지름이 3~4cm이며 뿌리가 내린다. 땅속줄기는 옆으로 뻗다가 땅 위로 나오고 새 비늘줄기를 만든다.

■ 약리 효과와 효능

폐결핵으로 인한 해수에 효과가 있고, 불면증과 부종에 사용한다. 해열, 진해, 해독, 강장 등의 효능이 있다.

■ 약초의 성질

맛이 달고 약간 쓰다.

■ 약용법

가을에 채취하여 시루에 찐 다음 햇볕에 말린다. 비늘줄기에 많은 녹말과 단백질, 지방을 함유하고 있으며 캡산신(Capsanthin)이라는 성분이 있다.

말린 약재를 1회에 3~10g씩 200ml의 물로 달이거나 죽을 쑤어 복용한다.

■ 산나물 요리 먹는 방법

- 봄 또는 가을에 비늘줄기를 캐어 구워 먹거나 양념을 해서 조려 먹는다.
- 비늘줄기를 넣어 끓인 죽은 환자를 위한 자양 강장식품으로 좋다.

쥐오줌풀

진정, 진경의 효능이 있는

산지의 다소 습한 곳에서 자란다.

■ 식물의 형태

땅속에서 가는 뿌리줄기가 옆으로 뻗으면서 번식하고, 뿌리는 수염뿌리이며 쥐오줌 냄새와 비슷한 독특한 향기가 난다.

■ 약리 효과와 효능

정신불안증, 신경쇠약, 심근염, 산후심장병, 심박쇠약, 생리불순, 위경련, 관절염, 타박상에 효과가 있다. 진정, 진경의 효능이 있다.

■ 약초의 성질

맛은 맵고 쓰며 따뜻하다.

■ 약용법

보르네올, 캄펜, 발레라논, 발레리아닌, 카티닌(Chatinine) 등이 함유되어 있다. 발레리아닌과 카티닌은 진정작용을 한다.

말린 약재를 1회에 1~2g씩 200ml의 물로 달이거나 가루로 빻아 복용한다. 또한 약재를 10배의 소주에 담가 두었다가 매일 아침저녁으로 소량씩 마시는 것도 좋다.

■ **산나물 요리 먹는 방법**

- 쓴맛이 있으므로 데친 뒤 찬물에 담가서 우려내는 것이 좋다.
- 이른봄에 어린순을 나물로 해 먹는다.
- 데친 것은 말려서 묵나물로 이용한다.

참나리

백혈구감소증에 효과가 있는

산과 들에서 자라고 관상용으로 재배하기도 한다.

■ 식물의 형태

비늘줄기는 흰색이고 지름 5~8cm의 둥근 모양이며 밑에서 뿌리가 나온다. 줄기는 높이가 1~2m이고 검은빛이 도는 자주색 점이 빽빽이 있다.

■ 약리 효과와 효능

진해, 강장 효과가 있고, 백혈구감소증에 효과가 있으며, 진정 작용, 항알레르기 작용이 있다.비늘 줄기에는 녹말, 글루코만난, 비타민C 등이 함유되어 있다.

■ 약초의 성질

맛은 조금 달고 쓰며 성질은 차다.

■ 약용법

늦가을, 이른 봄에 비늘줄기를 채취하여 시루에 쪄서 햇볕에 말린다. 약재를 1회에 4~10g씩 200ml의 물로 달이거나 죽을 쑤어 복용한다.

■ 산나물 요리 먹는 방법

- 봄이나 가을에 비늘줄기를 캐어 구워 먹거나 조려 먹기도 한다. 또 지짐이의 재료로도 쓴다.
- 비늘줄기를 넣어 끓인 죽은 허약한 사람이나 환자를 위한 자양 강장식품으로 매우 좋다.

참나물

철분이 많아 빈혈예방과 치료에 탁월한

숲 속에서 자란다.

■ 식물의 형태

줄기는 높이 50~80cm이고 털이 없으며 향기가 있다. 잎은 어긋나고 잎자루는 밑부분이 넓어져서 줄기를 감싼다. 잎자루는 밑에서는 길지만 위로 가면서 점점 짧아진다. 잎은 3개의 작은잎으로 되어 있다.

■ 약리 효과와 효능

비타민A, 미네랄, 칼슘, 철분 등의 영양소가 풍부하게 들어있어 지혈, 양정, 대하, 고혈압 등을 개선한다. 또한 철분이 많아 빈혈예방과 치료에 탁월하고, 식용증진과 치매예방에 효과가 있으며 시력향상과 노화방지에도 좋다.

■ 약초의 성질

따뜻하고 맛은 달고 맵다.

■ 약용법

생즙을 내어 매일 두 잔씩 복용하면 눈이 밝아지고 체질이 개선되며 간장기능이 강화된다. 만약 생즙을 먹기 힘들 때에는 전초를 응달에 말려 두었다가 약한 불에 20분 정도 달여 먹어도 좋다.

■ 산나물 요리 먹는 방법

- 향이 좋고 잎에 윤기가 있어 봄에 연한 잎을 따다가 가볍게 데쳐서 나물로 무쳐 먹는데 때로는 날것을 그대로 무쳐 생채로 먹거나 김치 등으로 담가서 먹기도 한다.

참당귀

신체허약, 두통, 현기증에 좋은

산골짜기 냇가 근처에서 자란다.

■ 식물의 형태

높이 1~2m이고 전체에 자줏빛이 돈다. 뿌리는 크며 향기가 강하고 줄기는 곧게 선다. 뿌리잎과 밑부분의 잎은 1~3회 깃꼴겹잎이다.

■ 약리 효과와 효능

적용질환은 신체허약, 두통, 현기증, 관절통, 복통, 변비, 월경불순, 타박상 등이다.

■ 약초의 성질

맛은 달고 매우며 성질은 따뜻하다.

■ 약용법

가을에 뿌리를 캐서 깨끗이 씻어 말린다. 약재를 1회에 2~4g씩 200cc의 물로 천천히 달이거나 가루로 빻아서 하루에 3번 복용한다.

■ 산나물 요리 먹는 방법

- 약간 매운맛이 있기는 하지만 향긋하며 씹히는 맛이 좋다.
- 이른봄에 어린순을 나물로 해먹는다.
- 부드러운 줄기와 잎을 끓는 물에 살짝 데친 후 찬물에 헹구고 나물 무침을 한다.
- 장아찌를 만들거나 겉절이를 담가 먹는다.

| 약 술 | **당귀술** 당귀 150g, 소주 1000㎖, 설탕 100g, 과당 50g, 미림 25㎖

- 당귀를 잘게 썰어 용기에 넣고 20°짜리 소주를 붓고 공기가 통하지 않게 밀봉하여 시원한 곳에 보관하면 된다. 침전을 막기 위해 처음 5일 동안은 1일 1회 정도 가볍게 술을 흔들어 줘야만 한다.

참바위취

거풍, 청열, 양혈, 해독의 효능이 있는

참바위취는 그늘진 바위 겉에 붙어서 자란다.

■ 식물의 형태

높이 30cm 내외이다. 뿌리잎은 잎자루가 길고 타원형 또는 둥근 타원형으로 털이 없으며 가장자리에 톱니가 있다. 꽃줄기는 길이 25cm 정도이고 7~8월에 흰색 꽃이 원뿔형으로 달린다. 포는 잎처럼 생겼으나 작은 것이 다르다. 작은 꽃줄기는 가늘고 선모가 있다.

■ 약리 효과와 효능

거풍, 청열, 양혈, 해독의 효능이 있으며, 풍진, 습진, 중이염, 단독, 해수토혈, 폐옹, 붕루, 치질을 치료하는데 이용한다.

■ 채취시기

잎을 채취한다.

■ **산나물 요리 먹는 방법**

- 싱싱한 잎을 쌈으로 먹는다.
- 봄에 어린 잎을 채취하여 끓는 물에 삶아서 찬물에 헹구고 나물 무침을 하여 먹는다.

참반디 감기, 기관지염, 천식에 좋은

깊은 산 숲 속에서 자란다.

■ 식물의 형태

높이 15~100cm로 곧추 자란다. 뿌리잎은 잎자루가 길고 3개로 갈라진 다음 옆의 것은 다시 2개씩 갈라져서 손바닥 모양의 잎같이 보인다.

■ 약리 효과와 효능

뿌리줄기는 이뇨제 및 해열제로 쓴다. 이뇨, 거담, 해열의 효능을 가지고 있다. 적용질환은 감기, 기관지염, 천식, 소변이 잘 나오지 않는 증세 등이다.

■ 약초의 성질

맵고 달며 성질은 평하다.

■ 약용법

변두채이며 뿌리를 약재로 쓴다. 가을에 지상부를 채취하여 햇볕에 말린다. 쓰기에 앞서서 잘게 썬다. 말린 약재를 1회에 2~3g씩, 200ml의 물로 뭉근하게 달이거나 가루로 빻아 복용한다. 이뇨, 해열제, 정력제, 해수, 천식, 풍사, 골통, 도한, 대하에 좋다.

■ 산나물 요리 먹는 방법

- 이른 봄에 어린순을 나물로 해서 먹는다.
- 참나물과 비슷한 모양이나 맛은 좀 떨어진다.
- 담백하며 쓴맛이 없으므로 가볍게 데쳐서 찬물에 담갔다가 조리를 하면 된다.

참으아리

신경통과 류머티즘에 사용하는

산록 이하에서 흔히 자란다.

■ 식물의 형태

길이 5m 내외로 벋어가고 잎은 마주나며 3~7개의 작은잎으로 구성된 깃꼴겹잎이다. 작은잎은 잎자루가 있고 달걀 모양으로 3~5개의 맥이 있다.

■ 약리 효과와 효능

한방에서는 위령선이라고 하며, 진통 및 이뇨제로 신경통과 류머티즘에 사용한다. 진통, 거풍 등의 효능을 가지고 있다.

■ 약초의 성질

성질은 따뜻하고 맛은 맵고 짜며 독성이 있다.

■ 약용법

프로타네모닌(Protanemonin)이라는 자극성 성분이 함유되어 있다.

〈외용〉 편도염에 생잎 1장을 따서 1/3 크기로 자르고 나머지는 버린다. 손목 내측에 붙여 가제로 덧대어 가볍게 눌러주고 5분 정도 지나면 붙인 부위에 가벼운 통증이 느껴지면 편도염 통증이 없어진다. 붙인 잎을 떼어내고 그 부분이 조금씩 발포하여 빨갛게 되면 온수로 가볍게 씻는다.

■ **산나물 요리 먹는 방법**

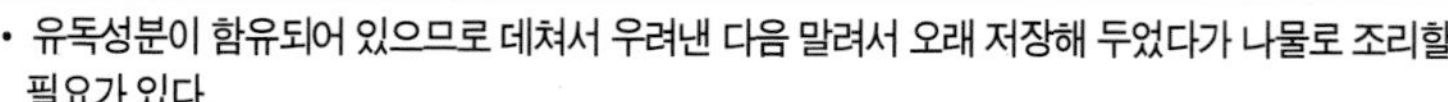

- 유독성분이 함유되어 있으므로 데쳐서 우려낸 다음 말려서 오래 저장해 두었다가 나물로 조리할 필요가 있다.
- 식용으로 하는 데에는 세심한 주의를 기울여야 하고 많이 먹는 일이 없도록 해야 한다.

청가시덩굴 혈액의 순환을 도와주는

산이나 들에서 자란다.

■ 식물의 형태

길이 5m 내외로 벋어가며 능선과 곧은 가시가 있고 가지는 딱딱하며 녹색이다. 잎은 어긋나고 넓은 달걀 모양 또는 심장형의 달걀 모양으로 5~7개의 맥이 평행으로 나며 얇고 윤기가 있다.

■ 약리 효과와 효능

적용질환은 관절염, 요통, 풍과 습기로 인한 관절의 통증, 종기 등이다.

■ 약초의 성질

맛은 달고 담백하며 성질은 평하며 독이 없다.

■ 약용법

일년내내 채취가 가능하나 일반적으로 봄, 가을 2회 뿌리를 포함한 전초를 굴취하여 비늘잎을 제거하고 햇볕에 건조하다. 깨끗이 씻고 물에 담궈 부드럽게 되면 근두를 떼어내고 잘게 썰어서 햇볕에 말린다. 말린 약재를 1회에 2~4g씩 200cc의 물로 뭉근하게 달이거나 가루로 빻아 하루에 3번 복용한다.

■ 산나물 요리 먹는 방법

- 밀나물과 마찬가지로 연한 순을 나물로 해서 먹는다. 맛이 좋다.
- 여름에 떡을 잎으로 싸서 보관하면 잘 상하지 않는다.

참죽나무

각종 독소를 체외로 배출시키는

참죽나무는 중국 원산이다.

■ 식물의 형태

높이 20m에 달하고 독특한 냄새가 난다. 줄기는 얕게 갈라지며 붉은색이고 가지는 굵고 적갈색이다. 잎은 어긋나고 깃꼴겹잎이다.고 암술은 1개이다.

■ 약리 효과와 효능

단백질과 아미노산 함량이 풍부하고 비타민B1, B2, C, 칼슘, 마그네슘 등이 들어 있다. 참죽순은 맛이 쓰고 약간 독이 있기 때문에 신체의 면역력 높여준다. 또한 소염, 해독, 살충작용이 있어 장염, 이질, 종기 등을 치료하고 폐렴구균, 장티푸스균, 이질균, 포도상구균, 대장균, 곰팡이균 등을 억제한다.

■ 약초의 성질

성질은 따뜻하고 맛은 매우며 독이 약간 있다.

■ 약용법

계속되는 설사, 혈변, 탁한 소변, 출산 후 계속되는 출혈에 말린 것 10g을 물 700㎖에 넣고 달여서 마신다.

■ **산나물 요리 먹는 방법**

• 어린잎을 생으로 또는 살짝 데쳐서 나물로 먹으며 전을 부치거나 찹쌀풀을 발라 말려 튀기거나 장에 박아 장아찌를 담가 먹기도 한다.

참취

두통과 현기증에 효능이 있는

산이나 들의 초원에서 자란다. 동풍채근. 산백채, 백운초라고도 부른다.

■ 식물의 형태

높이 1~1.5m로 윗부분에서 가지가 산방상으로 갈라진다. 뿌리잎은 자루가 길고 심장 모양으로 가장자리에 굵은 톱니가 있으며 꽃필 때쯤 되면 없어진다.

■ 약리 효과와 효능

맛이 달고 매우면서 향기가 진하다. 성질이 따뜻하고 독이 없기 때문에 혈액순환을 촉진시켜 통증을 멎게 해준다. 요통, 칼로 인한 상처, 독사에 물린 상처, 부스럼, 장염으로 나타나는 복통, 골절동통, 타박상, 황달, 간염, 소화불량 등에 좋다.

■ 약초의 성질

맛은 맵고 성질은 따뜻하다.

■ 약용법

말린 잎 15~20g을 달여서 복용하며, 뿌리는 15~30g을 달여서 복용하거나 술에 담가서 사용한다. 소풍, 행기, 활혈, 지통의 효능이 있다.

■ 산나물 요리 먹는 방법

- 흔히 말하는 취나물로 대표적인 산나물이다.
- 어린잎을 나물이나 쌈으로 해서 먹는다.
- 데쳐서 말려두었다가 수시로 나물로 무쳐 먹기도 한다. 정월 대보름날에 먹는 취나물이 바로 이것이다.

청미래덩굴 이뇨, 해독, 거풍 등의 효능이 있는

산지의 숲 가장자리에서 자란다.

■ 식물의 형태

굵고 딱딱한 뿌리줄기가 꾸불꾸불 옆으로 길게 벋어간다. 줄기는 마디마다 굽으면서 2m 내외로 자라고 갈고리 같은 가시가 있다.

■ 약리 효과와 효능

적용질환으로는 근육이 굳어져 감각이 없어지는 증세, 관절통증, 장염, 이질, 수종, 임파선염, 대하증 등이다.

■ 약초의 성질

맛은 달고 싱거우며, 성질은 평하다.

■ 약용법

파릴린(Parillin), 스밀라신(Smilacin), 사포닌(Saponin)이 함유되어 있다.

봄에 연한 순을 채취한다. 가을 또는 이른 봄에 채취하여 햇볕에 잘 말린다. 말린 뿌리 15~30g에 물 약1.5L를 붓고 약불로 달여 하루 3번 먹는다. 간경, 위경에 작용한다.

■ 산나물 요리 먹는 방법

- 봄에 연한 순을 나물로 먹는다.
- 옛날에는 흉년에 뿌리줄기를 캐어서 녹말을 만들어 먹었다고 한다.

초피나무 신경통, 타박상, 종기에 좋은

산 중턱 및 산골짜기에서 자란다.

■ 식물의 형태

높이 3~5m 정도이다. 턱잎이 변한 가시가 잎자루 밑에 1쌍씩 달리며 가시는 밑으로 약간 굽는다.

■ 약리 효과와 효능

한방에서는 열매의 껍질을 치한, 거비폐사, 골통 등의 증상에 치료제로 사용하고 회충의 구충제로도 이용한다.

■ 약초의 성질

맛은 맵고, 성질은 따뜻하고, 약간 독이 있다.

■ 약용법

신경통, 타박상, 종기에 말린 것을 가루 내어 밀가루에 반죽해서 바른다. 탈모에 생즙을 내어 바른다.

말린 약재 2~5g에 물 500ml를 넣고 약한 불에서 반으로 줄 때까지 달여 하루 2~3회 나누어 마신다.

■ 산나물 요리 먹는 방법

- 어린잎으로 장아찌를 담그거나 향신료로 쓴다.
- 열매껍질 가루를 향신료로 사용한다.
- 어린 잎을 삶아서 나물 무침을 하거나 전을 부쳐 먹는다.

| 약 차 | 초피나무차

- 끓는 물에 살짝 데쳐 껍질을 제거하고 볶아서 잘게 부순 뒤 천초(초피나무 열매)말, 향유, 소금, 유병 등을 넣고 빻아서 끓는 물에 타서 마신다.

칡

두통, 고혈압, 뒤통수가 당기는 증세에 좋은

칡은 다년생 식물로서 겨울에도 얼어 죽지않고 대부분의 줄기가 살아남는다.

■ 식물의 형태

줄기는 매년 굵어져서 굵은 줄기를 이루기 때문에 나무로 분류된다. 산기슭의 양지에서 자란다.

■ 약리 효과와 효능

발한, 해열 등의 효과가 있다. 고열, 두통, 고혈압, 뒤통수가 당기는 증세, 설사, 이명 등의 치료약으로 쓴다.

■ 약초의 성질

달고 매우며, 성질은 평하고 서늘하다.

■ 약용법

뿌리와 꽃을 각기 약재로 쓴다. 다이드제인(Daidzein), 다이드진(Daidzin) 등의 성분이 함유되어 있다. 뿌리는 1회에 4~8g ,꽃은 2~4g을 200ml의 물로 달이거나 가루로 빻아 복용한다.

■ 산나물 요리 먹는 방법

- 봄에 어린순과 땅속의 비늘줄기를 삶아 나물로 먹는다.
- 새 덩굴의 순과 꽃봉오리를 채취하여 끓는 물에 살짝 데친 후 찬물에 담가 우려내고 나물 무침을 한다.

| 약 술 | 칡술 칡 1kg, 소주 3~6 l

• 굵고 두꺼운 갈근을 깨끗이 씻어 5cm길이로 토막을 내고, 또 5cm두께로 잘라 말린다. 이 재료를 용기에 넣고 소주를 붓는다. 갈근은 소주를 빨아들이기 때문에 나중에 소주를 더 넣어도 무방하다.

| 약 차 | 갈근차 갈근 20g, 물 10컵

• 말린 칡을 맑은 물에 헹궈 끓는 물에 넣고 중불에서 끓인 후 약한 불에서 15분 정도 끓이면 된다.

털중나리

피로회복, 위장병에 좋은

산의 높이가 1,000m 이하인 전역에서 자라는 다년생 초본이다.

■ 식물의 형태

생육특성은 양지 혹은 반그늘의 모래 성분이 많은 곳에서 자란다. 키는 50~80cm이다.

■ 약리 효과와 효능

강장, 자양, 건위, 소종 및 피로회복에 위장병에 좋기, 그리고 각종 염증에 효능이 좋고 그 외로 여러 가지 효능을 가지고 있다.

■ 약초의 성질

평하고 맛은 달며 약간 쓰고 독이 없다.

■ 약용법

늦가을이나 이른 봄 싹이 올라오기 전에 뿌리와 줄기를 채취하여 깨끗이 씻는다. 비늘조각을 끓는 물에 잠깐 담갔다가 건져내거나 살짝 쪄서 불에 쬐거나 햇볕에 말린다. 알뿌리 15~20g을 1회분 기준으로 쪄서 1일 2~3회씩 10일 정도 복용하면 강장보호에 좋다.

■ 산나물 요리 먹는 방법

• 봄에 어린순과 줄기를 채취하여 사용한다.

풀솜대

신체허약증, 두통에 좋은

풀솜대는 전국 각처 산중에 자라는 다년생 초본이다.

■ 식물의 형태

생육환경은 반그늘과 부엽질이 많은 토양에서 잘 자란다. 키는 20~50㎝이고, 잎은 길이 6~15㎝, 폭 2~5㎝로서 줄기를 따라 두 줄로 나 있다.

■ 약리 효과와 효능

적용질환으로는 신체허약증, 두통, 풍습으로 인한 통증, 발기력부전, 월경불순, 유선염, 타박상 등이다.

■ 약초의 성질

달고 쓰고 따뜻하다.

■ 약용법

약재를 말려서 1회에 3~6g씩 200cc의 물로 달이거나 가루로 빻아 복용한다. 타박상에는 생뿌리줄기를 짓찧어 환부에 붙이거나 말린 것을 가루로 빻아 기름에 개어서 바른다.

■ 산나물 요리 먹는 방법

- 어린순을 데쳐서 쌈으로 먹고, 다른 산나물과 된장이나, 간장, 고추장에 무쳐먹는다.
- 비빔밥에 넣거나, 묵나물로 먹기도 한다.
- 우려낸 것은 말려서 묵나물로 이용한다.

키다리난초 강심, 진정의 효능이 있는

여러해살이풀로 지생란이다.

■ 식물의 형태

꽃은 6-7월에 피고 열매는 7-8월에 익는다.

깊은 산 숲 속에서 자라는 여러해살이풀이다. 줄기 높이는 18-37cm이고, 덩이줄기는 난상 구형이다. 길이 6-10cm, 폭 2-4cm인 좁은 타원형의 잎 2장이 줄기 밑 부분을 감싼다. 꽃은 6-7월에 피며, 연한 자주색이다.

■ 약리 효과와 효능

뿌리가 달린 전초를 양이산이라 하며 약용한다. 활혈, 조경, 지통, 강심, 진정의 효능이 있다. 붕루, 백대, 산후복통의 치료에 쓰이며 외상급구에도 쓰인다.

■ 약초의 성질

맛은 떫고, 성질은 평범하다.

여름, 가을에 채취하여 깨끗하게 씻어서 햇볕에 말린다.

■ 약용법

여름에서 가을 사이에 전초를 채취하여 깨끗하게 씻어서 햇볕에 말린다. 9g을 달여 마신다.

■ 산나물 요리 먹는 방법

- 전초는 약용해 마신다.
- 9g을 달여 마신다. 혹은 황주로 조복한다.

합다리나무 몸의 열을 내리게 하는

바닷가 산기슭 양지바른 곳에 자라는 큰키나무이다.

■ 식물의 형태

줄기는 높이 8-15m이다. 어린 가지에 갈색 털이 난다. 잎은 어긋나며, 작은잎 9-15장으로 된 깃꼴겹잎이다. 작은잎은 난형 또는 타원형, 길이 5-10cm, 폭 2-3cm이다. 잎 질은 조금 가죽질이고, 가장자리에 톱니가 있다. 꽃은 6-7월에 피며, 가지 끝에서 난 길이 원추꽃차례에 달리고, 흰색이다.

■ 약리 효과와 효능

콰시인(quassin)이라는 성분을 많이 함유되어 있어 매우 쓴맛을 가지고 있는데 이 콰시인(quassin)이 몸의 열을 내리게 하고 습을 제거해 주는 효과가 있다.

■ 채취시기

새순을 채취하여 사용한다.

■ **산나물 요리 먹는 방법**

- 새순을 데쳐서 나물로 먹거나 된장국을 끓여 먹는다.

황벽나무

건위, 정장, 해열, 해독, 진통 등의 효능이 있는

황경피나무라고도 한다. 산지에서 자란다.

■ 식물의 형태

높이 20m에 달하고 나무껍질에 연한 회색으로 코르크가 발달하여 깊은 홈이 진다. 잎은 마주달리고 홀수깃꼴겹잎이다.

■ 약리 효과와 효능

건위, 정장, 수렴, 지사, 해열, 해독, 진통 등의 효능을 가지고 있다. 적용질환은 소화불량, 설사, 복통, 황달, 간염, 간경화증, 소변이 잘 나오지 않는 증세, 자궁출혈 등이다.

■ 약초의 성질

맛은 쓰고 차가우나 독은 없다.

■ 약용법

한여름에 겉껍질은 제거하고 내피를 햇볕에 건조한다. 황백피 150g을 물 4L에 넣고 초음엔 센 불로 달이다가 약한 불로 달이는 방법으로 반이 될 때까지 달인다. 아침, 저녁으로 공복에 120~130ml정도의 양을 복용한다. 또는 환제, 산제로 하여 쓴다.

■ 산나물 요리 먹는 방법

• 어린잎을 데쳐서 나물로 먹는다.

통둥굴레 혈압과 혈당을 낮추는 작용을 하는

땅속을 옆으로 뻗어나가는 굵은 뿌리줄기를 가진 여러해살이풀이다.

■ 식물의 형태

줄기는 비스듬히 서서 높이 30~50cm 정도로 자라며 가지는 전혀 치지 않는다. 잎은 타원 꼴 또는 길쭉한 타원 꼴이다.

■ 약리 효과와 효능

뿌리줄기의 주성분은 비타민 A, 전분, 점액질 등이며, 칸베라, 켐페롤 등의 배당체가 들어 있다. 한방에서는 둥글레의 뿌리줄기 말린 것을 '위유' 라고 하며 위유는 강장강정, 치한, 해열에 효과가 있을 뿐만 아니라 혈압과 혈당을 낮추는 작용을 하여 장기간 복용하면 안색과 혈색이 좋아진다고 한다. 또한, 번갈, 당뇨병, 심장쇠약 등의 치료에 사용한다.

■ 약초의 성질

평하고 맛은 달며 독이 없다.

■ 약용법

2월~8월에 뿌리를 채취하고 햇볕에 말려 사용한다. 말린 약재를 1회에 4~6g 씩 200ml의 물로 달이거나 가루로 빻아 장기간 복용 복용하는 것이 좋다.

■ 산나물 요리 먹는 방법

- 아직 잎이 펼쳐지지 않은 어린순을 나물로 하는데 부드럽고 단맛이 있어 살짝 데치기만 하면 된다.
- 살찐 땅속줄기는 무릇처럼 고아서 먹거나 잘게 썰어 쌀과 섞어 밥을 지어먹기도 한다.

화살나무

가지와 잎으로 암치료에 사용되는

산야에서 흔히 자란다.

■ 식물의 형태

높이 3m에 달하고 잔가지에 2~4개의 날개가 있다. 잎은 마주달리고 짧은 잎자루가 있으며, 타원형 또는 달걀을 거꾸로 세운 모양으로 가장자리에 잔 톱니가 있다.

■ 약리 효과와 효능

월경불순, 산후어혈복통, 동맥경화, 혈전 등에 사용한다. 최근에는 민간요법으로 가지와 잎을 따서 암 치료에 사용한다.

■ 약초의 성질

맛은 쓰고 성질은 차다.

■ 약용법

어느 때든지 채취할 수 있으며 줄기나 가지를 채취하여 말린 다음 잘게 썰어서 쓴다. 말린 약재를 1회에 2~4g씩 200ml의 물로 뭉근하게 달이거나 가루로 빻아 복용한다. 혈액순환, 염증, 여러가지 출혈과 어혈에 좋다. 임산부는 복용하지 않도록 한다.

■ 산나물 요리 먹는 방법

- 어린잎을 나물로 하거나 잘게 썰어 쌀과 섞어서 밥을 지어먹는다.
- 먹을 만하나 약간 쓴맛이 나므로 데쳐서 잠시 흐르는 물에 우렸다가 조리한다.

파드득나물 갑상선종 등에 약재로 쓰는

반디나물이라고도 한다.

■ 식물의 형태

산지에서 자란다. 높이 30~60cm이다. 줄기는 곧추서고 약간 갈라지며 전체에 털이 없고 향기가 있다. 줄기와 잎은 녹색이고 뿌리는 굵다. 잎은 어긋나고 잎자루가 5~17cm로 길며 3개의 작은잎으로 되는데 뒷면에 윤기가 있다.

■ 약리 효과와 효능

어린잎은 식용하고 야채로 재배하기도 한다. 여름에 채취한 것은 그늘에 말려서 갑상선종 등에 약재로 쓴다.

■ 약초의 성질

쓰고 맵다.

■ 약용법

어린잎을 채취하여 사용한다. 기온이 높아지는 4월 이후에는 수시로 파종해 이용할 수 있다. 열매는 5~9g을 차로 달여마신다. 전초는 1일 4~15g을 달여서 마신다. 소염, 활혈, 소종, 해독, 지해, 거담작용이 있다.

■ 산나물 요리 먹는 방법

- 파드득나물의 향미는 열을 가하면 쉽게 파괴되므로, 대부분 날것으로 먹거나 조리의 마지막 단계에 넣는다.
- 파드득나물의 잎과 새싹은 스시 롤, 샐러드, 국수 요리 등에 산뜻하고 엽록소가 풍성한 맛을 더해준다.

헛개나무

혈중 알코올 농도를 낮춰 주는 효과가 입증된

뿌리를 (지구근) 줄기 껍질을 (지구목) 헛개 나무의 잎은 (지구엽) 이라고 한다.

■ 식물의 형태

높이 10m이고 수피는 검은빛을 띤 회색으로 세로로 갈라지고 벗겨진다. 잎은 어긋나고 넓은 달걀모양 또는 타원모양으로 가장자리에 잔거치가 있다.

■ 약리 효과와 효능

헛개나무 열매에는 포도당, 사과산, 칼슘을 비롯 후라구라닌, 호베닌, 호베느시드 , 하벤산 등의 유효성분이 다량 함유되어 있다. 혈중 알코올 농도를 낮춰 주는 효과가 이미 입증되었으며 숙취해소 및 간손상을 최소화하여 간기능 향상에도 좋고 간의 대사작용을 향상시켜 준다.

■ 약초의 성질

맛은 달고 성질은 평하다.

■ 약용법

말린 열매 9~15g을 달여 복용한다. 또는 술에 담그거나 환제로 복용한다. 사지마비, 류머티즘에 의한 마비를 치료한다.

뿌리는 신선한 것 120~250g을 달여 복용하거나 육류와 같이 삶아서 먹는다. 허로토혈(虛勞吐血), 류머티즘에 의한 근골통을 치료한다.

■ 산나물 요리 먹는 방법

- 어린잎을 데쳐서 쌈으로 먹거나 생것을 소금물에 삭혔다가 장에 박아 장아찌를 담가 먹는다.
- 나무껍질과 열매를 말렸다가 차를 끓여 마신다.

호장근 어혈을 풀어주는

산지에서 자란다. 호장근, 산장, 고장, 반장이라고도 한다.

■ 식물의 형태

뿌리줄기가 옆으로 자라면서 새싹이 돋아 포기를 형성하며 높이 1m 내외로 자란다. 잎은 어긋나고 난형이다.

■ 약리 효과와 효능

이뇨, 거풍, 소종 등의 효능이 있으며 어혈을 풀어준다. 적용질환은 풍습으로 인한 팔다리 통증, 골수염, 임질, 황달, 간염, 수종, 월경불순, 산후에 오로가 잘 내리지 않는 증세, 타박상, 종기, 치질에 쓰인다.

■ 약초의 성질

약간 따뜻하고(평하다고도 함) 맛은 쓰며 독이 없다.

■ 약용법

이른봄 또는 늦가을에 채취하여 햇볕에 말려서 잘게 썬다.

뿌리줄기를 햇볕에 말린 약재를 1회에 4~10g씩 200cc의 물로 달이거나 가루로 빻아 하루에 3번 복용한다.

〈외용〉 타박상, 종기, 치질에는 말린 약재를 가루로 빻아 기름에 개어 환부에 바른다.

■ 산나물 요리 먹는 방법

- 어린순을 나물로 하거나 생것을 먹기도 한다.
- 약간 미끈거리며 신맛이 나는 담백한 풀로 씹히는 느낌이 좋다. 데쳐서 나물로 하는 이외에 국거리로 먹기도 한다. 신맛은 수산에 인한 것이므로 날것을 많이 먹는 것은 좋지 않다.

홀아비꽃대 혈액순환을 원활하게 해주는

홀아비꽃대는 전국의 산지에서 자라는 다년생 초본이다.

■ 식물의 형태

생육환경은 양지와 반그늘이고 토양이 푹신할 정도로 낙엽이 많고 부엽질이 풍부한 곳에서 자란다.

■ 약리 효과와 효능

전초와 뿌리줄기에 사포닌, 쿠마린, 알칼로이드 등이 들어있고 뿌리줄기와 잎에는 정유성분이 함유되어 있다. 뿌리는 이뇨제와 통경제 등으로 사용한다. 전초를 은선초라고 부르며 약용으로 쓰인다.

■ 약초의 성질

맵고 쓰며 따뜻하다.

■ 약용법

말린 약재를 1회에 0.5~1g씩 200ml의 물로 달이거나 곱게 가루로 빻아 복용한다. 하루 용량은 1.5~3g이다.

〈외용〉 멍을 풀어주기 위한 경우에는 위와 같은 요령으로 내복하며 생풀을 짓찧어서 환부에 붙이는 것이 효과적이다..

■ 산나물 요리 먹는 방법

• 대궁이까지 뜯어 삶아 먹는다, 대궁이는 두릅맛과 비슷하다

가시연꽃 소변과 설사를 다스려 주는

검인 수련과 한해살이 수생식물 가시연꽃의 성숙한 종자이다.

■ 식물의 형태

뿌리줄기는 짧고 수염뿌리가 많다. 전신에 가시가 있고 원주형의 잎자루가 길다. 잎은 둥글거나 둥근 방패형으로 지름이 60~130cm정도이다.

■ 약리 효과와 효능

신을 보익하고 정을 튼튼히 하는 효능과 설사를 그치고 소변이 너무 잦을때 하초의 기운을 공고히 하여 이를 다스리는 효능이 있다.

■ 약초의 성질

맛이 달고 떫으며, 성질이 평하다.

■ 약용법

봄에 연한 순을 채취하여 사용한다.

약용으로는 9~10월에 성숙한 열매를 채취한다. 종자를 찐 다음 햇볕에 말리면 자연적으로 껍질이 터진다. 이것을 절구통에 넣고 짓찧어 가루로 만들어 사용한다.

■ **산나물 요리 먹는 방법**

- 어린 잎줄기와 뿌리줄기를 나물로 먹는다.
- 잎줄기에는 가시가 있어서 껍질을 벗긴 후에 끓는 물에 삶아서 나무을 해서 먹는다.

뽕나무

폐에 열을 내려 천식증을 없애주는

뽕나무과 갈잎큰키나무 뽕나무의 뿌리이다.

■ 식물의 형태

작은 가지는 회색빛을 띄는 갈색 또는 회색으로 잔 털이 있으나 점차 없어진다. 잎은 달걀모양 원형 또는 긴 타원 모양이며 3~5개로 갈라지고 길이 10cm이다.

■ 약리 효과와 효능

폐에 열을 내려 천식증을 없앤다. 소변을 잘 보게 하여 붓기를 제거한다. 주로 폐열기침, 수종, 적은 소변, 얼굴과 눈 그리고 피부 부종 등을 치료한다.

■ 약초의 성질

맛은 달고 차가운 성질이 있다. 폐경에 속한다.

■ 약용법

봄에 연한 순을 채취하여 사용한다.

약용으로는 가을 말부터 다음 해 봄에 뿌리를 캐서 황갈색의 껍질을 벗겨 뿌리 껍질을 채취한다. 햇볕에 말리고 깨끗이 씻어 채를 썰어 말린다.

■ 산나물 요리 먹는 방법

- 어린잎을 갈아서 녹즙으로 마시거나 국수를 끓여 먹는다.
- 잎을 삶아서 쌈채로 쓰거나 나물 무침을 하며 장아찌를 만들어 먹는다.
- 삶은 것을 말린 후 튀겨서 부각을 만든다.

치자나무

가슴이 답답하여 잠을 못잘 때 효능

꼭두서니과 늘푸른떨기나무 치자나무의 열매와 뿌리이다.

■ 식물의 형태

높이가 2m정도로 자라고 뿌리가 옅은 노란색이다. 줄기는 가지를 많이 뻗는다. 잎은 마주달리거나 타원형 또는 바소꼴이고 혁질인데, 광택이 있고 턱잎은 막질이다. 꽃은 가지 끝에서 하나 또는 잎 뿌리에서 나고 꽃받침은 녹색이며, 원통 모양이다. 산비탈의 온난한 저습지에서 자생한다.

■ 약리 효과와 효능

화기를 사하여 해독하고, 열을 꺼주고 습사를 제거하는 효능과 혈을 식히고 어혈을 풀어준다.

■ 약초의 성질

맛이 쓰고, 성질이 차갑다.

■ 약용법

봄에 연한 순을 채취하여 사용한다.

약용으로는 가을철에 열매를 채취해 약간 찌거나 삶아서 햇볕에 말린다.

■ **산나물 요리 먹는 방법**

- 꽃을 생으로 먹기도 하며 삶아서 물에 헹군 후 초버무림이나 무침 나물을 해서 먹는다.

한국인의 음식보약 산나물 들나물!

보약이 되는 들나물

가락지나물 기침과 인후염의 치료약으로도 사용하는

쇠스랑개비라고도 한다.

■ 식물의 형태

들의 습기 있는 곳에서 자란다. 높이는 20~60cm로 하반부가 비스듬히 누워 자란다. 뿌리잎은 긴 잎자루를 가진 손바닥 모양 겹잎이고 줄기에는 잎이 3개씩 달린다.

■ 약리 효과와 효능

해열, 진해, 해독, 소종 등의 효능이 있다. 적용질환은 열이 나는 경우 해열제로 쓰이며 기침과 인후염의 치료약으로도 사용한다.

■ 약초의 성질

약간 차고 맛은 쓰며 독이 없다.

■ 약용법

꽃이 피어 있을 때에 채취하여 볕에 말리거나 생풀을 쓰는 경우도 있다. 사용 전에 잘게 썬다. 뿌리를 포함한 모든 부분을 약재로 쓴다. 말린 약재를 1회에 2~4g씩 200cc의 물로 달여 하루 3회 복용한다.

■ 산나물 요리 먹는 방법

- 봄에 일찍 갓 자라난 연한 줄기와 잎을 캐어다가 나물로 먹는다.
- 쓴맛이 나므로 끓는 물에 데친 다음 3~4시간 찬물로 우려낸 뒤에 사용해야 한다.

각시취

고혈압, 관절염에 좋은

산지의 양지바른 풀밭에서 자란다.

■ 식물의 형태

줄기 높이는 30~150cm로 곧게 자라며 잔털이 있다. 뿌리에 달린 잎과 밑동의 잎은 꽃이 필 때까지 남아 있거나 없어진다. 줄기에 달린 잎은 길이가 15cm 정도로 긴 타원형이며 깃꼴로 6~10쌍씩 갈라진다. 양면에 털이 나고, 뒷면에는 액이 나오는 점이 있다.

■ 약리 효과와 효능

다른 이름으로는 가는각시취, 고려솜나물, 나래솜나물, 나래취, 민각시취, 참솜나물, 큰잎솜나물, 흘각시취라고도 하며 한방에서 항염제로 쓰이고, 고혈압, 간염, 관절염을 치료하는 데 쓰인다.

■ 약초의 성질

맛은 매우며 쓰고 성질이 차며 독이 없다.

■ 약용법

하루 10~15g을 사용하는데 물 1L를 붓고 달여서 2~3회로 나누어서 복용하한다. 혈이 허하고 기가 약한 사람은 많이 복용해서는 안 된다.

■ 산나물 요리 먹는 방법

- 이른 봄에 갓 자라난 어린 싹을 나물로 해서 먹는다.
- 삶아서 나물 무침을 하여 먹는다.
- 삶은 것을 말려서 묵나물로 이용한다.

개망초

소화불량과 장염으로 인한 복통, 설사에 좋은

두해살이풀로 겨울을 나고 이듬해 초여름에 꽃을 피운 다음 말라 죽어버린다.

■ 식물의 형태

줄기는 꼿꼿하게 서서 60cm 안팎의 크기로 자라며 위쪽에서 가지가 갈라진다.

■ 약리 효과와 효능

개망초 전초는 소화불량과 장염으로 인한 복통, 설사에 좋고 또한 전염성 간염, 림프절염, 피오줌 등에 효과가 있다.

■ 약초의 성질

맛이 싱겁고 약간 쓴 맛이 나며 성질이 평하다.

■ 약용법

3~5월 개화 전에 채취하여 햇볕에 말린다. 전초를 15~30g을 달여서 복용한다. 혹은 즙을 내어서 복용한다. 소화불량, 장염의 설사, 전염성 간염, 임파절염, 혈뇨를 치료한다.

■ 산나물 요리 먹는 방법

• 잎이 연하고 부드럽기 때문에 한창 자라나는 초여름까지 새순을 뜯어 나물이나 국을 끓여 먹을 수 있다.

• 살짝 데쳐 소금만 넣어서 먹어도 색다른 향과 맛을 즐길 수 있다. 잎이 약간 세다고 생각하면 된장국으로 끓여 먹는다.

• 개망초의 맛을 즐기려면 소금만 넣어서 먹을 수 있고 나물맛을 원하면 보통 나물과 같이 양념을 해서 무쳐 먹는다.

개비름

설사를 멈추게 하는 작용이 있는 한해살이풀이다.

■ 식물의 형태

연한 줄기는 밑동에서 갈라져 높이 30cm 안팎에 이르게 비스듬히 자라 올라간다. 잎은 서로 어긋나게 자리하며 길이는 1~5cm로서 마름모에 가까운 계란형이다.

■ 약리 효과와 효능

비름은 약재로 쓰고 있으나 이 풀은 쓰이지 않는다. 다만 민간에서 설사를 멈추게 하는 작용이 있다고 알려져 있다.

■ 약초의 성질

성질이 차고 맛이 달며 독은 없다.

■ 약용법

8~9월에 전초를 채취 햇볕에 말려 사용한다. 꽃을 포함한 모든 부분을 약으로 쓴다. 말린 풀을 1회에 4~10g 정도씩 200cc의 물에 넣어서 반 정도가 될 때까지 달여서 복용한다.

■ 산나물 요리 먹는 방법

- 어린 순과 잎을 식용한다.
- 맛이 순하고 부드러워 나물로 먹거나 국으로 이용하기에 좋다.

| **약 죽** | 쇠비름죽 말린 쇠비름 60g, 멥쌀 80g

- 멥쌀을 물에 불려둔다. 쇠비름을 다듬은 후 깨끗하게 씻는다. 질그릇냄비에 넣어 물을 붓고 죽을 쑨다.

가지 강력한 항산화력을 가지고 있는

대에서는 한해살이풀이나 열대에서는 여러해살이풀이다.

■ 식물의 형태

인도 원산이며, 열대에서 온대에 걸쳐 재배한다. 높이는 60~100cm로, 식물 전체에 별 모양의 회색털이 나고 가시가 나기도 한다. 줄기는 검은 빛이 도는 짙은 보라색이다.

■ 약리 효과와 효능

가지에는 강력한 항산화력을 가지고 있는 피토케미컬 안토시아닌, 레스베라트롤이라는 성분이 함유되어 있는데, 이 성분들은 발암물질을 억제하는 효능이 탁월하다. 또한 가지는 위와 장에 쌓인 기름기를 배출해주는 효능이 있어 대장암과 위암을 예방하는데 특히 좋다.

■ 약초의 성질

성질이 차고 달며 독이 없다.

■ 약용법

소변이 잘 나오지 않을 때에 말린 가지를 가루내어 하루에 4g씩 먹으면 좋다.

〈외용〉 타박상, 염좌, 가벼운 화상에는 냉장고에 차게 한 가지를 붙이면 염증이 가라앉는다.

■ 산나물 요리 먹는 방법

- 열매를 쪄서 나물로 먹거나 전으로 부치고, 가지찜을 해서 먹는다.

갓

눈과 귀를 밝게 하는

한자로 개채 또는 신채라고도 한다.

■ 식물의 형태

중국에서는 BC 12세기 주나라 때 이 종자를 향신료로 사용하였다고 하며, 한국에서도 중국에서 들여온 채소류로 널리 재배한다.

■ 약리 효과와 효능

동의보감에 따르면 갓은 사람의 몸에 있는 아홉 구멍을 통하게 한다' 하여, 신장의 나쁜 독을 없애주고, 눈과 귀를 밝게 하며 대소변을 원활하게 해준다고 기록되어 있으며, 가래를 없애주고 위장의 기능을 돕는 기능이 기록되어있다. 또한 다른 채소에 비해 단백질 함량이 높고, 비타민A와 C, 철분, 특히 엽산이 많은 것이 특징이다.

■ 약초의 성질

맛은 맵고 달며 성질은 따뜻하다.

약용법

봄, 가을, 가을에 더 많이 채취한다. 갓의 종자 3~9g 또는 잎줄기 10~15g을 물 800ml에 넣고 달여서 반으로 나누어 아침, 저녁으로 복용한다.

■ 산나물 요리 먹는 방법

- 잎은 주로 김치와 나물로 쓰는데 향기와 단맛이 있으며 적당히 매운맛도 있다.
- 종자는 가루로 만들어서 향신료인 겨자 또는 약용인 황개자)로 쓴다.

갯메꽃 류마티스, 관절염에 좋은

우리나라 각처의 해안가에서 자란다.

■ 식물의 형태

덩굴성 다년생 초본으로 꽃은 5-6월에 핀다. 바닷가 모래땅에 흔하게 자라는 해안 사구식물이다.

땅속줄기는 굵고, 옆으로 길게 뻗는다. 줄기는 땅 위를 기거나 다른 물체를 감고 올라가며, 길이 30-80cm다.

■ 약리 효과와 효능

뿌리를 효선초근이라고 하며, 이뇨, 진통에 효능이 있고 류마티스, 관절염, 소변불리, 인후염, 기관지염을 치료한다.

■ 약초의 성질

맛은 쓰고 성질은 차다.

■ 약용법

여름에 뿌리가 있는 전초를 채취하여 햇볕에 말린다. 말린 약재를 1회에 7~13g씩 200ml의 물에 넣어 달여서 하루 3회 복용한다.

■ 산나물 요리 먹는 방법

- 어린 새순을 채취하여 생으로 쌈채로 이용하거나 겉절이를 담근다.
- 샐러드에 곁들여서 넣는다.

갯기름나물 열을 내리게 하며 진통작용을 하는

사철 푸른 잎을 가지는 세해살이풀로 해변의 바위틈에 난다.

■ 식물의 형태

높이 60cm 정도로 자라는 줄기는 굵고 강하다. 여러 개의 가지를 쳐가며 곧게 자라 올라가는 습성을 가지고 있다. 잎은 깊게 세 개로 갈라지고 갈라진 조각은 다시 세 개로 얕게 갈라진다.

■ 약리 효과와 효능

땀을 나게 하고 열을 내리게 하며 진통작용을 한다. 적용질환은 감기로 인한 발열, 두통, 신경통, 중풍, 안면신경마비, 습진 등이다.

■ 약초의 성질

따뜻하며 맛이 달고 매우며 독이 없다.

■ 약용법

말린 약재를 1회에 2~4g씩 200ml의 물로 달여서 복용한다.

〈외용〉 습진은 달인 물로 환부를 닦아낸다.

■ 산나물 요리 먹는 방법

- 어린순을 나물로 해먹는다.
- 떫고 매운맛이 있으므로 데친 다음 하루 동안 물에 담갔다가 우려낸 뒤에 조리해야 한다.
- 씹는 느낌이 좋고 향긋한 맛을 가지고 있기는 하지만 독성분이 함유되어 있어서 잘 우려내야 한다.

| 약 차 | 방풍차 방풍 10g, 물 700ml.

• 끓기 시작하면 약불로 줄여 30분 정도 달여준 후 아침, 저녁 식간(식사와 식사 사이)에 증상이 호전될 때까지 음용한다. (1일 2회, 1회 100ml씩 음용)

갯방풍

폐를 맑게 해주는

해방풍, 빈방풍, 해사삼이라고도 한다.

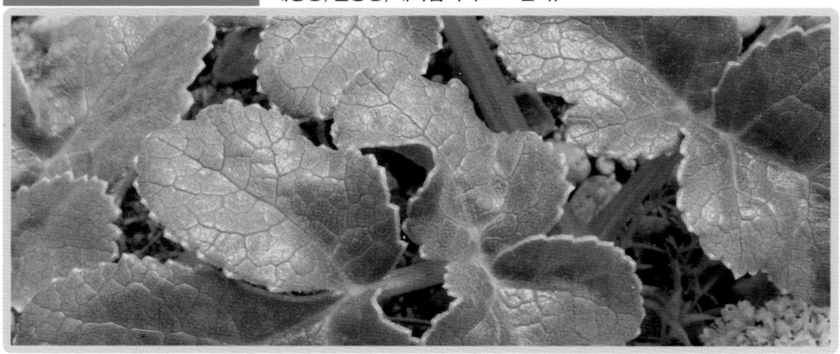

■ 식물의 형태

온몸에 흰 잔털이 빽빽하게 나 있는 여러해살이풀로 해변의 모래땅에 난다, 전체에 흰색 털이 나고 뿌리는 모래 속에 깊이 묻히며 높이는 20cm 정도이다.

■ 약리 효과와 효능

적용질환은 폐에 열이 있어 마른기침이 나는 증세, 결핵성 기침, 기관지염, 감기, 입이나 목이 마르는 증세 등의 치료약으로 쓴다. 또한 온몸의 가려운 증세를 다스리기 위해서도 사용된다.

■ 약초의 성질

맛은 달고 쓰고 싱거우며 성질은 서늘하다.

■ 약용법

가을에 채취하여 줄기와 잔뿌리를 따고 깨끗이 씻은 다음 껍질을 벗기고 햇볕에 말린다. 쓰기에 앞서서 잘게 써는데 때로는 썬 것을 불에 볶아서 쓰기도 한다. 말린 약재를 1회에 3~6g씩 200ml의 물로 달이거나 가루로 빻아 복용한다.

■ 산나물 요리 먹는 방법

- 쌈으로 사용한다.
- 삶아서 물에 헹구고 양념무침을 한다.
- 뿌리를 약재로 쓴다. 연한 잎자루로 생선회를 싸 먹으면 향긋한 맛이 나며 살균작용도 한다고 한다.

거지덩굴

부기를 가라앉히는 효능이 있는

숲 가장자리에 자라는 덩굴성 여러해살이풀이다.

■ 식물의 형태

줄기는 능선이 있으며, 마디에 털이 있고, 길이 3-5m이다. 잎은 어긋나거나 꽃차례가 있는 마디에서는 마주나며, 작은잎 5장으로 된 겹잎이다. 잎 가장자리는 톱니가 있고, 잎맥 위에 털이 난다. 덩굴손은 잎과 마주난다.

■ 약리 효과와 효능

열을 내리고 습을 배출시키며 해독하고 부기를 가라앉히는 효능이 있다. 옹종, 정창, 유행성 이하선염, 단독, 풍습통, 황달, 전염성 하리증, 요혈, 백탁을 치료한다.

■ 약초의 성질

맛은 쓰고 시며 성질은 차고 독이 없다..

약용법

여름부터 가을까지 뿌리를 캐서 깨끗이 정리한 다음 썰어 햇볕에 말린다. 15-30g을 달여서 또는 분말하거나 술에 적셔서 복용한다. 혹은 짓찧어서 즙을 내어 복용해도 좋다.

〈외용〉 짓찧어서 환부에 도포한다.

■ 산나물 요리 먹는 방법

• 햇볕에 말린 후 그대로 썰어서 사용한다.

겹삼잎국화

도로변, 길가, 정원에 관상용으로 심어 기르던 것이 야생화되었다.

■ 식물의 형태

전국에 자란다. 여러해 살이 풀로 줄기는 곧추서고 높이 1.5-2.0m 원기둥 모양이며 분백색이 돈다, 뿌리잎은 5-7갈래로 갈라지며, 줄기잎은 3-5갈래로 갈라진다. 잎 가장자리는 톱니 모양이다. 꽃은 7-8월에 피는데 줄기와 가지 끝에 머리모양 꽃차례가 1-3개 달리며, 황록색이로 겹꽃이다. 열매는 9-10월에 익는다.

■ 약리 효과와 효능

해열하며, 간기를 안정시키고, 눈을 맑게 해준다. 주로 풍열감기, 두통, 어지럼증, 눈이 충혈 되고 붓고 아플 때, 눈이 침침한 증상 등을 치료한다.

■ 약초의 성질

맛은 달고 쓰다. 약간 차가운 성질이 있다. 폐경과 간경에 속한다.

■ 약용법

말린 약제 5~10g에 물 800ml를 넣고 약한 불에서 반으로 줄 때까지 달여 하루 2~3회로 나누어 마신다.

■ 산나물 요리 먹는 방법

- 부드러운 잎과 순으로 부침개를 하면 맛있다.
- 데쳐서 무치거나 초고추장에 찍어 먹는다.

| 약 차 | 국화차 황국 4큰 스푼, 물 5컵, 설탕 약간

• 국화꽃잎에 적당량의 소금을 넣는다. 뜨거운 물로 국화를 데친다. 주머니에 데친 국화를 넣어 달인 후 식힌다. 국화꽃잎은 건져내고 달인 물에 설탕을 넣어서 마시면 좋다.

고들빼기 불면증에 좋은

한 해 또는 두해살이풀로 중국에도 분포한다.

■ 식물의 형태

생육환경은 양지 혹은 반그늘에서 자란다. 키는 20~80cm이고, 잎은 길이 2.5~5cm, 폭 1.4~1.7cm로 표면은 녹색, 뒷면은 회청색이고 끝은 빗살처럼 갈라진다.

■ 약리 효과와 효능

고들빼기 전체에 건위작용 성분이 들어있기 때문에 불면증에 좋다. 또한 설사를 멎게 하거나, 부기를 완화시켜주거나, 뱀에 물린 상처나 요로결석 등을 치료해준다.

■ 약초의 성질

맛은 약간 쓰고 성질은 따뜻하다.

■ 약용법

봄에서 여름 사이에 채취하여 햇볕에 말리거나 생으로 쓴다. 말린 것은 쓰기 전에 잘게 썬다. 말린 약재를 1회에 5~10g씩 200ml를 물에 넣어 반으로 달여 복용한다.

■ 산나물 요리 먹는 방법

- 연한 잎을 쌈채로 이용하거나 삶아서 나물 무침을 한다.
- 국거리로 쓰고 장아찌를 만든다.
- 뿌리와 어린잎을 식용으로 캐서 나물로 먹기도 하고 김치도 만들어 먹는다.

고구마

암 예방에 효과적인

감서, 단고구마라고도 한다.

■ 식물의 형태

한국 전역에서 널리 재배한다. 길이 약 3m이다. 줄기는 길게 땅바닥을 따라 벋으면서 뿌리를 내린다. 잎은 어긋나고 잎몸은 심장 모양으로 얕게 갈라지며 잎과 줄기를 자르면 즙이 나온다.

■ 약리 효과와 효능

암 예방에 효과적, 변비치료, 혈압을 낮추고 성인병을 예방한다.

■ 약초의 성질

쓰고 달며 성질은 평하다.

■ 약용법

늦가을 서리가 내리기 전에 채취한다. 고구마의 괴근, 종자를 가루내어 복용한다. 몸을 시원하게 하여 열을 없애주는 효과가 있다.

■ 산나물 요리 먹는 방법

- 줄기와 잎은 나물로 만들어 먹는다.
- 고구마는 여러가지로 먹는 방법이 많다. 요즘은 많은 효능이 알려져 있어 많이 사용하고 있다.

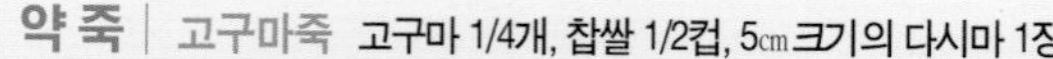

| 약 죽 | 고구마죽 **고구마 1/4개, 찹쌀 1/2컵, 5㎝ 크기의 다시마 1장**

• 백미를 물에 넣어 충분하게 불린 다음 물기를 제거한다. 다시마를 깨끗이 닦은 다음 질그릇냄비에 넣어 물을 붓고 불에 올린다. 끓기 시작하면 다시마를 건져내고 국물만 받아둔다. 껍질을 벗긴 고구마는 잘게 네모나게 썬다. 질그릇냄비에 약한 불에 저어면서 죽을 쑨다.

고마리

시력에도 좋고 이뇨작용에 좋은

고마리는 각처에서 자라는 덩굴성 일년생 초본이다.

■ 식물의 형태

생육환경은 양지바른 곳이나 반양지에서 잘 자란다. 키는 약 1m 정도이고 잎은 표면에 털이 있으며 가장자리에는 짧은 녹색털이 있고 길이는 4~7㎝, 폭은 3~7㎝로 창처럼 앞이 뾰족하다.

■ 약리 효과와 효능

지혈제로 쓰이고 콜레라에도 사용한다, 시력에도 좋고 이뇨작용에 좋다

■ 채취시기

어린잎을 채취하여 사용한다.

■ 약초의 성질

쓰고 달며 성질은 평하다.

■ 약용법

전초를 솥에 넣고 감초, 대추를 추가하여 물을 적당히 하고 고약처럼 될 때까지 약한 불로 24시간 이상 오래 달여 숟가락으로 떠서 물엿처럼 길게 늘어지도록 엑기스를 내어 냉장 보관해 찻숟가락으로 한 숟가락 더운물에 풀어서 복용하면 위염, 요통, 소화불량, 시력회복에 좋다.

■ **산나물 요리 먹는 방법**

• 끓는 물에 데친 다음 나물로 먹기도 하고 장아찌를 담아 먹기도 하며 말려서 차로 만들어 마시기도 한다.

고추나물

류머티즘과 신경통에도 좋은

고추나물은 전국의 산과 들에서 자라는 다년생 초본이다.

■ 식물의 형태

생육환경은 주변에 습기가 많고 양지 혹은 반그늘에서 잘 자란다. 키는 20~60cm이고, 줄기는 둥글고 가지가 갈라지며 자란다.

■ 약리 효과와 효능

줄기와 잎을 찧은 즙을 타박상에 바르면 특효가 있으며, 지혈은 물론이고 류머티즘과 신경통에도 좋다. 줄기와 잎을 말려 달여 마시면 산기의 요복통, 두통, 부종, 황달에도 효능이 있다.

■ 약초의 성질

성미는 맵고 성질은 평하다.

■ 약용법

6~8월에 전초를 캐서 햇볕에 말리거나 신선하게 사용한다. 15~30g을 달여서 복용한다.

■ **산나물 요리 먹는 방법**

- 봄에 어린 잎을 채취하여 나물로 먹는다.
- 삶아서 물에 헹구고 나물 무침을 하거나 잘게 썰어 산채 비빔밥의 소재로 넣는다.
- 된장국의 국거리나 찌개거리로도 쓴다.

괭이밥

피부병에 좋은

초장초, 괴싱이, 시금초라고도 한다.

■ 식물의 형태

밭이나 길가, 빈터에서 흔히 자란다. 높이는 10~30cm이며 가지를 많이 친다. 풀 전체에 가는 털이 나고 뿌리를 땅속 깊이 내리며 그 위에서 많은 줄기가 나와 옆이나 위쪽으로 비스듬히 자란다.

■ 약리 효과와 효능

한방에서는 임질, 악창, 치질, 살충 등에 처방한다. 날 잎을 찧어서 옴과 기타 피부병, 벌레물린 데 바른다.

■ 약초의 성질

맛은 시고 성질은 차다.

■ 약용법

말린 약재를 1회에 3~5g씩 200ml의 물로 달여 복용하는데 생즙을 내어 복용해도 같은 효과를 얻을 수 있다.

〈외용〉 외과 질환에는 생풀을 짓찧어 환부에 붙이거나 달인 물로 환부를 자주 씻어낸다. 치질의 경우에는 찜질을 한다. 벌레에 물린 자리에도 생풀을 짓찧어서 바른다.

■ 산나물 요리 먹는 방법

- 봄에 어린 잎을 채취하여 생으로 겉절이를 만들거나 비빔밥에 넣어 먹는다.
- 끓는 물에 살짝 데친 후 찬물에 헹구어 나물 무침을 한다.
- 생잎은 신맛이 난다.

광대나물

풍을 제거하고, 신경통에 좋은 두해살이풀이다.

■ 식물의 형태

줄기는 밑에서 많이 갈라지며, 높이 10-30cm, 자줏빛이 돈다. 잎은 마주나며, 아래쪽의 것은 원형으로 지름 1-2cm, 잎자루가 길다. 위쪽 잎은 잎자루가 없고 반원형, 양쪽에서 줄기를 완전히 둘러싼다.

■ 약리 효과와 효능

식물전체를 여름에 채취해 부분별로 약제로 사용한다. 초여름에 채취하여 햇볕에 말리거나 생풀을 사용하는데, 풍을 제거하고, 신경통, 관절염, 사지마목, 반신불수, 인후염, 결핵성 임파선염, 지혈약으로 사용된다. 타박상과, 지혈작용, 혈액순환, 결핵성, 임파선염, 풍, 진통작용, 소종 신경통, 관절염, 인후염 등에 효과가 있다.

■ 약초의 성질

맛은 맵고 쓰며 성질은 따뜻하다.

■ 약용법

말린 약재를 1회에 5~10g씩 200ml의 물로 달여 복용하거나 생즙을 내어 복용한다. 〈외용〉 생풀을 짓찧어서 환부에 붙이기도 한다.

■ 산나물 요리 먹는 방법

- 어린순은 나물로 먹으며 민간에서 지혈제로 이용한다.
- 된장국에 끓이거나, 버무려서 먹는 등 음식으로 먹고, 약용으로 쓰이기도 한다.

갯완두

근육에 경련을 일으키는 증세에 좋은

갯완두는 해안가 모래땅에서 자라는 다년생 초본이다.

■ 식물의 형태

생육환경은 모래가 많아 물 빠짐이 좋고 햇볕을 많이 받는 곳에서 자란다. 키는 20~60cm이다.

■ 약리 효과와 효능

감기로 인한 열, 살갗에 물집이 돋고 몸이 붓는 증세, 소변이 잘 나오지 않는 증세, 가슴속이 갑갑한 증세, 뼈마디가 쑤시고 아픈 증세, 설사 등의 치료약으로 쓰인다.

■ 약초의 성질

성질이 평하고 맛이 달며 독성이 없다.

■ 약용법

꽃이 피기 전에 어린 싹을 2~3cm 길이로 따서 햇볕에 말린다. 말린 것을 그대로 쓴다. 말린 약재를 1회에 3~6g씩 200ml의 물로 달이거나 또는 가루로 빻아 복용한다.

■ 산나물 요리 먹는 방법

- 맛이 순하고 달다. 어린순을 나물로 해먹거나 또는 국거리로 쓴다.
- 어린 덩굴을 채취하여 끓는 물에 살짝 데친 후 찬물에 헹구어서 나물 무침을 한다.
- 기름으로 볶아 먹는 방법도 있다.

금불초 거담, 진해, 건위, 진정 등의 효능이 있는

쌍떡잎식물 초롱꽃목 국화과의 여러해살이풀로 습지에서 자란다.

■ 식물의 형태

뿌리줄기가 뻗으면서 번식하는데 높이 30~60cm이고 전체에 털이 나며 줄기는 곧게 선다. 잎은 어긋나고 잎자루는 없다.

■ 약리 효과와 효능

주로 해수, 천식, 소화불량, 흉협창만, 심하비경을 치료하며, 간, 폐, 위, 방광경에도 이용된다.

■ 약초의 성질

조금 따뜻하고 맛은 짜고 달다.

■ 약용법

7~9월경 꽃이 만개했을 때 채취하여 그늘에서 말린다. 약재를 1회에 2~4g씩 200cc의 물로 반 정도의 양이 되게 달이거나 가루로 빻아 하루 3회 복용한다.

■ 산나물 요리 먹는 방법

- 어린순은 식용, 꽃은 약용으로 쓰인다. 맵고 쓴맛이 강하다.
- 어린순을 채취하여 나물로 해 먹거나 국거리로 한다.
- 맵고 쓴맛을 없애려면 끓는 물로 데친 다음 찬물로 하루 정도 담갔다가 나물로 무치거나 된장국에 넣어 먹는다.

| 약 차 | 금불초꽃차 선복화 3~10g, 물 600ml.

• 융모가 있어 인후를 자극하므로 부직포에 넣고 끓기 시작하면 약불로 줄여 30분 정도 달인 후 1일 2~3잔 기호에 따라 꿀이나 설탕을 가미해서 음용한다.

기름나물 항암, 항산화, 항염증 강화에 좋은

■ 식물의 형태

꽃은 7-9월에 핀다. 햇볕이 비교적 잘 드는 산지에 흔하게 분포하며, 습기가 많은 토양에서 자란다. 여러해살이풀이다. 뿌리줄기는 짧고, 위쪽에 섬유가 있다.

■ 약리 효과와 효능

기름나물은 심혈관 기능을 높여 주는 역할 , 혈액 내 콜레스테롤을 감소, 콜레스테롤을 침착하는 것을 억제, 항암, 항산화, 항염증 강화, 면역 증진 효과 외에도 혈당조절, 대장암, 전립성비대증 치료에 효과적인 것으로 알려져 있다.

■ 약초의 성질

따뜻하고 맛이 달고 매우며 독이 없다.

■ 약용법

봄(3월)과 가을(9~10월)에 꽃대가 나오지 않는 것의 뿌리를 캐서 건조시킨다. 뿌리 4~15g에 물 700ml를 넣고 2~3시간 달여서 식전 또는 식후 1시간에 복용한다.

■ 산나물 요리 먹는 방법

• 봄에 자란 새 순을 캐어서 나물로 하거나 생채로 먹는다.
• 나물로 무칠 때는 가볍게 데쳐서 먹는다.

금창초

천식, 기관지염, 인후염의의 감기증상에 좋은

금창초는 우리나라 남부지방의 길가에서 자라는 다년생 초본이다.

■ 식물의 형태

생육환경은 습기가 많은 곳이나 양지에서 잘 자란다. 키는 4~6㎝ 정도이며, 잎은 끝이 뾰족하게 갈라진 형식의 난형이다. 줄기 및 잎에는 많은 털이 나 있으며, 잎 가장자리에는 물결 모양의 톱니가 있고 줄기는 누워 있다.

■ 약리 효과와 효능

해수, 천식, 기관지염, 인후염의의 감기증상에 좋은 효능을 가지고 있으며 그밖에 타박상, 옹종, 정창 등에도 쓰인다.

■ 약초의 성질

성질이 차가워서 맥이 약하거나 아랫배가 찬 사람은 먹지 않는 것이 좋다고 한다.

■ 약용법

9-15g(신선한 것은 6-9g)을 달여서 복용한다. 또 짓찧어서 즙을 내던가 가루를 만든다.

〈외용〉 짓찧어서 바르거나 즙으로 양치질한다.

■ 산나물 요리 먹는 방법

- 봄에 자란 어린잎을 나물로 만들어 먹는다.

까치수염 고혈압에 좋은

까치수염은 우리나라 각처의 산과 들에 자라는 다년생 초본이다.

■ 식물의 형태

생육환경은 양지의 모래와 돌이 많은 곳에서 잘 자란다. 키는 0.5~1m 정도, 잎은 양끝이 좁고 긴 타원형이고 가장자리는 밋밋하다.

■ 약리 효과와 효능

열을 내리고 부기를 내리는 효능, 생리통, 생리불순, 자궁출혈, 화농성 유선염, 인후의 염증이나 통증, 타박상 등에 사용하며 고혈압에도 응용한다.

■ 약초의 성질

성미는 쓰고 성질은 평하다.

■ 약용법

개화기 전초를 채취하여 그늘에서 말리거나 신선한 것을 쓴다. 9~15g 달여서 복용하거나 술에 담가 숙성시켜 복용한다.

■ **산나물 요리 먹는 방법**

- 쓰고 떫은맛이 강하므로 데쳐서 충분히 우려내야 하며 국거리로 하거나 볶아 먹기도 한다.
- 어린 순은 데쳐서 나물이나 국으로 사용한다. 쌀과 섞어 밥을 지어 먹기도 한다.
- 개화기에는 뿌리를 포함한 모든 부위를 채취하여 한방에서 사용한다.

깨풀

항균작용, 살균작용을 하는

한해살이풀로 온몸에 잔털이 나 있다.

■ 식물의 형태

곧게 서는 줄기는 가지를 치면서 30cm 안팎의 높이로 자란다. 잎은 서로 어긋나게 자리잡고 있으며 계란 꼴에 가까운 길쭉한 타원 꼴이다.

■ 약리 효과와 효능

항균작용, 살균작용, 살충, 지혈, 설사, 토혈, 세균성 하리, 장염, 아메바성 적리, 장티푸스, 호흡곤란, 기침, 천식, 해수, 각혈, 부골저누관, 단진, 습진, 젖부족, 자궁출혈, 소아복창, 고환종대, 소아감적, 뱀에 물린 상처, 외상출혈, 아메바성 이질, 피부염, 토혈, 비출혈, 변혈, 이질로 인한 타창을 다스린다.

■ 약초의 성질

맛은 쓰고 떫으며 성질은 평하다.

■ 약용법

5~7월에 채취하여 흙을 떨어뜨린 후 햇볕에 말린다. 말린 약재 9~15g에 물 800ml를 넣고 약한 불에서 반으로 줄 때까지 달여 하루2~3회로 나누어 마신다. 생것은 30~60g을 사용한다.

■ 산나물 요리 먹는 방법

- 매우 쓰고 떫은 맛이 강해서 데친 다음 찬물에 오래도록 담가 잘 우려서 쓴맛을 없앤 후 조리한다.
- 연한 순을 따다가 나물로 해먹는다.

꽃다지

홍분을 가라앉히는 작용을 하는

꽃다지는 우리나라 각처의 들에서 자라는 2년생 초본이다.

■ 식물의 형태

생육환경은 햇볕이 잘 들어오는 곳이면 토양의 조건에 관계없이 자란다. 키는 약 20㎝이고, 잎은 긴 타원형으로 길이는 2~4㎝, 폭은 0.8~1.5㎝로 방석처럼 퍼져 있다. 어린 식물은 식용으로 쓰인다.

■ 약리 효과와 효능

이뇨, 거담, 완하 등의 효능이 있으며 기침을 가시게 하고 홍분을 가라앉히는 작용도 한다. 적용질환은 기침, 천식, 심장질환으로 인한 호흡곤란, 변비, 각종 부기 등이다.

■ 약초의 성질

맛은 쓰고 매우며 성질은 차다.

■ 약용법

여름에 열매가 성숙하면 채취하여 햇볕에 말리거나 볶아서 쓴다. 말린 씨를 1회에 2~4g씩 200ml의 물로 달이거나 가루로 빻아 복용한다.

■ **산나물 요리 먹는 방법**

- 어린순은 살짝 데쳐서 떫은 맛을 제거한 뒤 나물을 해 먹는다.
- 봄이 지나 웃자랐더라도 나물로 먹을 수 있다.
- 돌돌 말아서 양념장에 찍어생채로 먹기도 하며 비빔밥에 섞어 먹어도 좋다.
- 생식으로 녹즙을 만들어 마시기도 한다. 된장국 만들어 먹어도 맛이 있다.

꽃마리 팔다리가 굳어지고 마비되는 증세에 좋은

잣냉이라고도 한다.

■ 식물의 형태

들이나 밭둑, 길가에서 자란다. 줄기는 높이가 10~30cm이고 전체에 짧은 털이 있으며 밑 부분에서 여러 개로 갈라진다. 뿌리에서 나온 잎은 긴 잎자루가 있고 뭉쳐나며 달걀 모양 또는 타원 모양이다.

■ 약리 효과와 효능

적용질환은 팔다리가 굳어지고 마비되는 증세를 비롯해 야뇨증, 대장염, 이질 등을 다스리는 약으로 쓰인다.

■ 약초의 성질

맛은 맵고 성질이 냉하다.

■ 약용법

말린 약재를 1회에 7~10g씩 200ml의 물로 달여서 복용하거나 생풀로 즙을 내어 복용하기도 한다.

〈외용〉 종기의 독을 풀기 위해서는 생풀을 짓찧어서 붙이거나 말린 약재를 가루로 빻아 기름에 개어 환부에 바른다.

■ 산나물 요리 먹는 방법

- 이른 봄에 어린 풀을 나물로 해 먹거나 나물죽을 쑤어 먹는다.
- 약간 맵고 쓴맛이 있어 데쳐서 3~4시간 찬물로 우려낸 다음 조리한다.

꿀풀 간, 이뇨, 소염 등에 효과가 있는

여러해살이풀이다.

■ 식물의 형태

뿌리줄기가 있다. 줄기는 붉은색이 돌며, 털이 많고, 높이 20-60cm다. 잎은 마주나며, 난형 또는 난상 타원형, 길이 3-5cm, 폭 1.0-1.5cm, 가장자리가 밋밋하거나 톱니가 조금 있다.

■ 약리 효과와 효능

동의보감에 어린 싹은 쓴맛이 강해 데쳐서 이틀정도 우려 낸 다음 양념해서 나물로 먹는다. 꽃이 반 정도 마를 때 채취해 햇볕에 말려 잘게 썰어 달이거나 가루로 먹으면 간, 이뇨, 소염 등에 효과가 있다. 생풀을 짓이겨 유선염과 종양에 붙이고 안질일 경우 달인 물로 환부를 씻어내면 좋다.

■ 약초의 성질

맛은 쓰고 매우며 성질은 차다.

■ 약용법

6-15g을 달여서 복용하거나 바짝 졸여서 고제나 환, 산제로 만들어 복용한다.

■ 산나물 요리 먹는 방법

- 어린 잎을 나물로 먹는다.
- 쓴맛이 강하므로 끓는 물에 데친 후 하루 정도 찬물에 담가 충분히 우려내고 건져서 나물 무침을 한다.
- 데친 것을 초장에 찍어 먹기도 한다.

남산제비꽃 열을 내리고, 어혈을 풀어주는

남산제비꽃은 우리나라 전역의 산과 들에 자라는 다년생 초본이다.

■ 식물의 형태

생육환경은 양지 혹은 반음지의 물 빠짐이 좋은 곳에 자란다. 키는 10~15cm이고, 잎은 3개로 완전히 갈라지며 옆에서 있는 것은 다시 2개로 갈라져 새발 모양을 하고 뿌리 부분에서 나온다.

■ 약리 효과와 효능

한방에서 뿌리째 캔 줄기를 정독초라 하여 약으로 쓰는데 열을 내리고, 어혈을 풀어주며, 독을 없애고 염증을 가라앉히는 효능이 있다.

■ 약초의 성질

맛은 쓰고 차고 독이 없다.

■ 약용법

봄, 가을에 전초를 채취하여 햇볕에 말려 사용한다. 약용으로 아로마테라피 조경, 허브가든 , 향료용으로 이용되어 왔으며 잎은 초산을 매염제로 하여 염료로 사용한다.

9~15g을 달이거나 생즙을 내어 복용한다.

■ 산나물 요리 먹는 방법

- 봄철에는 어린잎을 데쳐서 나물로 무쳐 먹는다.
- 봄에 어린 잎을 쌈채로 쓰고 겉절이를 담가 먹는다.
- 잎에 약간 쓴맛이 나므로 끓는 물에 데친 후 찬물에 담가 우려내고 나물 무침을 하여 먹는다.

냉이 노화를 억제시켜 주는

들이나 밭에서 자란다.

■ 식물의 형태

전체에 털이 있고 줄기는 곧게 서며 가지를 친다. 높이는 10~50cm이다. 뿌리잎은 뭉쳐나고 긴 잎자루가 있으며, 깃꼴로 갈라지지만 끝부분이 넓다. 줄기잎은 어긋나고 위로 올라갈수록 작아지면서 잎자루가 없어지며 바소꼴로 줄기를 반 정도 감싼다.

■ 약리 효과와 효능

단백질, 칼슘, 철분 등이 풍부하고 비티민A가 많아 춘곤증 예방에 좋다. 또한 간을 건강하게 하고 눈을 밝게 하며 소화를 돕는다.

■ 약초의 성질

성질이 따뜻하고 맛이 달며 독성은 없다.

■ 채취시기

이른 봄에 새싹을 채취해 사용한다.

■ 산나물 요리 먹는 방법

- 어린잎을 나물로 식용한다.
- 입맛을 돋구기도하고 다양한 영양분이 함유되어 있어 봄철에 아주 좋다.
- 새순을 끓는 물에 데친 후 찬물에 헹궈 쌈장에 찍어먹거나 나물 무침을 하며 된장국의 국거리로도 쓴다.

| 약 죽 | 냉이새우죽

- 새우 100g, 냉이 100g, 백미 1컵, 다시마물 5컵, 참기름 1/2큰 술, 된장 1큰 술
- 죽을 쑤어 먹는다.

노랑선씀바귀

길가나 풀에서 자라며 키가 약 20~50cm정도 된다.

■ 식물의 형태

잎의 생김새는 줄 꼴에 가까운 피침 꼴로 잎의 가장자리는 일반적으로 밋밋한데 때로는 무딘 톱니를 가지며 또는 깃털 모양으로 다소 깊게 갈라지기도 한다.

■ 약리 효과와 효능

씀바귀와 효능은 같다.

■ 약초의 성질

차고 맛은 쓰다.

■ 약용법

봄과 여름에 뿌리를 포함한 전초를 채취하여 약재로 사용한다.

■ 산나물 요리 먹는 방법

- 다른 씀바귀처럼 잎과 어린순을 생으로 쌈 싸 먹거나 무친다.
- 데쳐서 무치기도 한다. 뿌리째 캐서 무치거나, 김치와 장아찌를 담기도 한다.
- 쓰지 않은 나물과 섞어 먹으면 맛이 잘 어우러진다. 즙을 내어 먹기도 한다.
- 나물할 때는 잎과 어린순을 사용하지만 뿌리째로도 사용한다.

논냉이

월경불순을 치료하는

여러해살이풀이다.

■ 식물의 형태

꽃은 4-5월에 핀다. 물가나 경작지 주변의 습지에 자라는 여러해살이풀이다. 줄기는 높이 20-80cm이며 보통 털이 없다. 잎은 어긋나며, 깃꼴로 갈라진다. 작은 잎은 보통 5-9장이고 원형 또는 타원형이며, 가장자리는 물결 모양이다.

■ 약리 효과와 효능

청열, 양혈, 명목, 조경의 효능이 있다. 이질, 토혈, 목적통, 월경불순을 치료한다.

■ 약초의 성질

맛은 달고 약간 매우며 성질은 평하다.

■ 약용법

여름에 채취한다. 말린 씨를 1회에 1.5~3g씩 200ml물로 뭉근하게 달이거나 또는 가루로 빻아 복용한다.(대추와 함께 넣으면 더욱 좋다)

■ 산나물 요리 먹는 방법

• 어린순을 식용한다.

달래 신경안정, 불면증에 좋은

산과 들에서 자란다.

■ 식물의 형태

백합과의 여러해살이풀로 키가 5~12㎝ 정도이고 잎의 길이가 10~20㎝정도이다. 흰 꽃은 4월경에 피고 열매는 둥그런 삭과로 익는다.

■ 약리 효과와 효능

마늘과 흡사한 냄새가 나면서 맛이 맵다. 산야에서 자란 자연산이 재배산보다 향이 더 짙고 맛이 있기 때문에 강장에 좋다. 뿌리와 잎을 생채로 무쳐먹거나, 된장찌개 등에 넣기도 한다.

■ 약초의 성질

맵고 따뜻하다.

■ 약용법

달래는 봄과 가을에 캐서 이용한다. 시중에서는 겨우내 달래를 구경할 수 있지만 실제 밭에서 자라는 모습을 지켜보면 3월 말은 지나야 알뿌리와 함께 캐서 이용할 수 있다.

5~12g 신선한 것을 짓찧어 즙을 0.5~37.5g 달여 복용한다.

■ 산나물 요리 먹는 방법

- 어린잎과 뿌리로 국을 끓여먹는다.
- 이른 봄에 어린 순을 뿌리째 채취하여 생으로 나물 무침을 한다.
- 장아찌를 만들기도 한다.

달맞이꽃

혈액순환개선, 신체기능과 체력증진에 좋은

길가 어디서나 자란다.

■ 식물의 형태

바늘꽃과의 두해살이풀로 꽃은 아침에서 저녁까지 오므라들었다가 밤이 되면 활짝 벌어진다. 키가 50~90㎝이고 잎은 어긋나면서 좁고 길다. 노란색 꽃은 7월부터 가을까지 핀다.

■ 약리 효과와 효능

달맞이꽃에 함유되어 있는 종자유는 혈액순환개선, 신체기능과 체력증진, 관절염, 생리불순, 피부건강, 고혈압 등에 효능이 있다.

■ 약초의 성질

맛은 달고 성질은 따뜻하며 독성이 없다.

■ 약용법

피부염에는 생잎을 짓찧어서 환부에 붙이거나 말린 약재를 가루로 빻아 기름에 개어서 바른다.

종자의 기름은 당뇨병, 고혈압, 비만증에 효과가 있으며. 말린 약재를 1회에 6~12g씩 200ml의 물로 달여서 복용한다.

■ 산나물 요리 먹는 방법

- 아직 줄기가 자라나기 전인 이른 봄에 어린 싹을 캐어서 나물로 해 먹는다.
- 매운맛이 있으므로 데쳐서 잠깐 찬물에 우려낸 다음 간을 맞출 필요가 있다.
- 꽃을 튀김으로 해서 먹는 것도 별미다.

닭의장풀

당뇨병 치료 등에 효능이 있는

남아메리카 칠레가 원산지인 귀화식물이며 물가, 길가, 빈터에서 자란다.

■ 식물의 형태

굵고 곧은 뿌리에서 1개 또는 여러 개의 줄기가 나와 곧게 서며 높이가 50~90cm이다. 전체에 짧은 털이 난다. 잎은 어긋나고 줄 모양의 바소꼴이며 끝이 뾰족하고 가장자리에 얕은 톱니가 있다.

■ 약리 효과와 효능

식물전초를 한방에서는 해열, 해독, 이뇨, 당뇨병 치료 등에 사용한다. 또한 꽃에서 푸른색 염료를 추출해 종이 염색에 사용된다.

■ 약초의 성질

맛은 쓰며 성질은 매우 차고 독이 없다.

■ 약용법

말린 닭의장풀 15~30g을 물 800ml에 넣고 약한 불로 반으로 줄 때까지 달여 하루 2~3회로 나누어 마신다. 생초를 사용할 때는 건초의 두배량을 사용한다.

■ 산나물 요리 먹는 방법

• 봄에 자라는 새잎을 이용해 나물로 먹는데 잠시 동안 찬물로 우려낸 다음 간을 맞추어야 나물감으로 먹기 좋으며, • 한방에서는 뿌리를 달여 복용한다.

| **약 차** | 달개비차 달개비풀 20g, 물 600ml

• 용기에 달개비풀을 물과 함께 넣고 끓입니다. 장기간복용할 때는 냉장고에 넣고 갈증이 날 때마다 복용한다.

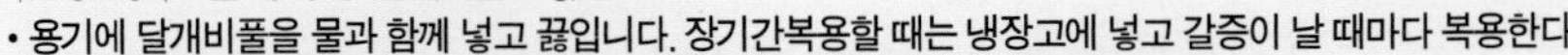

• 2개월 정도 식이요법을 병행하면서 장기간복용하면 효과가 있는 것으로 전해지고 있다.

대나무(죽순)

중풍과 반신불수의 치료약재로 쓰이는

세계적으로 분포하며 특히 아시아의 계절풍 지대에 흔하다.

■ 식물의 형태

우리나라에서는 중부 이남과 제주도에 많이 분포하고 있다. 키가 큰 왕대속의 경우에는 높이 30m, 지름 30cm 까지 자라기도 한다. 습기가 많은 땅을 좋아하고 생장이 빠르다.

■ 약리 효과와 효능

죽력은 대나무를 쪼개서 항아리에 넣고 황토와 왕겨를 이용하여 간접 열을 쏘여 흘러내린 액체를 모은 것이 죽력으로 중풍과 반신불수의 치료약재로 쓰이고, 피부의 열을 내리는 효과도 있다.

■ 약초의 성질

성질이 차고 단맛이 난다.

■ 약용법

죽순을 껍질채 물에 넣고 쌀뜨물 또는 쌀겨를 넣어 삶아서 나물을 하거나 삶아서 말린 후 나물을 해서 먹는다. 건위와 불면증을 치료한다.

■ 산나물 요리 먹는 방법

• 여러가지로 조리하여 먹는다.

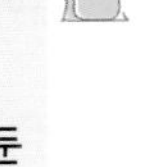

| **약 차** | 죽엽차 **죽엽 한줌, 물**

• 죽엽을 따서 깨끗이 씻은 다음 바싹 말려 두었다가 끓는 물에 넣고 달이면 된다. 한편 바싹 마른 죽엽을 꿀에 발라 보관해두었다가 필요시 달여서 마시기도 한다.

| **약 죽** | 죽순죽 **죽순 20g, 현미찹쌀 70g, 들기름과 소금 약간**

• 현미찹쌀을 물에 넣어 충분하게 불려둔다. 현미찹쌀 뜨물에 죽순을 담가 아린 맛을 제거한 다음 잘게 썰어둔다. 질그릇냄비에 넣어 물을 붓고 죽을 쑤면 된다.

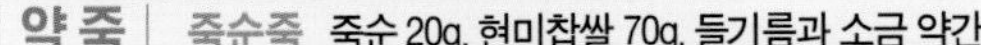

댑싸리

강장, 이뇨, 소종 등의 효능이 있는

중국 원산의 한해살이풀이다.

■ 식물의 형태

줄기는 나무처럼 빳빳하고 곧게 서며 많은 가지를 쳐서 1.5m 정도의 높이까지 자란다. 많은 잎은 서로 어긋나게 자리잡고 있으며 피침 꼴 또는 줄 꼴 모양을 하고 있다.

■ 약리 효과와 효능

적용질환으로는 신장염, 방광염, 임질, 고환, 음낭 등으로 생겨나는 신경통, 복수, 소변이 잘 나오지 않는 증세, 옴, 음부가 습하고 가려운 증세 등이다. 그밖에 성기의 위축을 치료하기 위해서도 쓰인다.

■ 약초의 성질

맛은 쓰고 차가운 성질이 있다.

■ 약용법

말린 약재를 1회 2~6g씩 달이거나 가루내어 복용한다.

〈외용〉 옴이나 음부가 습하고 가려운 증세는 열매를 달인 물로 환부를 닦는다.

■ 산나물 요리 먹는 방법

- 늦봄에 어린잎을 나물로 해먹거나 국거리로 한다.
- 쓴맛이 거의 없으므로 살짝 데쳐서 찬물로 한 번 헹구기만 하면 조리할 수 있다.
- 명아주처럼 부드럽고 맛이 담백하다.

댕댕이덩굴 이뇨작용을 하는

댕강넝쿨이라고도 한다.

■ 식물의 형태

들판이나 숲가에서 자란다. 줄기는 3m 정도이다. 잎은 어긋나고 달걀 모양이며 윗부분이 3개로 갈라지기도 한다. 줄기와 잎에 털이 있다. 잎 끝은 뾰족하고 밑은 둥글며 길이 3~12cm, 나비 2~10cm로서 3~5맥이 뚜렷하다.

■ 약리 효과와 효능

이뇨작용을 한다. 그래서 손발의 경련이나 부종, 전신부종, 소변곤란, 피부의 가려움, 비만등에 사용한다.

■ 약초의 성질

맛이 맵고 쓰며 따뜻한 성질이다.

■ 약용법

봄 또는 가을에 뿌리를 캐서 말린다. 말린 약재를 1회에 2~4g씩 200cc의 물로 달이거나 말린 약재를 가루로 빻아 하루 3회 복용한다.

■ 산나물 요리 먹는 방법

• 연한 순을 나물로 무쳐 먹고, 그 뿌리를 한약재인 방기로 사용한다.

도깨비바늘 어혈을 없애고 통증 완화 작용을 하는

산과 들에서 자란다.

■ 식물의 형태

높이는 25~85cm이고 털이 다소 있으며 줄기는 네모진다. 잎은 마주나고 양면에 털이 다소 있으며 2회 깃꼴로 갈라진다. 갈라진 조각은 달걀 모양 또는 긴 타원형으로 끝이 뾰족하고 톱니가 있다.

■ 약리 효과와 효능

어혈을 없애고 통증 완화와 부기를 가라앉히는 작용을 한다. 도깨비바늘 추출물은 식도암에 의한 음식물의 역류, 목이 붓고 아픈 증상, 위 부문부의 경련 및 식도확장에 효과가 있다

■ 약초의 성질

따뜻하고 맛은 쓰며 독이 없다.

■ 약용법

전초를 엑기스전로 내려서 먹거나 잘 건조하여 술로 담금주를 담그거나 물로 끓어서 먹는다. 약재로는 여름부터 가을사이에 전초를 사용한다.

■ 산나물 요리 먹는 방법

• 어린순은 식용한다.

돌나물 피를 맑게 하는

들과 산에서 자란다.

■ 식물의 형태

줄기는 옆으로 뻗으며 각 마디에서 뿌리가 나온다. 꽃줄기는 곧게 서고 높이는 15cm 정도이다. 잎은 보통 3개씩 돌려나고 잎자루가 없으며 긴 타원형 또는 바소꼴이다. 잎 양끝이 뾰족하고 가장자리는 밋밋하다.

■ 약리 효과와 효능

이른 봄에 어린잎과 줄기를 채취해 김치나 물김치로 담가먹는데, 비타민C가 많고 향기가 매우 좋다. 돌나물의 줄기가 채송화처럼 생겼고 5~6월경에 노란색 꽃이 핀다. 효능은 간염, 황달, 간경변증 등에 효과가 좋다. 동의학사전에 돌나물이 전염성 간염에 효과가 좋다. 특히 돌나물은 피를 맑게 하기 때문에 대하증에도 효능이 있다.

■ 약초의 성질

맛이 맵고 성질이 따뜻하다.

■ 약용법

여름에 전초를 채취하여 햇볕에 말린다. 건조한 돌나물 하루에 15~30g 달여 먹는다.

■ 산나물 요리 먹는 방법

- 어린 줄기와 잎은 김치를 담가 먹는데 향미가 있다. 연한순은 나물로 한다.
- 끓는 물에 살짝 데친 후 찬물에 헹구어 나물 무침을 하고, 물김치를 담그기도 한다.

돼지감자

다이어트 효과가 있고 당뇨병에 좋은

뚱딴지라고도 한다.

■ 식물의 형태

높이 1.5~3m 정도로 곧게 자라며 겉에 거친 털이 있어 껄끄럽다. 잎은 아래쪽에서는 마주달리고 윗부분 에서는 어긋나게 달린다. 잎몸은 타원형으로 가장자리에 톱니가 있고 잎자루에 날개가 있다.

■ 약리 효과와 효능

칼로리가 낮아 다이어트 효과가 있고 당뇨병 및 진통에 좋으며 열을 떨어뜨리고 대량출혈에도 사용한다.

■ 약초의 성질

맛은 달고 약간 쓰며 성질은 서늘하다.

■ 약용법

돼지감자는 17℃ 이하가 되어야 덩이줄기가 비대해진다. 그래서 서리가 내리고 잎이 마르고 줄기가 앙상해질 때가 수확시기다. 이때부터 이듬해 봄, 새로운 싹이 돋아나기 전까지 수확할 수 있다.

말린 약재를 1회 10~20g씩 뭉근하게 달여서 복용한다. 말리지 않은 덩이줄기를 날것으로 먹으면 당뇨병의 치료에 효과가 있다.

■ 산나물 요리 먹는 방법

- 돼지감자를 수확하여 믹서에 갈아서 마셔도 돼고 효소를 만들어 마셔도 된다.

들깨

질병을 예방하고 암세포 증식을 억제하는

낮은 지대의 인가 근처에 야생으로 자란다.

■ 식물의 형태

한국에는 통일신라시대에 참깨와 함께 들깨를 재배한 기록이 있는 것으로 보아 옛날부터 전국적으로 재배된 것으로 보인다.

■ 약리 효과와 효능

들깻잎에 함유된 페릴라케톤, 리모넨 등 방향성 정유성분은 비린내를 없애주며 인체에 꼭 필요한 필수 지방산으로 성장저해, 피부질환 등 질병을 예방하고 암세포 증식을 억제하여 유방암과 대장암 발생을 억제 한다.

■ 약초의 성질

들깨는 성질이 따뜻하고, 맛은 매우며 독이 없어 기를 내려준다.

■ 약용법

가을에 과실이 성숙하면 전초를 채취하여 과실을 떨어내어 햇볕에 말린다. 5-10g을 달여서 복용한다.

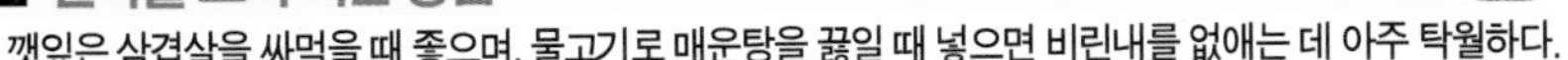

■ **산나물 요리 먹는 방법**

- 깻잎은 삼겹살을 싸먹을 때 좋으며, 물고기로 매운탕을 끓일 때 넣으면 비린내를 없애는 데 아주 탁월하다.
- 연한 생잎을 쌈채소나 나물로 먹는다.
- 장아찌를 만든다.
- 씨로 기름을 짜서 요리할 때 들기름으로 이용한다.

등골나물

중풍, 고혈압, 산후복통에 좋은

산과 들의 초원에서 자란다.

■ 식물의 형태

전체에 가는 털이 있고 원줄기에 자주빛이 도는 점이 있으며 곧게 선다. 높이는 70cm 정도이다. 밑동에서 나온 잎은 작고 꽃이 필 때쯤이면 없어진다. 중앙부에 커다란 잎이 마주나고 짧은 잎자루가 있으며 달 모양 또는 긴 타원형이고 가장자리에 톱니가 있다.

■ 약리 효과와 효능

황달 치유, 한방에서는 황달, 통경, 중풍, 고혈압, 산후복통, 토혈, 폐렴 등 한약제로 사용된다.

■ 약초의 성질

맛은 맵고 성질은 평하다.

■ 약용법

말린 약재를 1회에 4~8g씩 200ml의 물로 달이거나 생으로 즙을 내어 복용한다. 〈외용〉 종기, 뱀이나 벌레에 물렸을 때에는 생풀을 짓찧어서 환부에 붙이거나 진하게 달인 물로 닦아낸다.

■ 산나물 요리 먹는 방법

- 봄철에 자라나는 어린순을 데쳐서 무쳐 먹는데 그 맛이 매우 쓰고 매워 데친 다음 꼭 우려서 조리하도록 해야 한다.
- 양념 쓰기와 조리법 여하에 따라 맛이 달라진다.

딱지꽃

혈액순환을 좋게 하는

딱지꽃은 우리나라 각처의 들, 개울가, 바닷가에 나는 다년생 초본이다.

■ 식물의 형태

생육환경은 햇볕이 많이 들어오는 곳에서 자란다. 키는 30~60㎝이고, 잎은 길이가 2~5㎝, 폭이 0.8~1.5㎝로 긴 타원형이고 표면에는 털이 없으나 뒷면은 하얀색 털이 많이 있다.

■ 약리 효과와 효능

습을 없애고 열을 내리며 독을 푸는 작용이 있다. 또 설사를 멎게 하고 피 나는 것을 멈추며 장티푸스균, 적리균, 포도알균 등 온갖 균을 죽인다. 갖가지 염증을 치료하고 모세혈관을 튼튼하게 하며 혈액순환을 좋게 하는 작용도 있다.

■ 약초의 성질

맛은 쓰고 성질은 차다.

■ 약용법

하루 20~40g을 물로 달여서 복용한다. 또는 가루내거나 술에 담가서 사용한다.

■ 산나물 요리 먹는 방법

- 어린순은 나물로 먹거나 국거리로 쓰이며, 뿌리를 포함한 전초는 약용으로 쓰인다.
- 봄에 어린 순을 채취하여 생으로 나물 무침을 하여 먹는다.
- 새순에 약간 쓴맛이 있으므로 끓는 물에 데친 후 잠시 찬물에 담가 우려내고 나물 무침을 하기도 한다.

쑥(약쑥) 복통, 구토, 지혈 등에 쓰이는

약쑥, 사재발쑥, 모기태쑥이라고도 한다.

■ 식물의 형태

국화과의 여러해살이풀로 뿌리줄기가 옆으로 기면서 자란다. 잎은 어긋나고 날개깃처럼 깊게 4~8갈래로 갈라져 있으며 향기가 난다.

■ 약리 효과와 효능

줄기와 잎을 단오 전후에 캐서 그늘에 말린 것을 약애라고 해 복통, 구토, 지혈 등에 쓰인다. 애엽은 잎만 말린 것인데, 약한 상처에 잎의 즙을 바르면 된다.

■ 약초의 성질

쓰고 성질이 차다.

■ 약용법

말려 보관한 쑥잎 10~15g(1일 분량)을 물 500ml에 넣고 은근한 불에 달인다. 쑥차는 너무 쓰기 때문에 결명자 10~15g과 쑥잎 5~6g을 물 600ml에 넣고 달이는 것도 좋다.

■ 산나물 요리 먹는 방법

- 어린순은 떡에 넣어서 먹거나 된장국을 끓여 먹는다.
- 어린 지상부를 채취하여 삶아서 나물 무침을 하고 튀김을 만들거나 전을 부쳐 먹으며 국거리로 쓴다.

| 약 차 | 쑥차

- 쑥 10g과 물 1L를 붓고 끓기 시작하면 약불로 줄여 30분 정도 달여준다.

| 약 술 | 쑥술 쑥 적당량, 소주 준비한 재료의 3배의 양

- 쑥 잎과 꽃을 가지채로 꺾어서 큼직큼직하게 썰어 잘 씻은 다음, 물기를 빼고 가제주머니 속에 넣어 봉한다. 이 재료를 용기에 넣고 그 양의 3배 정도의 소주를 붓는다.

뚝갈 위장동통, 산후복통, 간기능장애에 좋은

뚜깔이라고도 한다.

■ 식물의 형태

산과 들의 볕이 잘 드는 풀밭에서 자란다. 줄기는 곧게 서고 높이가 1.5m이며 전체에 흰색의 짧은 털이 빽빽이 나고 밑 부분에서 가는 기는가지가 나와 땅속 또는 땅 위로 벋으며 번식한다.

■ 약리 효과와 효능

진통, 보간, 해독, 소종, 배농의 효능이 있어 한방에서는 위장동통, 산후복통, 간기능장애, 간염, 간농양, 위궤양, 자궁내막염, 적백대하, 안질, 유행성이하선염, 옹종, 개선 등에 사용한다.

■ 약초의 성질

맛은 맵고 쓰다. 성질은 약간 차갑다.

■ 약용법

여름, 가을에 채취하여 잘 씻은 후 햇볕에 말린다. 말린 약재 6~15g에 물 800ml를 넣고 약한 불에서 반으로 줄 때까지 달여 하루 2~3회로 나누어 마신다.

■ 산나물 요리 먹는 방법

- 어린잎을 살짝 데쳐 나물로 무쳐 먹으며, 말린 것을 기름에 볶아 먹기도 한다.
- 된장국의 국거리로 쓰고 순을 잘게 썰어 나물밥을 지어 먹는다.

마디풀

이뇨작용, 혈압하강작용을 하는

한해살이풀이다,

■ 식물의 형태

가늘고 긴 줄기는 비스듬히 눕거나 곧게 서고 가지를 치면서 30cm 안팎의 높이로 자란다. 짤막한 잎자루를 가진 잎은 마디마다 서로 어긋나게 자리한다. 피침꼴 또는 길쭉한 타원 꼴인 잎은 끝이 무디며 길이는 3~4cm이다.

■ 약리 효과와 효능

이뇨작용, 혈압하강작용, 자궁과 지혈작용, 항균작용을 한다.

■ 약초의 성질

맛은 쓰며 조금 차고 독이 없다.

■ 약용법

잎과 줄기를 약재로 쓴다. 생즙을 낼 때에는 40~60g의 생풀을 이용한다.

말린 것 20g을 200ml의 물에 달여서 하루 3~4번 복용한다.

〈외용〉 피부질환에 사용할 때는 진하게 달여서 씻거나 말리지 않는 것을 짓찧어서 붙인다.

■ 산나물 요리 먹는 방법

- 4~5월에 연한 순을 따다가 나물로 무쳐 먹는다.
- 약간 쓴맛이 나므로 데친 뒤 잠시 찬물에 담가 쓴맛을 우려내어야 한다.

마름

허약한 사람에게는 좋은 영양제가 되는

한해살이풀이다,

■ 식물의 형태

꽃은 7-9월에 핀다. 호수나 연못 등의 고인 물이 있는 곳에서 자라는 수생식물로 전국의 연못에 흔하게 자라는 한해살이 물풀이다. 줄기는 가늘고 길다. 물속의 잎은 깃꼴로 가늘게 갈라진다.

■ 약리 효과와 효능

자양, 강장의 효능이 있어 신체가 허약한 사람에게는 좋은 영양제가 된다. 또한 해독과 지갈(止渴)작용을 하여 주독도 풀어준다.

■ 약초의 성질

맛은 달고 성질은 평하며 독이 없다.

■ 약용법

위궤양과 다발성 사마귀를 치료하는 데는 짓찧어 바르거나 문지르고 복용할 때에는 신선한 것을 37~55.5g을 물로 달여서 마신다. 마름 껍질(속살도 좋다) 30~60g을 가루로 하여 6g씩 물 또는 꿀물로 먹는다. 본방은 식도암, 자궁암, 유선암에도 좋다.

■ 산나물 요리 먹는 방법

- 어리고 연한 잎과 줄기를 데쳐서 말려 두었다가 때때로 나물로 먹는다.
- 또한 씨를 쪄서 가루로 빻아 떡이나 죽으로 해서 먹기도 한다.

| 약 차 | 마름차 마름 9~15g, 물 600ml.

- 끓기 시작하면 약불로 줄여 30분 정도 달인 후 1일 2~3잔 기호에 따라 꿀을 가미해서 음용한다.

말냉이 전체를 자궁암에 쓰는

낮은 지대의 밭이나 들에서 자란다.

■ 식물의 형태

높이 20~60cm이다. 잿빛이 섞인 녹색을 띠고 줄기에는 능선이 있으며 털이 없다. 뿌리에 달린 잎은 모여 나와서 옆으로 퍼지고 넓은 주걱 모양이며 잎자루가 있다. 줄기에 달린 잎은 어긋나고 거꾸로 선 바소 모양의 긴 타원형이며 길이 3~6cm, 나비 1~2.5cm로서 가장자리에 톱니가 있다.

■ 약리 효과와 효능

말냉이 전체를 자궁암에 쓴다. 말냉이를 다른이름 '석명' 이라고 하며 이뇨, 보간, 소종 등에 효과가 있다. 요산 배출을 촉진시켜 통풍에도 효과가 있다.

■ 약초의 성질

맛은 맵고 달며 성질은 따뜻하다.

봄에 어린잎과 줄기를 채취하여 사용한다.

■ 약용법

5-6월 과실이 성숙하였을 때 전초를 채취하여 햇볕에 말린다. 말린 전초를 15-30g을 달여서 복용한다.

■ 산나물 요리 먹는 방법

- 봄에 어린잎과 줄기를 삶아 나물로 먹거나 국을 끓여 먹는다.

맥문동

폐결핵, 당뇨, 변비 등의 처방에 사용되는

떡잎식물 백합목 백합과의 여러해살이풀이다.

■ 식물의 형태

그늘진 곳에서도 잘 자라는데 그 때문에 아파트나 빌딩의 그늘진 정원에 많이 심어져 있다. 짧고 굵은 뿌리줄기에서 잎이 모여 나와서 포기를 형성하고, 흔히 뿌리 끝이 커져서 땅콩같이 된다.

■ 약리 효과와 효능

강장, 진해, 거담제, 강심제, 폐결핵, 당뇨, 변비 등의 처방에 사용된다. 이밖에 폐를 튼튼하게 하고 원기를 돋우며 겨울철 체력증진에 효과가 좋다.

■ 약초의 성질

맛은 약간 쓰고 성질은 차다.

■ 약용법

1일 6~12g 물 1L를 붓고 약불로 은근히 물이 반으로 줄도록 달여 1일 3회 식사 후에 한 컵씩 복용한다.

■ 산나물 요리 먹는 방법

- 가을이나 봄에 덩이뿌리를 채취하여 생으로 갈아서 조림을 한다.
- 죽을 끓여 먹기도 한다.

| **약 차** | 맥문동차 맥문동 6g, 물 500cc, 감초 2쪽

- 물 500cc에 맥문동 6g과 감초 2쪽을 넣고 끓이면 된다.

| **약 죽** | 맥문동죽 맥문동 30g, 백미 60g

- 맥문동을 물에 넣고 삶아 천에 싼 다음 즙을 짠다. 백미를 질그릇냄비에 넣어 볶다가 물을 부어 흰죽을 쑨다. 흰죽이 반쯤 만들어졌을 때 맥문동 즙을 넣어 5분정도 더 쑤면 완성된다.

머위

해독작용이 강하고 중풍에도 효능이 있는

쌍떡잎식물 초롱꽃목 국화과의 여러해살이풀이다.

■ 식물의 형태

산록의 다소 습기가 있는 곳에서 잘 자란다. 굵은 땅속줄기가 옆으로 뻗으면서 끝에서 잎이 나온다.

■ **약리 효과와 효능**

단백질, 지방, 당질, 섬유질, 회분, 칼슘, 철, 인 등이 골고루 함유되어 있는 영양채소이다. 이밖에 칼슘, 비타민A, C도 풍부하게 들어있다. 예부터 독까지 해독시킬 정도로 해독작용이 강하고 중풍에도 효능이 있고 꽃은 한방에서 건위, 진해, 해열 등에 효과가 있다.

■ 약초의 성질

따뜻하고 달고 독이 없다.

■ 약용법

9월경 채취하여 그늘앞에 말린다. 10~15g을 달이던가 또는 짓찧어 낸 즙을 복용한다.

■ 산나물 요리 먹는 방법

- 봄에 잎과 줄기를 채취하여 나물로 먹는다.
- 약간 떫은맛이 나므로 끓는 물에 데친 후 찬물에 담가 우려내고 쌈채로 먹으며 나물 무침이나 튀김을 만든다. 데친 것을 국거리로 쓴다.
- 꽃이 피기 전의 꽃봉오리는 생채로 된장장아찌를 만들어 먹는다.

메꽃

방광염, 당뇨, 고혈압 등에 좋은

메꽃은 전국 각처의 들에서 자라는 덩굴성 다년생 초본이다.

■ 식물의 형태

생육환경은 음지를 제외한 어느 환경에서도 자란다. 키는 50~100㎝이고, 잎은 긴 타원형으로 어긋나고 길이는 5~10㎝, 폭은 2~7㎝로 뾰족하다.

■ 약리 효과와 효능

동의보감에 꽃이 필 무렵 뿌리까지 채취해 햇볕에 말린 다음 물로 달여서 복용하면 이뇨, 강장, 피로회복, 항당뇨 등에 효과가 있고 방광염, 당뇨, 고혈압 등을 다스리는 약으로 쓰인다.

■ 약초의 성질

따뜻하고 맛이 달며 독이 없다.

■ 약용법

여름~가을에 꽃과 뿌리를 포함한 전초를 굴취하여 전초는 햇볕에 꽃은 그늘에서 건조한다. 15~30g을 달여서 복용한다.

■ 산나물 요리 먹는 방법

- 어린순과 뿌리는 식용 및 약용으로 쓰인다.
- 뿌리를 쪄서 먹거나 날로 생즙을 내어 먹으면 좋다.

며느리밑씻개 멍든 피를 풀어주며 해독작용을 하는

우리나라 각처의 산과 들에서 자라는 덩굴성 1년 초이다.

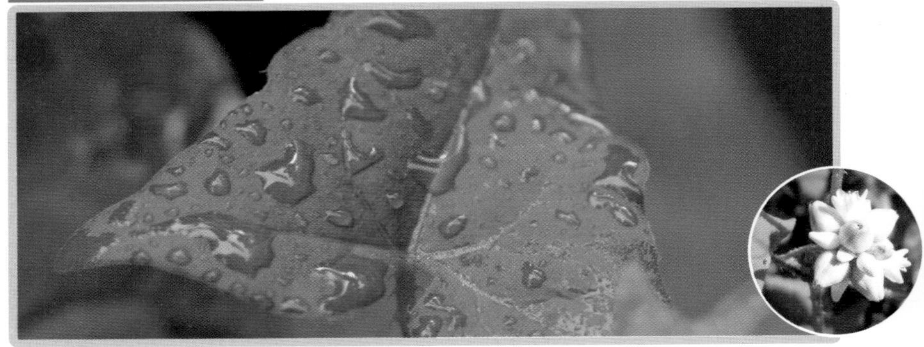

■ 식물의 형태

생육환경은 햇볕이 좋은 곳이면 어디서든 자란다. 키는 약 1~2m 정도이다. 잎은 어긋나고 양면에 털이 있으며 길이와 폭이 각각 4~8cm의 심장형이고 줄기에는 갈고리와 같은 가시가 아래로 나 있다.

■ 약리 효과와 효능

멍든 피를 풀어주며 해독작용을 한다. 적용질환은 멍이 들어 통증이 있는 경우, 타박상, 습진, 온몸이 가려운 피부병, 진물이 흐르고 허는 태독 등이며 치질이나 뱀과 벌레에 물린 상처의 치료에도 쓰인다.

■ 약초의 성질

맛은 시큼하고 쓰며 성질은 평하다.

■ 약용법

말린 약재를 1회에 6~10g씩 200ml의 물로 천천히 반 정도의 양이 되게 달이거나 곱게 가루로 빻아 복용한다.

〈외용〉 치질과 뱀이나 벌레에 물린 상처를 치료하기 위해서는 약재를 진하게 달인 물로 환부를 씻거나 생풀을 짓찧어서 환부에 붙인다.

■ 산나물 요리 먹는 방법

- 며느리밑씻개의 잎은 맛은 쌉싸래하고 시큼하다. 신맛이 나서 생잎으로 먹는 것도 좋고 어리고 부드러운 잎은 생으로 먹거나 생즙을 내어 마시기도 한다.
- 비빔밥을 해서 먹어도 맛이 좋다.

며느리배꼽 당뇨에 효과가 있는

우리나라 각처의 길가나 집주변의 들에서 자라는 1년생 덩굴식물이다.

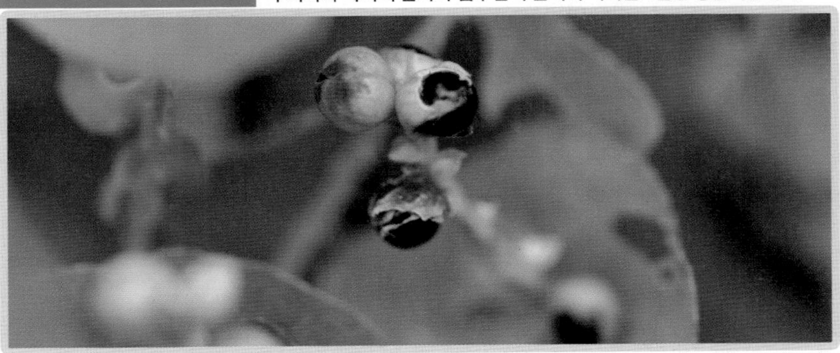

■ 식물의 형태

키는 약 2m가량 덩굴로 뻗어나며, 잎은 심장형으로 표면은 녹색이고 뒷면은 흰빛이 돈다.

■ 약리 효과와 효능

적용질환은 당뇨병과 요독증, 소변이 잘 나오지 않는 증세, 황달, 백일해, 편도선염, 임파선염, 유선염 등이다.

■ 약초의 성질

맛은쓰고 성질은 평이하다.

■ 약용법

가을에 전초를 채취하여 그늘에 말리고 선선한 곳에 보관한다. 말린 약재를 1회에 3~6g씩 200cc의 물로 달여 하루 3회 복용하거나 생즙을 내어 마신다.

■ 산나물 요리 먹는 방법

- 신맛과 향취가 있어 날 것을 그대로 먹거나 나물로 해서 먹는다.
- 잎자루와 잎 뒤에 가시가 있으므로 되도록 어린순을 따야 한다.

멱쇠채

소종, 해독의 효능이 있는

양지바른 풀밭에 난다.

■ 식물의 형태

경기, 황해, 평남북에 나며 만주, 중국, 몽골, 시베리아, 유럽에 분포한다. 다년초로 근경은 비대하고 줄기는 곧추서며 기부에 묵은 잎의 섬유가 있고 높이 20~30㎝이다. 근엽은 로제트형으로 퍼지며 선상 피침형으로 길이 12~35㎝, 너비 5~30㎜이고 끝은 뾰족하거나 둔하며 밑은 좁아져 엽병으로 흐르고 가장자리는 밋밋하며 밀모가 있으나 점차 없어진다.

■ 약리 효과와 효능

소종, 해독의 효능이 있다.

■ 약초의 성질

맛은 맵고 성질은 따뜻하며 약간 독이 있다.

■ 약용법

뿌리는 약용한다. 여름과 가을에 뿌리를 채취한다. 10~15g을 달여서 복용한다.

■ 산나물 요리 먹는 방법

- 연한 화경을 생으로 먹고 어린순은 나물로 한다.

명아주

몸에 열이 많은 사람들의 열기를 내려주는

양지바르고 교란이 심한 곳, 밭, 길가, 초지 등에 자라는 한해살이풀이다.

■ 식물의 형태

줄기는 높이 60-150cm이며, 가지가 갈라진다.

■ 약리 효과와 효능

몸에 열이 많은 사람들의 열기를 내려주고 소변을 잘 나게 하며, 설사, 이질 치료에도 좋다. 또한 피부 염증 및 가려움을 그치게 하는 데도 효능이 있다.

■ 약초의 성질

달고 성질은 평하며 독성이 조금 있다.

■ 약용법

4~5월에 꽃이 피기전 잎과 줄기를 채취하여 햇볕에 말리거나 생 것으로 쓴다. 말린 것은 썰어서 쓴다. 건조한 약재 1일 복용량 20~30g 물 1L 붓고 물이 반으로 줄도록 달여 1일 식사 후에 3회 복용한다.

■ 산나물 요리 먹는 방법

- 명아주는 시금치 맛과 비슷하다.
- 명아주는 연한 잎과 줄기를 뜯어서 쌈으로 먹거나 나물로 해서 먹는다.
- 명아주는 콜레스테롤을 낮추고 장을 소독하므로 식이요법을 하는 사람에게 특히 좋다.
- 된장국에 넣어 먹어도 되고 초장에 버무려 먹어도 된다.
- 여름에 잎이 좀 드세어지면 끓는 물에 데쳐서 나물로 무쳐 먹는다. 가을에는 된장국에 끓여서 먹는다.

모시풀 출혈에 뛰어난 효과를 나타내는

많은 땅속줄기가 있으며 높이 1.5~2m로 곧게 자라는 줄기가 뭉쳐난다.

■ 식물의 형태

잎은 어긋나고 길이 7.5~15cm, 나비 5~10cm로 달걀모양 원형이며 긴 잎자루가 있다. 잎 뒷면과 잎자루에 흰 잔털이 나 있다.

■ 약리 효과와 효능

저마근은 지혈작용이 매우 우수하며 각종 출혈에 뛰어난 효과를 나타낸다. 혈뇨와 소변이 불능할 때 이뇨 소염작용을 한다. 만성 기관지염일 때 거담작용을 한다. 임산부의 태동 불안 일 때 태아를 안정시키는 약으로 쓰며 하혈을 다스린다.

■ 약초의 성질

차고 맛은 달며 독이 없다.

■ 약용법

겨울, 봄에 파내어 꽃과 뿌리를 포함한 전초를 굴취하여 지상경과 흙을 제거한 후 햇볕에 말린다. 6~12g을 물로 달여서 복용한다.

■ **산나물 요리 먹는 방법**

• 잎은 어린 순을 나물로 먹어도 되고 가을에 연한 잎을 따서 모시풀 잎을 말린 뒤 가루 내어 떡이나 칼국수를 해먹거나 양념 등에 활용해도 좋다.

무릇

혈액순환 촉진과 해독작용을 하는

우리나라 각처의 들이나 산에서 자라는 다년생 초본이다.

■ 식물의 형태

생육환경은 양지바른 곳이면 어디서든지 자란다. 키는 20~50cm이고, 잎은 선처럼 가늘고 길며 여러 장의 잎이 밑동에서 나온다. 잎끝은 날카로우며 길이는 15~30cm, 폭은 0.4~0.6cm이다.

■ 약리 효과와 효능

혈액순환 촉진, 부기 및 통증을 멎게 하는 효과와 해독작용을 한다. 화농성 유선염, 충수염 타박상, 허리와 다리의 통증에도 효과가 있다.

■ 약초의 성질

맛은 쓰고 성질은 서늘하다.

■ 약용법

6~7월에 전초와 알뿌리를 캐서 말린다. 말린 알뿌리를 1회에 3~4g씩 200ml의 물로 달여서 복용한다.

〈외용〉 팔다리나 허리가 쑤시고 아픈 증세와 종기, 유방염 등에는 생알뿌리를 짓찧어서 환부에 붙인다.

■ 산나물 요리 먹는 방법

- 비타민이 많이 들어 있어 잎을 데쳐서 무치거나 비늘줄기를 간장에 조려서 반찬으로 먹는다.
- 비늘줄기를 고아서 엿으로 먹기도 했다.

물레나물

지혈작용 및 해독작용을 하는

물레나물은 우리나라 각처의 산지에서 자라는 다년생 초본이다.

■ 식물의 형태

생육특성은 반그늘이나 햇볕이 잘 들어오는 곳의 물기가 많은 곳에서 자란다. 키는 50~80cm이며, 잎은 대생(마주나기)하며 피침형인데 밑동으로 줄기를 감싸고 있고, 잎의 길이는 5~10cm, 폭은 1~2cm이다. 꽃은 황색 바탕에 붉은빛이 돌고 줄기의 끝에서 한 송이씩 계속해서 피며 지름은 4~6cm이다.

■ 약리 효과와 효능

몸의 열기를 줄이고, 부기를 가라앉히며, 지혈작용 및 해독작용을 한다. 그래서 타박상, 토혈, 자궁출혈, 외상출혈, 두통, 피부의 염증과 종기, 부스럼에도 사용한다.

■ 약초의 성질

맛은 약간 쓰고 성질은 차다.

■ 약용법

7~8월에 뿌리를 제외하고 채취한다. 열매가 익으면 지상부분을 잘라서 뜨거운 물에 담갔다가 건져내 햇볕에 말린다.5~10g을 물 300ml에 반으로 달여 먹으면 종기와 지혈에 좋다.

■ 산나물 요리 먹는 방법

- 어린 순을 채취하여 나물로 먹는다.
- 끓는 물에 살짝 데친 후 찬물에 헹구어 낸 다음 고추장이나 된장 또는 간장에 무쳐서 먹는다.

물여뀌

청열, 이습에 효능이 있는

못이나 습지에서 자란다.

■ 식물의 형태

줄기 밑 부분은 물속에서 자라고 옆으로 기면서 뿌리가 내리며, 물위에 나온 줄기는 곧게 서고 잎이 많이 달린다. 잎은 어긋나고 길이 5~15cm의 긴 타원 모양이며 끝이 둔하거나 둥글고 밑 부분은 얕은 심장 모양이며 가장자리가 밋밋하다. 물속의 잎자루는 길고, 물위로 나온 잎자루는 짧다.

■ 약리 효과와 효능

청열, 이습에 효능이 있다.

■ 약초의 성질

차고 맛은 매우며 독이 없다.

■ 약용법

어린순을 채취하여 사용한다. 여름 가을에 채취하여 말려 약용으로 사용한다. 전초는 약용한다. 10~30g을 달여서 복용한다.

■ **산나물 요리 먹는 방법**

• 어린잎은 나물로 먹는다.

미나리아재비

해열, 진통, 소종 등에 사용되는

미나리아재비과에 속하는 여러해살이풀이다.

■ 식물의 형태

50㎝정도 자라고 줄기는 별모양의 털들이 나 있다. 뿌리에서 잎이 모여 나고 잎자루가 길며 5갈래로 갈라졌다. 하지만 줄기에서 나온 잎은 잎자루가 없고 3갈래로 나누어져 있으며 갈라진 조각들이 끈처럼 생겼다.

■ 약리 효과와 효능

말린 것은 해열, 진통, 소종 등의 생약으로 사용된다. 하지만 독성이 있어서 봄에 어린순을 채취해 삶은 다음 독을 제거해 나물로 먹는다.

■ 약초의 성질

맛은 맵고 성질은 따뜻하며 독이 있다.

■ 약용법

여름에서 가을 사이에 뿌리를 제외한 식물체 전부를 채취한다. 전초를 10g에 물 700ml를 넣고 달인 액을 반으로 나눠 아침, 저녁으로 복용한다.

〈외용〉 짓찧어서 환부에 붙이거나 달인 물로 씻는다.

■ 산나물 요리 먹는 방법

- 독성이 있어서 봄에 어린순을 채취해 삶은 다음 오래동안 우려서 독을 제거해 나물로 먹는다.

미나리

효과와 알코올 해독 능력이 탁월한

산형과에 속하는 여러해살이풀이다.

■ 식물의 형태

키가 30㎝ 정도이고 줄기 밑에서 많은 가지가 나온다. 잎은 깃털처럼 갈라진 겹잎으로 어긋나고, 잔잎은 난형으로 톱니가 있다.

■ 약리 효과와 효능

미나리나 돌미나리에는 비타민A, B1, B2, C, 카로틴 등의 식물성섬유가 다량으로 들어있다. 따라서 항암효과와 항바이러스성과 알코올 해독 능력이 탁월하고 혈액과 정신을 맑게 하며 기관지와 호흡기질환예장에 좋다.

■ 약초의 성질

성질이 평하고 차고 맛이 달다. 독이 없다.

■ 약용법

9~10월에 지상 부분을 채취하여 햇볕에 말린다. 말린 전초 37.5~75g을, 꽃은 7~11g을 물에 달여서 복용한다.

■ 산나물 요리 먹는 방법

• 잎과 줄기는 식용하며, 습지 수질정화용으로 심는다. 또한 매운탕을 끓일 때 비린내를 제거한다.
• 돌미나리는 향이 짙기 때문에 데쳐 나물로 먹으면 좋다.
• 줄기를 잘게 썰어 생채 그대로 양념에 버무려 먹는다. 물김치를 담그고 장아찌를 만들며 국거리로도 쓴다.

| **약 차** | 미나리차 밭미나리 뿌리 100g.

• 미나리 뿌리를 씻어서 솥에 넣은 뒤 물을 적당히 붓고 10~15분간 달여서 식으면 그 약액을 차 대신 수시로 마시면 된다.

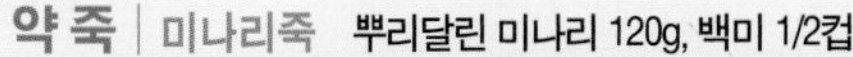

| **약 죽** | 미나리죽 뿌리달린 미나리 120g, 백미 1/2컵

백미를 물에 넣어 충분하게 불린 다음 물기를 제거한다. 미나리를 뿌리 채 깨끗하게 씻어 손질한 다음 먹기 좋게 자른다.질그릇냄비에 쌀을 넣어 볶다가 물을 붓고 흰죽을 쑨다.

민들레

감기 열, 기관지염, 늑막염에 좋은

국화과의 여러해살이풀이다.

■ 식물의 형태

민들레는 우리나라 각처의 산과 들에 흔히 자라는 다년생 초본이다. 서양민들레와의 차이는 꽃받침에서 알 수 있는데 우리나라의 자생 민들레는 꽃받침이 그대로 있지만 서양민들레의 경우는 아래로 처져 있다.

■ 약리 효과와 효능

동의보감에 꽃피고 있을 때 채취해 말린 약재를 달여서 복용하면 감기 열, 기관지염, 늑막염, 간염, 담낭염, 소화불량, 변비, 유방염 등을 비롯해 해열, 건위, 발한, 정혈, 이뇨, 소염 등에 효능이 있다.

■ 약초의 성질

맛은 쓰고 달며 성질이 차며 독이 없다.

■ 약용법

말린 것을 1회 5~20g씩 물 200ml에 달여서 식후 1주일 정도 복용하면 좋다. 가루는 8-15g을 물 600ml에 넣어 끓여 마신다.

■ 산나물 요리 먹는 방법

- 이른 봄에 어린 잎을 뿌리와 함께 먹는다.
- 쓴맛이 강하므로 끓는 물에 데친 후 오래 찬물에 담가 우려내어 국거리로도 쓰며 장아찌를 만든다.
- 생잎을 물에 담가 쓴맛을 우려내고 겉절이나 김치를 담그기도 한다

| **약 차** | **포공영차** 포공영 8~15g, 물 600cc

• 재료를 넣고 넣고 달여서 하루 2~3잔으로 나누어 마신다. 이때 벌꿀이나 설탕을 약간 넣어서 먹어도 좋다.

서양민들레

간염 및 간질환, 위장질환에 좋은

서양민들레는 유럽이 원산으로 우리나라 각처의 들과 풀숲에서 자란다.

■ 식물의 형태

생육환경은 길가나 들판 양지바른 곳이면 어디서나 자란다. 키는 10~25㎝이고, 잎은 밑부분이 좁고 양면에 털이 없으며 가장자리가 밑을 향해 새의 날개처럼 갈라지고 타원형으로 땅에서 여러 군데로 퍼진다.

■ 약리 효과와 효능

간염 및 간질환, 위산과다 및 위장질환, 유선염, 및 염증성 질환, 해열작용과 변비 위장에 아주 좋으며, 소염, 이뇨 작용이 있다. 또 식도가 좁아 음식을 잘 먹지 못할 때, 젖이 잘 나오지 않을 때 효과가 있다.

■ 약초의 성질

맛은 쓰고 달며 성질이 차며 독이 없다.

■ 약용법

말린 것을 1회 5~20g씩 물 200ml에 달여서 식후 1주일 정도 복용하면 좋다. 가루는 8-15g을 물 600ml에 넣어 끓여 마신다.

■ 산나물 요리 먹는 방법

- 민들레 생잎을 깨끗하게 씻어서 쌈으로 먹을 수 있고,
- 뿌리는 그늘에 건조시켜 달여 먹으면 좋다. 유럽에서는 잎을 샐러드로 먹고,
- 뉴질랜드에서는 뿌리를 커피 대용으로 사용하기도 한다.

흰민들레 해열, 이뇨, 건위 등의 효능이 있는

양지에서 자란다.

■ 식물의 형태

원줄기가 없고 굵은 뿌리에서 잎이 무더기로 나와서 비스듬히 퍼진다. 잎은 거꾸로 선 바소 모양이고 밑이 좁아지며 양쪽가장자리는 무잎처럼 갈라진다. 갈래조각은 5~6쌍이며 가장자리에 톱니가 있다. 민들레와 비슷하지만 꽃이 백색이고 잎이 서는 것이 많으므로 구별된다.

■ 약리 효과와 효능

해열, 이뇨, 건위, 소염, 최유(젖의 분비를 도와줌) 등의 효능이 있다. 적용질환은 감기, 기관지염, 인후염, 임파선염, 늑막염, 소화불량, 변비, 유선염, 소변이 잘 나오지 않는 증세 등이다.

■ 약초의 성질

맛은 쓰고 달며 성질이 차며 독이 없다.

■ 약용법

말린 것을 1회 5~20g씩 물 200ml에 달여서 식후 1주일 정도 복용하면 좋다. 가루는 8-15g을 물 600ml에 넣어 끓여 마신다.

■ 산나물 요리 먹는 방법

- 꽃이 피기 전에 어린순을 캐어 나물로 하거나 국에 넣어 먹는다.
- 흰 즙으로 인해 쓴맛이 강하므로 데쳐서 찬물에 오래 담가 충분히 우려낸 다음 조리를 해야 한다.

바디나물 감기, 기침, 천식 등에 효과가 있는

산과 들의 습지 근처에서 자란다.

■ 식물의 형태

뿌리줄기는 짧고 뿌리가 굵다. 줄기는 곧게 서고 모가 진 세로줄이 있으며 윗부분에서 가지가 갈라지고 높이가 80~150㎝이다. 잎은 어긋나고 깃꼴로 갈라지며 작은잎은 3~5개이다.

■ 약리 효과와 효능

한방에서 뿌리를 전호라는 약재로 쓰는데, 해열, 진해, 거담 작용을 하여 감기, 기침, 천식 등에 효과가 있다.

■ 약초의 성질

맛이 쓰고 맵고 약성은 약간 찬 성질이 있다.

■ 약용법

하루 6~12g을 달여서 복용하거나 환 또는 가루를 내어 먹는다. 연삼은 건조를 하여 물 2 *l* 에 연삼 30g 정도를 넣고 처음에는 센 불에 놓고 물이 끓어오르기 시작을 하면 약한 불에 30~40분정도 달여서 냉장 보관하여 음용하면 좋다

■ 산나물 요리 먹는 방법

- 잎은 나물과 쌈, 장아찌로 만들어 먹고, 뿌리와 전초는 말려서 다리거나 말려서 담금주로 먹는다.
- 미나리 대용품으로 사용하기도 한다.

| **약 차** | 바디나물차 전호 3~9g, 물 600ml.

- 끓기 시작하면 약불로 줄여 30분 정도 달인 후 1일 2~3잔 기호에 따라 꿀이나 설탕을 가미해서 음용한다.

박

박이 열을 내리고 갈증을 해소하는

참조롱박, 박덩굴, 포과라고도 한다.

■ 식물의 형태

길이는 10cm 정도로 푸른빛을 띤 초록색이다. 전체에 짧은 털이 있으며 줄기의 생장이 왕성하고 각 마디에서 많은 곁가지가 나온다. 잎은 어긋나고 심장형이나 얕게 갈라지며 나비와 길이가 20~30cm이고, 잎자루가 있다.

■ 약리 효과와 효능

어린열매는 성장발육, 산후회복 (식물성 칼슘이 풍부해 발육이 늦는 어린이나 아이를 낳은 부인들에게 좋은 영양식품으로 쓰인다.) 동의보감에서는 박이 열을 내리고 갈증을 해소한다고 하였으며 칼슘, 철, 인 등이 골고루 함유되어 있어 임산부, 노약자, 어린이에게 좋은 식품으로 알려져 있다.

■ 약초의 성질

맛은 달고 성질이 평하고 독이 없다.

■ 약용법

가을에 성숙하여 오래되지 않은 과실을 따서 껍질을 제거하고 적당히 썰어 햇볕에 말린다. 15-30g을 달이거나 약성이 남을 정도로 강한 불에 태워 분말로하여 복용한다.

■ 산나물 요리 먹는 방법

- 어린 열매는 나물, 전 등의 음식으로 만들어 먹고 늙은 열매는 과육을 떡, 범벅, 죽 등으로 만들어 먹는다.
- 지역에 따라서는 호박잎을 쪄서 쌈을 싸서 먹기도 하며 씨를 먹기도 한다.
- 여물지 않은 박의 과육을 긴 끈처럼 오려서 말린 반찬거리로 박오가리라고도 한다.

방가지똥

해열, 해독, 건위 등의 효능이 있는

양지쪽 자갈밭에서 자란다.

■ 식물의 형태

원주형의 줄기는 높이 30~100cm 정도로 자라며 속이 비어있다. 세로로 능선이 있으며 어릴 때는 흰색의 가루로 덮여있다. 잎자루에 날개가 있고 잎이나 줄기를 자르면 하얀 액이 나온다.

■ 약리 효과와 효능

해열, 해독, 건위 등의 효능을 가지고 있다. 적용질환으로는 소화불량, 이질, 어린아이의 빈혈증 등이다. 기타 뱀에 물렸을 때나 종기의 치료에도 쓰인다.

■ 약초의 성질

맛은쓰고 성질은 차다. 독은 없다.

■ 약용법

말린 약재를 1회에 4~8g씩 200ml의 물로 달이거나 생즙을 내어 복용한다.

〈외용〉 뱀에 물린 경우와 종기의 치료를 위해서는 생풀을 짓찧어서 환부에 붙인다.

■ 산나물 요리 먹는 방법

- 어린순은 나물로 먹고 전초와 뿌리 말린 것을 약용한다.
- 어린 순은 쌈으로 먹고 좀 더 세어지면 데친 후 무쳐서 먹는다.
- 변이 나오지 않을 때 방가지똥을 녹즙으로 해서 먹거나 쌈으로 해서 먹으면 변이 나온다.
- 늦가을 또는 이른봄에 어린 싹을 나물로 하거나 국에 넣어 먹는다.
- 맛이 쓴 성분을 지니고 있으므로 데쳐서 흐르는 물에 오래동안 담가 우려낸 후 조리를 해야 한다.

방아풀

소화불량, 식욕부진, 복통치료제로 사용되는

방아풀은 우리나라 각처의 산과 들에 나는 다년생 초본이다.

■ 식물의 형태

생육환경은 약간 건조하고 양지 혹은 반그늘에서 자란다. 키는 50~100㎝이고, 잎은 마주 나는데 길이가 6~15㎝, 폭이 3.5~7㎝로 넓은 달걀 모양이고 끝이 뾰족하다. 잎의 표면은 녹색이며 뒷면은 연한 녹색이고 잔털이 있으며 가장자리에 톱니가 있다.

■ 약리 효과와 효능

식물 전체를 가을에 채취해 그늘에 말린 것을 연명초라 하는데 한방에서 소화불량, 식욕부진, 복통치료제로 사용된다. 잎에서 박하향이 나기 때문에 향료로 쓰이거나 박하사탕제조에 사용된다.

■ 약초의 성질

맛은 쓰고 성질은 서늘하다.

■ 약용법

8~9월 개화기에 채취하여 햇볕이나 그늘에서 건조한다. 12~24g을 달여서 복용하거나 즙을 내어 복용한다.

■ 산나물 요리 먹는 방법

- 어린잎은 나물이나 식용하고, 전초는 약용한다.
- 봄에 잎을 채취하여 쌈채로 쓰고 방아풀 김치를 담그며 국거리로도 쓴다.
- 전을 부치거나 튀김을 만들어 먹기도 한다.

벋음씀바귀 소화불량, 위염, 신경과민증에 좋은

낮은 지대의 양지바른 곳에 흔하게 자라는 여러해살이풀이다.

■ 식물의 형태

기는줄기가 사방으로 퍼지며, 마디에서 뿌리가 내린다. 뿌리잎은 도피침형 또는 주걱상 타원형이다.

■ 약리 효과와 효능

건위, 신경안정, 소염 등의 효능이 있다. 적용질환은 소화불량, 위염, 신경과민증, 안질, 외이염 등이다.

■ 약초의 성질

맛은 쓰고 성질은 차다.

■ 약용법

봄에 꽃을 포함한 잎과 줄기를 채취하여 햇볕에 말려 쓰기 전에 잘게 썬다. 안질은 약재를 달인 물로 닦아내고, 외이염에는 잎이나 줄기에서 스며 나오는 흰 즙을 환부에 발라준다.

말린 약재를 1회에 3~4g씩 200ml의 물로 달여서 복용한다.

■ 산나물 요리 먹는 방법

- 이른봄에 어린 싹을 뿌리와 함께 캐어서 나물로 해서 먹는다 또는 국거리로 해먹어도 맛이 좋다.
- 쓴맛이 나서 여러 차례 물을 갈아가면서 잘 우려낸 다음 조리한다. 뿌리만 따로 무쳐 먹어도 좋다.

배초향

두통, 식중독, 설사, 소화불량에 좋은

양지쪽 자갈밭에서 자란다.

■ 식물의 형태

높이 40~100cm이다. 줄기는 곧게 서고 윗부분에서 가지가 갈라지며 네모진다. 잎은 마주나고 달걀 모양이며 길이 5~10cm, 나비 3~7cm이다. 끝이 뾰족하고 밑은 둥글며 길이 1~4cm의 긴 잎자루가 있다.

■ 약리 효과와 효능

소화, 건위, 지사, 지토, 진통, 구풍 등의 효능이 있다. 적용질환은 감기, 두통, 식중독, 구토, 복통, 설사, 소화불량 등이다.

■ 약초의 성질

맛은 맵고 성질은 약간 따뜻하다.

■ 약용법

6~7월 꽃이 필 때에 채취하고 두 번째는 10월에 한다. 채취한 다음 햇볕에 말리거나 그늘에서 말린다. 약재를 1회에 2~6g씩 200cc의 물로 뭉근하게 달이거나 가루로 하루 3회 복용한다.

■ 산나물 요리 먹는 방법

- 봄철에 어린순을 나물로 해 먹는다. 국거리로도 쓴다.
- 향기로운 냄새를 짙게 풍기면서 약간 쓴맛을 지니고 있다.
- 입맛을 돋우는 향을 지니고 있다.

배암차즈기

기침, 천식, 비염에 특효인

잎은 자소엽이라 또는 자소라 하고 씨를 소자라 한다.

■ 식물의 형태

몸 전체가 짙은 보랏빛을 띠며 좋은 냄새를 풍기고 있다. 줄기는 모가 져 있고 곧게 가지를 치면서 70~80cm 정도의 높이로 자란다. 잎은 마디마다 2장이 마주 자리하는데 넓은 계란 모양으로 생겼다.

■ 약리 효과와 효능

적용질환으로는 감기, 오한, 기침, 구토, 소화불량, 생선에 의한 중독, 태동불안 등이다. 씨는 거담의 효능이 있고 폐와 장에 이로운 작용을 하는데 기침, 천식, 호흡곤란, 변비 등에 쓰인다.

■ 약초의 성질

맛은 맵고 쓰며 성질은 평하거나 서늘하며 독이 없다.

■ 약용법

기침, 가래에 특효가 있다. 잎은 1회에 3~5g씩 달여서 복용하고, 씨는 1회에 2~4g을 달이거나 가루로 빻아 복용한다.

■ 산나물 요리 먹는 방법

- 차즈기의 떡잎은 향신료로 생선회에 곁들인다.
- 덜 익은 열매와 연한 잎은 소금에 절여 저장식품으로 사용하기도 한다.
- 어린잎을 나물로 먹으면 독특한 향미가 있고 김치로 담가 먹기도 한다.

뱀무

관절염, 임파선염에 좋은

산과 들에서 자란다.

■ 식물의 형태

높이 25～100㎝이다. 전체에 털이 난다. 뿌리에 달린 잎은 잎자루가 길고 깃꼴로 갈라지며, 옆의 작은잎은 1～2쌍이고 작으며 작은잎 같은 부속체가 있다.

■ 약리 효과와 효능

강장, 진경, 이뇨, 거풍, 활혈, 소염 등의 효능이 있다. 적용질환은 관절염, 임파선염, 허리와 다리의 마비 및 통증, 자궁염, 대하증, 월경이 멈추지 않는 증세, 악성종기 등이다.

■ 약초의 성질

맛은 맵고 성질은 따뜻하다.

■ 약용법

한 여름에 지상부를 채취하여 그늘에 말린다. 약용으로는 약재를 1회에 2~5g씩 200cc의 물로 달이거나 생즙을 내어 하루 3회 복용한다. 생즙을 내는 생풀의 양은 15~35g이다.

■ 산나물 요리 먹는 방법

- 봄에 어린 싹을 나물로 먹는다.
- 뿌리는 생것을 그대로 된장이나 고추장에 박아 장아찌로 해서 먹기도 한다.

벼룩나물

해열, 해독, 소종의 효능이 있는

개미바늘이라고도 한다.

■ 식물의 형태

논둑이나 밭에서 흔히 자란다. 높이 15~25cm로 털이 없고 밑에서 가지가 많이 갈라져서 퍼지기 때문에 커다란 포기로 자란 것처럼 보인다.

■ 약리 효과와 효능

해열, 해독, 소종의 효능을 가지고 있다. 적용질환으로는 감기, 간염, 타박상, 치루(치질의 한 종류), 피부의 땀구멍이나 기름구멍으로 화농균이 침입함으로써 생겨나는 부스럼 등이다. 그밖에 뱀이나 벌레에 물린 상처의 치료에도 쓰인다.

■ 약초의 성질

맛은 달고 조금쓰며 성질은 따뜻하다.

■ 약용법

2~3월에 전초를 채취하여 깨끗이 씻어서 그늘에 말린다. 말린 약재를 1회에 10~20g씩, 적당한 양의 물로 달여서 복용한다.

■ 산나물 요리 먹는 방법

• 어린순을 캐어 나물로 하거나 국에 넣어 먹는다.
• 부드럽고 담백한 맛이 난다.

번행초

위장염과 위궤양, 위암, 자궁암에 좋은

바닷가에서 자라며 재배도 한다.

■ 식물의 형태

높이 40~60cm이다. 털은 없으나 사마귀 같은 돌기가 있으며 밑에서 가지가 많이 갈라져 비스듬히 서거나 옆으로 뻗는다.

■ 약리 효과와 효능

해열, 해독, 소종의 효능이 있다. 위장염과 위궤양, 위암, 자궁암, 피부의 땀구멍이나 기름구멍으로 화농균이 침입하여 생기는 부스럼 등을 치료하는 데 쓰인다.

■ 약초의 성질

맛이 약간 달고 매우며 약성은 평범한 성질이다.

■ 약용법

여름부터 가을 사이에 잎과 줄기를 채취하여 햇볕에 말리는데 생풀을 쓰는 경우도 있다. 말린 것은 쓰기에 앞서서 잘게 썬다. 말린 약재를 1회에 10~20g씩 적당한 양의 물로 달여서 하루 3회 복용하거나 생즙을 내어 마신다.

■ 산나물 요리 먹는 방법

- 1년 내내 어린순을 뜯어다가 나물이나 국거리로 사용할 수가 있다.
- 국거리는 생것을 그대로 사용해도 좋고 기름에 볶아 나물로 먹기도 한다.
- 가볍게 데쳐 나물로 하거나 국에 넣어 항상 먹으면 변비를 막아주고 강장효과도 있다.

벼룩이자리

명목, 해독의 효능이 있는

경작지와 길가에서 흔히 자란다.

■ 식물의 형태

밑에서부터 가지가 많이 갈라지고 밑으로 향한 털이 있으며 밑에서 갈라진 가지는 옆으로 벋어서 땅에 닿는다. 잎은 나비 1~5mm 정도로 마주나고 잎자루가 없으며 달걀 모양 또는 넓은 타원형이다.

■ 약리 효과와 효능

전초를 소무심채라 하며 약용한다. 명목, 해독의 효능이 있다. 치은염, 급성결막염 맥립종, 인후통을 치료한다.

■ 약초의 성질

맛은 쓰고 성질은 서늘하고 청열, 명목, 해독의 효능이 있다.

■ 약용법

여름, 가을에 전초를 채취하여 깨끗이 씻어서 그늘에 말린다. 말린 약재를 1회에 10~20g씩 적당한 양의 물로 달여서 복용하거나 생즙을 내어 마신다.

〈외용〉 부스럼에는 생풀을 짓찧어서 환부에 붙이는 방법을 쓴다.

■ 산나물 요리 먹는 방법

- 이른 봄에 어린 싹을 캐어 가볍게 데쳐서 나물로 무쳐 먹거나 국거리로 한다.
- 벼룩나물과 흡사한 맛을 가지고 있다.

샤데풀 (거채) 이뇨제, 해열, 지혈제로 쓰이는

양지쪽 자갈밭에서 자란다.

■ 식물의 형태

높이 30~100cm 정도로 곧게 자라는 줄기는 가지가 성글게 갈라지고 전체에 유백색즙이 있다. 어긋나게 달리는 잎은 잎자루가 없고 장타원형으로 끝이 둔하며 기부가 좁아져 줄기를 감싼다.

■ 약리 효과와 효능

이뇨제, 해열, 지혈제로 쓰인다.

■ 약초의 성질

맛은쓰고 성질은 차다.

■ 약용법

전초는 봄에 꽃이 피기 전에 뿌리째 뽑아서 깨끗이 씻어 햇볕에 말린다. 꽃은 여름과 가을에 꽃이 피기 직전에 채취하여 햇볕에 말린다.

전초는 15~30g을 달여 복용한다. 꽃은 6~12g을 달여 복용한다.

■ 산나물 요리 먹는 방법

- 어린잎는 식용한다.
- 이름 봄에 갓 자라나는 어린 싹을 캐어 나물로 무쳐먹는다.
- 몸집속에 떫은 맛이 나는 흰 즙을 가지고 있어 데쳐서 3~4시간 우려낸 다음 조리해야 한다.

별꽃

단백질, 칼슘, 미네랄이 풍부하게 들어 있는

밭이나 길가에 흔하게 자라는 두해살이 잡초다.

■ 식물의 형태

줄기는 밑에서 가지가 많이 갈라지며, 길이 10-20cm로 밑부분이 눕는다. 잎은 마주나며 달걀 모양이다. 꽃은 3-4월에 가지 끝 취산꽃차례에 피며, 흰색이다.

■ 약리 효과와 효능

별꽃에는 특히 약성이 풍부하다. 단백질, 칼슘, 철 같은 미네랄이 풍부하게 들어 있고 영양도 높다. 특히 위장을 튼튼하게 하고 혈액을 깨끗하게 하며 젖을 잘 나오게 한다. 또 잇몸병이나 충치, 맹장염, 장염, 장궤양 등 많은 염증을 치료하기도 한다.

■ 약초의 성질

맛은 시고 성질은 평하다.

■ 약용법

말린 약재를 1회에 10~20g씩 알맞은 양의 물로 달여 복용한다. 〈외용〉 종기의 치료를 위해서는 생풀을 짓찧어서 환부에 붙인다. 또한 불에 볶아서 가루로 빻은 약재에 소금을 섞어 다시 볶아 이를 닦으면 입안 냄새를 없앨 수 있다.

■ 산나물 요리 먹는 방법

- 봄에는 별꽃을 채취하여 나물이나 반찬으로 먹고 나머지는 엑기스를 만들어 쓴다.
- 엑기스는 장을 튼튼하게 하고 장에 필요한 균을 길러 주어 비타민 B의 흡수를 돕는다.
- 옛날부터 맹장염의 특효약이라 할 만큼 장염, 장궤양 등에 효과가 뛰어나다.

비름 각종 비타민과 칼슘을 함유하고 있는

현채, 비듬나물, 새비름이라고도 한다.

■ 식물의 형태

길가나 밭에서 자란다. 인도 원산으로 높이 1m 정도이고 굵은 가지가 뻗는다. 잎은 어긋나고 삼각형 또는 사각형의 넓은 달걀 모양으로 가장자리가 밋밋하다.

■ 약리 효과와 효능

해열, 해독, 소종의 효능을 가지고 있어 감기, 지혈과 배앓이 등에 쓰이고 각종 비타민과 칼슘을 함유하고 있어 장수나물이라고 불린다.

■ 약초의 성질

차고 맛이 달며 성질은 차고 독은 없다.

■ 약용법

5~10월에 갓 나온 어린잎을 채취하면 된다. 말린 약재를 1회에 4~10g씩 적당한 물로 뭉근히 달여서 하루 3회 복용한다. 안질은 약재를 연하게 달인 물로 닦아낸다. 치질, 종기, 뱀이나 벌레에 물린 상처에는 생잎을 짓찧어서 환부에 붙인다.

■ 산나물 요리 먹는 방법

- 맛이 담백하며 시금맛과 비슷하다. 어린순을 나물로 하거나 국에 넣어 먹는다.
- 꾸준히 먹으면 변비를 고칠 수 있고 안질에 좋은 결과를 얻을 수 있다.

| **약 죽** | 비름죽 말린 쇠비름 60g, 멥쌀 80g

- 멥쌀을 물에 불려둔다. 쇠비름을 다듬은 후 깨끗하게 씻는다. 질그릇냄비에 넣어 물을 붓고 죽을 쑨다.

뽀리뱅이

해열, 진통, 해독 등의 효능이 있는

두해살이풀이지만 경우에 따라서는 한해살이가 될 때도 있다.

■ 식물의 형태

줄기는 곧게 서서 20~100cm의 높이에 이르며 질이 연하고 가지는 거의 치지 않는다. 온몸에 잔털이 돋아나 있다. 줄기에 약간의 잎이 생겨나고 대부분의 잎은 땅거죽에 둥글게 배열된다.

■ 약리 효과와 효능

해열, 진통, 해독 등의 효능이 있다. 적용질환은 감기로 인한 열, 편도선염, 인후염, 관절염, 요도염, 유선염 등이다. 그밖에 종기의 치료에도 쓰인다.

■ 약초의 성질

맛은 달고 쓰며 성질은 서늘하고 독이 없다.

■ 약용법

봄에는 꽃이피기 전 잎과 뿌리를, 가을철에 뿌리를 채취해 썰어 햇볕에 말린다. 말린 약재를 1회에 4~8g씩 200ml의 물로 달여서 복용한다.

〈외용〉 종기의 치료에는 생풀을 짓찧어서 환부에 붙이는데 이 방법은 뱀이나 벌레에 물린 상처에도 효과가 있다.

■ 산나물 요리 먹는 방법

- 뽀리뱅이를 데쳐서 된장에 무치면 나물로 먹으면 쌉쌀하고 맛있다.
- 연한 잎을 채취하여 된장국으로 해서 먹어도 좋다. 김치나 장아찌를 담가 먹어도 좋다.
- 잎만 데쳐 말리거나 뿌리째 소금물에 데쳐 묵나물로 말려서 놓으면 1년 내내 먹을 수 있다.

사상자

남성의 양기를 돕고 여성의 음기를 돕는

뱀도랏이라고도 한다.

■ 식물의 형태

풀밭에서 자란다. 높이 30~70cm이다. 전체에 눈털이 나며 줄기는 곧게 선다. 잎은 어긋나고 3장의 작은잎이 나온 잎이 2회 깃꼴로 갈라지며 길이 5~10cm이다.

■ 약리 효과와 효능

여성의 자궁을 따뜻하게 하고 남성의 성기를 강하게 한다. 오랫동안 복용하면 얼굴색이 좋아지고 자식을 낳을 수 있게 한다. 남성의 양기를 돕고 여성의 음기를 돕는다.

■ 약초의 성질

맛은 맵고 쓰며 성질은 따뜻하다.

■ 약용법

약용으로는 말린 열매를 1회에 2~4g씩 200cc의 물로 뭉근하게 달여서 하루 3회 복용한다. 음부나 피부의 가려움증, 습진 등에는 약재를 달인 물로 환부를 세척하거나 가루로 빻아 뿌린다.

■ 산나물 요리 먹는 방법

• 이른 봄에 어린 싹을 뿌리와 함께 나물로 해 먹는다.
• 쓴맛이 강하므로 데쳐서 오래 우려내야 한다.

| **약 술** | 사상자술 사상자 150g, 소주 1000㎖, 설탕 100g, 과당 50g

• 사상자를 용기에 넣고 20°짜리 소주를 붓는다. 그다음 공기가 통하지 않게 밀봉하여 시원한 곳에 보관하면 된다. 처음 5일 동안 침전을 막아주기 위해서 1일 1회 정도 용기를 가볍게 흔들어 줘야만 한다.

| **약 차** | 사상자차 사상자 30g, 물 500㎖

• 다관에 사상자와 물을 넣고 달인 후 3~5번에 나누어 복용하면 됩니다.

사철쑥

해열, 이뇨, 발한, 진통에 좋은

애탕쑥이라고도 한다.

■ 식물의 형태

냇가의 모래땅에서 흔히 자란다. 높이 30~100cm이다. 밑부분은 목질이 발달하여 나무같이 되고 가지가 많이 갈라진다.

■ 약리 효과와 효능

해열, 이뇨, 발한, 진통, 정혈 등의 효능을 가지고 있다. 적용질환은 황달, 요독증, 각종 급성열병, 간염, 담낭염, 담석증 등이다. 또한 두통이나 입안이 허는 증세에도 효과가 있다.

■ 약초의 성질

성질은 맛은 쓰고 성질은 약간 차다.

■ 약용법

말린 약재를 1회에 4~8g씩 200cc의 물로 반 정도의 양이 되도록 천천히 달여서 하루 3회 복용한다. 입안이 허는 증세에는 같은 방법으로 달인 물로 하루에 여러 차례 양치질한다.

■ 산나물 요리 먹는 방법

- 쓴맛이 있으므로 데쳐서 오래도록 우려내어 사용한다.
- 봄에 어린 풀을 뜯어다가 나물로 해서 먹는다.
- 쓴맛을 우려낸 것을 잘게 썰어 쌀과 섞어서 쑥떡을 만들어 먹기도 한다.

| **약 차** | **사철쑥차** 인진호 15g, 물 600ml,
- 끓기 시작하면 약불로 줄여 30분 정도 달인 후 1일 2~3잔 기호에 따라 꿀이나 설탕을 가미해서 음용한다.

산비장이

해독하는 효능이 있는

여러해살이풀이다.

■ 식물의 형태

전국의 산과 들에 자라는 본 분류군의 꽃은 8-10월에 피며 열매는 11월에 맺는다. 뿌리줄기는 나무질이다. 줄기는 곧추서며, 위쪽에서 가지가 갈라지고, 높이 30-150cm다. 잎은 어긋난다. 줄기 아래쪽과 가운데 잎은 잎자루가 있고, 난상 타원형, 깃꼴로 완전히 갈라진다.

■ 약리 효과와 효능

천연두의 발진을 잘 돋아나게 하고, 생리통과 치질에 약효가 있으며, 해독하는 효능이 있다.

■ 약초의 성질

맛이 맵고 쓰고 찬 성질이 있다.

■ 약용법

가을에 전초를 채취하여 말린다. 말린 것 10g에 물 700ml를 붓고 달여서 마신다.

■ **산나물 요리 먹는 방법**

- 약간 쓰고 떫은맛이 나기 때문에 데쳐서 찬물에 반나절 가량 담갔다가 사용한다.
- 봄에 어린 싹을 나물로 해먹는다.
- 국에 넣어 먹기도 하며 유럽과 일본에서는 명주헝겊을 물들이는데도 쓰인다.

소귀나물 소종, 해독의 효능이 있는

■ 식물의 형태

뿌리줄기는 짧고 수염뿌리가 사방으로 자라며 땅속줄기는 옆으로 뻗으며 끝에 덩이줄기가 달린다. 비늘조각으로 둘러 싸여 있으며 눈이 나온다. 줄기는 곧게 서며 한데 뭉쳐서 나며 높이 50~70cm 정도 자란다.

■ 약리 효과와 효능

자고는 행혈통림의 효능이 있으면 산후의 혈민, 태의불하, 임병, 해수담혈을 치료한다. 자고화는 명목, 거습의 효능이 있으며, 정종, 치루를 다스린다. 자고엽은 소종, 해독의 효능이 있다.

■ 약초의 성질

맛은 맵고 성질은 차며 독성이 약간 있다.

■ 약용법

7~8월에 뿌리 끝에 달린 알줄기를 채취하여 햇볕에 말린다. 황달에 40g을 물에 달여서 복용한다.

〈외용〉 짓찧어 바르거나 가루내어 개어서 바른다.

■ 산나물 요리 먹는 방법

- 달여서 또는 짓찧어서 즙으로 복용한다.
- 덩이줄기는 식용한다.

석잠풀

기관지염, 폐병을 치료하는 데 쓰는

석잠풀은 우리나라 전역에서 자라는 숙근성 다년생 초본이다.

■ 식물의 형태

생육환경은 양지바르고 물 빠짐이 좋은 곳에서 자란다. 키는 30~60cm이고, 잎은 길이가 4~8cm, 폭이 1~2.5cm, 잎자루 길이가 0.5~1.5cm이고 마주나며 피침형으로 끝은 뾰족하다. 꽃은꽃은 6-8월에 핀다.

■ 약리 효과와 효능

온몸에 땀이 나게 하고 호흡을 조절해주며 지혈과 종기를 가시게 하는 효능이 있다. 적용질환은 감기를 비롯하여 두통, 인후염, 기관지염, 폐병을 치료하는 데 쓴다. 종기가 났을 때에도 치료약으로 사용한다.

■ 약초의 성질

성질은 서늘하고 맛은 달고 쓴맛이 있다.

■ 약용법

봄, 가을에 덩이줄기를 캐내어 깨끗하게 씻어서 햇볕에 말린다. 내과 질환에 대해서는 1회에 말린 것 3~6g을 200cc의 물로 달여 하루 3회 복용한다. 하루 용량은 10~20g이다.

■ 산나물 요리 먹는 방법

- 봄에 어린 순을 채취하여 나물이나 국거리로 먹는다.
- 끓는 물에 데친 후 잠시 찬물에 담가 우려내고 요리한다.

섬초롱꽃

해독제로서 약용에 쓰이는

흰색 바탕은 흰섬초롱꽃, 꽃이 짙은 자줏빛인 것을 자주섬초롱꽃이라고 한다.

■ 식물의 형태

바닷가 풀밭에서 자란다. 줄기는 곧게 서며 높이 30~90cm이다. 흔히 자줏빛이 돌고 능선이 있으며 비교적 털이 적다. 뿌리잎은 잎자루가 길고 달걀모양의 심장형이며 가장자리에 톱니가 있다.

■ 약리 효과와 효능

한방에서는 천식, 보익, 경풍, 한열, 폐보호, 편도선염, 인후염 등에 효과가 있다고해요. 잎은 채소로 주로 이용하지만 뿌리는 거담, 해독제로서 약용에 쓰이며. 종기와 벌레 물린데, 뱀 물린 데 해독작용이 있다.

■ 약초의 성질

맛은 쓰고 성질은 서늘하다.

■ 약용법

7~8월에 전초를 베어서 흙을 제거하고 햇볕에 말린다. 전초 10g에 물 700ml를 넣고 달인 액을 반으로 나누어 아침, 저녁으로 복용한다.

■ 산나물 요리 먹는 방법

- 어린잎과 줄기를 생으로 무쳐 먹는다. 연한 잎과 줄기를 따서 쌈채로 이용한다.
- 생잎은 무침나물이나 튀김에 이용된다. 데쳐서 나물로도 먹는다.
- 연한 잎과 잎자루, 뿌리를 먹는데 맛이 순하고 담백하여 쌈이나 샐러드로 먹는다.
- 뿌리는 육질이어서 쌉쌀하여 도라지나 더덕처럼 무침, 구이, 볶음요리에 이용된다.

소리쟁이

암 예방에 탁월한 효능이 있는

습지 근처에서 자란다.

■ 식물의 형태

높이 30~80 cm이다. 줄기가 곧게 서고 세로에 줄이 많으며 녹색 바탕에 흔히 자줏빛이 돌며, 뿌리가 비대해진다.

■ 약리 효과와 효능

위나 장에 생길 수 있는 염증을 완화시켜주어 위염을 예방해주며 위암이나 대장암 등과 같은 암 예방에 탁월한 효능을 지녔다 이외에도 해열작용과 신장기능 염증 만성기침, 가래 개선 및 지혈작용과 상처치료에 좋다.

■ 약초의 성질

맛은 쓰며 성질은 차고 독성이 약간 있다.

■ 약용법

뿌리는 8~9월 또는 가을에 뿌리를 채취한다. 장위에 열이 쌓여 변비에 햇빛에 말려 겉껍질을 버리고 가루낸 것을 한번에 12g씩 하루 3번 미음에 타서 먹는다.

■ 산나물 요리 먹는 방법

- 소리쟁이 된장국은 근대, 시금치, 시래깃국보다 더 맛있다.
- 미끈한 진액이 국을 끓이면 더없이 미역과 같이 부드러운 건더기가 된다.
- 소리쟁이는 항균제로 이용되는 만큼 국만 먹어도 효과를 볼 수 있지만 뿌리도 좋다.
- 캐어보면 6년생 인삼 뿌리보다 크고 냄새도 인삼과 흡사하다.

솔장다리

혈압 강하의 효능이 있는

바닷가에 자라는 한해살이풀이다.

■ 식물의 형태

꽃은 7-9월에 피고 열매는 8-9월에 익는다. 줄기는 높이 50-80cm로 곧게 서며 밑에서 가지가 많이 갈라진다. 잎은 어긋나며 육질이고 끝은 가시처럼 뾰족하다. 꽃은 7-9월에 피며, 줄기와 가지 끝에서 이삭꽃차례를 이룬다.

■ 약리 효과와 효능

열매가 달린 전초를 저모채라 하며, 혈압 강하의 효능이 있고, 고혈압과 두통을 치료한다. 물 추출물을 개, 토끼의 정맥에 주사하면 혈압 강하 작용이 있고, 중추 신경계에 대한 실험에서 양성 조건반사에 대하여 억제 작용이 있다.

■ 약초의 성질

맛은 담담하고 성질은 서늘하다.

■ 약용법

여름 가을에 전초를 채취하여 햇볕에 말린다. 하루 20~40g 물에 달여서 복용한다.

■ **산나물 요리 먹는 방법**

• 열매가 달린 전초는 약용하며, 어린 순은 나물로 한다.

솜나물 해독, 거풍습 효능이 있는

솜나물은 우리나라 각처의 산과 들에서 자라는 다년생 초본이다.

■ 식물의 형태

생육환경은 토양 비옥도에 상관없이 양지바른 곳에서 자란다.

■ 약리 효과와 효능

해독, 거풍습 효능이 있어 폐에 생긴 여러 가지 열증으로 기침이 나는 증상, 습열사리(습열로 인한 이질), 열림(열로 생긴 염증, 심폐에 열이 잠복해 그 화원을 자양하지 못해 일어남)에 좋다. 이외에도 급성비뇨기계, 감염증 탕상, 외상출혈, 풍습관절통 등을 치료한다.

■ 약초의 성질

따뜻하고 맛은 쓰고 독이 없다.

■ 약용법

여름과 가을에 전초를 채취하여 햇볕에 말린다. 말린 약재를 물에 달이거나 술에 담가 마신다.

■ 산나물 요리 먹는 방법

- 어린 싹을 캐어 나물로 조리해먹는다.
- 떫은맛이 있어서 오래도록 우려내어 사용한다.
- 어린잎을 나물이나 떡을 해서 먹기도 하며 한방에서는 대청초라 하여 물에 달여 먹거나 술을 담가 먹었다.

솜방망이

감기로 인한 열, 기침, 기관지염에 좋은

솜방망이는 전국 양지바른 들에서 자라는 다년생 초본이다.

■ 식물의 형태

생육환경은 비교적 척박한 토양에서도 잘 자라지만 부엽질이 많은 양지바른 곳에서 군락을 이룬다. 키는 20~60cm 정도로 큰 편이며, 잎은 길이가 5~10cm이다.

■ 약리 효과와 효능

적용질환은 감기로 인한 열, 기침, 기관지염, 인후염, 신장염, 수종, 옴, 종기 등이다.

■ 약초의 성질

맛은 쓰고 성질은 차고 약간의 독이 있다.

■ 약용법

이른 봄에 전초와 꽃, 뿌리는 약재로 이용한다. 말린 약재를 1회에 4~7g씩 200cc의 물로 달여서 하루 3회 복용한다.

■ 산나물 요리 먹는 방법

- 쓴맛이 나고 유독성분이 함유되어 있어서 하루 정도 담가 충분히 우려낸 다음 사용해야한다.
- 봄에 어린순을 나물로 먹는다.
- 우려낸 것은 말려서 묵나물로도 이용한다.

쇠뜨기

기침, 천식, 진해, 이뇨 등에 효능이 있는

전국의 산과 들 양지바른 곳에 흔하게 자라는 여러해살이 양치식물이다.

■ 식물의 형태

세계적으로는 사막을 제외한 북반구 전역에 걸쳐 분포한다. 속이 빈 원통형의 줄기가 마디져 있고 각 마디마다 가지가 나오며 마디를 엽초가 둘러싸고 있는 독특한 특징을 지닌다.

■ 약리 효과와 효능

동의보감에 말린 약재를 달이거나 생즙을 내서 복용하면 토혈, 장출혈, 기침, 천식, 진해, 이뇨 등에 효능이 있다.

■ 약초의 성질

맛은 쓰고 성질은 서늘하다.

■ 약용법

말린 약재를 1회에 2-4g씩 200ml 물로 반이 되게 달이거나 생즙을 내서 복용하면 토혈, 장출혈, 기침, 천식, 진해와 이뇨에 효능이 있고 뜨거운 피를 식혀주는 기능이 있다.

■ 산나물 요리 먹는 방법

- 전초를 식용 및 약용한다.
- 어린순을 따서 사용한다.
- 어린순을 따서 끓는 물에 삶아 데친후에 나물로 먹는다.
- 생으로도 초고추장 또는 참기름으로 넣어 먹기도 한다.

쇠무릅(우슬) 이뇨, 강장 등에 효과가 있는

마디가 소의 무릎처럼 굵게 튀어나와 쇠무릎이라 이름 지어졌다.

■ 식물의 형태

네모진 줄기는 높이 50~100cm 정도로 곧게 자라며 가지가 많이 갈라진다. 마주나는 잎은 타원형으로 양끝이 좁으며 가장자리가 밋밋하다.

■ 약리 효과와 효능

동의보감에 신선한 뿌리를 매일 끓여 먹으면 이뇨, 강장, 통경, 관절, 각기 등에 효과가 있다. 말린 뿌리를 달여 매일 복용하면 신경통, 월경불순, 부인병 등에 좋다.

■ 약초의 성질

성질은 평하며, 무독하고 맛은 시다.

■ 약용법

뿌리를 50kg이상 채취하여 잘 씻은 후 푹 삶는다. 24시간쯤 달인 다음 약물만 24시간쯤 더 졸여 물엿처럼 되면 식혀서 냉장고에 보관해 두고 식전에 2~3순갈씩 먹으면 관절염에 좋다.

■ 산나물 요리 먹는 방법

- 어린 순은 봄에 나물로 먹는다.
- 손바닥만큼 자랐을 때 채취하여 나물로 무쳐 먹거나 밥 위에 얹어 쪄서 먹어야 부드럽다.
- 줄기나 뿌리는 차로 마시거나 술로 담가 먹기도 한다. 뿌리를 생것으로 먹을 수도 있고 말려서 차나 술로 마시면 어혈과 종기를 없애는 데 효과적이어서 생리불순이나 산후복통 등에 쓴다.

| **약 술** | 우슬술 우슬 150g, 소주 1000㎖, 설탕 150g

- 잘게 부순 우슬을 용기에 넣은 후에 25°짜리 소주를 붓는다. 그다음 뚜껑을 덮은 후에 밀봉하여 시원한 곳에 보관하면 된다. 침전을 막기 위해 5일 동안 1일 1회 가볍게 용기를 흔들어 줘야한다.

| **약 차** | 쇠무릎차 우슬 6~15g, 물 600ml.

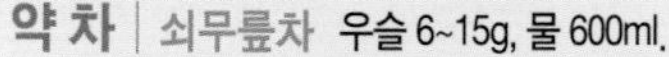

- 끓기 시작하면 약불로 줄여 30분 정도 달인 후 1일 2~3잔 기호에 따라 꿀이나 설탕을 가미해서 음용한다.

쇠비름

해열, 이뇨, 소종, 산혈 등의 효능이 있는

마치현, 마현, 마치초, 산현이라고도 한다. 다육질의 한해살이풀이다.

■ 식물의 형태

물기가 많은 줄기는 밑동에서 갈라져 땅에 엎드려서 30cm 정도의 길이로 자란다. 붉은빛을 띤 줄기는 털이 전혀 없이 미끈하다.

■ 약리 효과와 효능

해열, 이뇨, 소종, 산혈 등의 효능이 있다. 적용질환은 소변이 잘 나오지 않는 증세, 임질, 요도염, 각기, 유종, 대하증, 임파선염, 종기, 마른버짐, 벌레에 물린 상처 등이다.

■ 약초의 성질

맛은 시고 성질이 차다.

■ 약용법

잎과 줄기를 약재로 쓴다.

말린 약재를 1회에 3~6g씩 200cc의 물로 은근하게 달여서 하루 3회 복용하거나 생즙으로 복용하는 방법도 있다.

■ 산나물 요리 먹는 방법

- 봄부터 여름까지 계속 연한 순을 나물로 해 먹는다.
- 신맛이 나므로 끓는 물에 데치고 찬물에 담가 충분히 우려내고 나물 무침을 하여 먹는다.
- 데쳐서 말려 두었다가 겨울에 먹기도 한다.

| 약 죽 | 쇠비름죽 말린 쇠비름 60g, 멥쌀 80g

• 멥쌀을 물에 불려둔다. 쇠비름을 다듬은 후 깨끗하게 씻는다. 질그릇냄비에 넣어 물을 붓고 죽을 쑨다.

쇠서나물 기관지염, 기침에 쓰이는

우리나라 전역에 분포하는 2년생 초본이다.

■ 식물의 형태

생육환경은 반그늘 혹은 양지에서 자란다. 키는 약 90cm 정도이고, 잎은 뿌리에서 나온 것은 꽃이 필때 없어지고 줄기에서 나온 잎은 길이 8~22cm, 폭 1~4cm의 배 모양으로 되어 있고 끝은 뾰족하다.

■ 약리 효과와 효능

전초를 모련채라 하여 고미건위, 진정에 약용하며 유행성감모, 기관지염, 기침, 유선염, 설사에 쓴다.

■ 채취시기

어린잎을 채취하여 사용한다.

■ 산나물 요리 먹는 방법

- 어린잎을 물에 우려 쓴맛을 제거한 후 나물로 먹기도 하고 밥에도 넣어 먹기도 한다.
- 봄에 어린 잎을 삶아서 물에 담가 헹군 뒤 나물 무침을 하여 먹는다.
- 삶은 것은 말려서 묵나물로 이용한다.

수송나물

고혈압, 황달에 효과가 있는

바닷가에 자라는 한해살이풀이다.

■ 식물의 형태

줄기는 높이 20-50cm, 밑에서 가지가 갈라져 비스듬히 자라며, 털이 없고 윤기가 난다. 잎은 어긋나며 선형이고 끝은 뾰족하고 연하지만 나중에는 딱딱해진다. 꽃은 7-9월에 피며, 잎겨드랑이에 1개씩 달리거나 짧은 이삭꽃차례를 이룬다.

■ 약리 효과와 효능

영양이 풍부하고 온갖 염증과 비만증, 고혈압, 황달에 효과가 있다.

■ 약초의 성질

맛은 쓰고 성질은 서늘하다.

■ 약용법

5월 무렵에 전초를 채취하여 살짝 데쳐서 햇볕에 말린다. 하루 20~40g을 물에 달여서 복용한다.

■ **산나물 요리 먹는 방법**

- 어린 순과 잎을 따서 삶든가 데쳐서 나물로 무쳐도 먹기도 하고, 샐러드를 만들거나 볶아 먹기도 한다.
- 찌개나 국거리로도 활용되며 튀김으로도 먹을 수 있다.

수영

해열, 지갈의 효능이 있는

전국의 산과 들에 자라는 여러해살이풀이다.

■ 식물의 형태

줄기는 높이 30-80cm이다. 원줄기는 녹색 또는 홍자색을 띠며 신맛이 난다. 근생엽은 총생하며 장타원형으로 길이 3-6cm, 폭 1-2cm이다.

■ 약리 효과와 효능

뿌리를 약재로 하는데 산모근. 산모, 산탕채, 산양제라고 뿌리에 크리소판산과 칼리움옥살레트, 수산, 타닌, 옥시메틸안스라치논이 함유되어 있으며, 해열, 지갈, 이뇨 등의 효능을 가지고 있다. 적용질환은 방광결석, 토혈, 혈변, 소변이 잘 나오지 않는 증세 등이다.

■ 약초의 성질

성질이 서늘하고 맛은 시며 독이 없다.

■ 약용법

여름에서 가을 사이에 뿌리를 캐서 햇볕에 말린다. 수산 성분이 있어 한꺼번에 너무 많은 양을 먹으면 신진대사 기능이 떨어지는 현상을 일으키기도 한다.말린 약재를 1회에 3~6g씩 200ml의 물로 달여서 복용한다.

■ 산나물 요리 먹는 방법

- 연한 줄기와 잎은 식용하며, 뿌리는 약용한다.
- 어린순이나 어린잎을 채취하여 소금에 절여서 먹기도 하고 나물로 해 먹는다.
- 뿌리도 같은 방법으로 먹을 수 있는데 수산이 함유되어 있어 신맛이 난다.
- 주의해야 할 점은 많은 양을 먹으면 신진대사 기능이 저하가 될 수 있어 소량으로 먹는것이 좋다.

순채

약리실험에서 항암작용도 있다고 밝혀진

부규, 순나물이라고도 한다. 중국 원산이다.

■ 식물의 형태

연못에서 자라지만 옛날에는 잎과 싹을 먹기 위해 논에 재배하기도 하였다. 뿌리줄기가 옆으로 벋으면서 길게 자라서 50~100cm나 되고 잎이 수면에 뜬다.

■ 약리 효과와 효능

약으로 쓰면 열을 내리고나 이뇨제로 많이 쓰이고 부은 것을 내리고, 독을 푸는 데도 효과가 있으며, 이질, 황달, 부스럼 등에도 처방한다. 기록에 따르면 약리 실험에서 항암작용도 있다고 밝혀져 있다.

■ 채취시기

늦봄이나 초여름에 물속에 들어 있는 순채의 어린 잎 순을 우무질과 함께 채취하여 사용한다.

■ 약초의 성질

성질이 차고(서늘하다고도 한다) 맛이 달며 독이 없다.

■ 약용법

5~7월 경엽을 채취한다. 물에 달여서 복용하거나 국을 끓여 먹는다.

〈외용〉 외상에는 어린잎을 짓찧어 환부에 붙인다.

■ **산나물 요리 먹는 방법**

- 주로 나물로 막장에 무쳐 먹는다.
- 오이와 섞어 양념장으로도 무쳐먹거나 전골이나 탕, 고기요리에도 사용할 수가 있다.

쉽싸리

혈액 순환을 원활하게 해주는

쉽싸리는 우리나라 각처의 산에서 나는 다년생 초본이다.

■ 식물의 형태

생육환경은 낙엽수가 있는 반그늘이나 양지쪽의 물 빠짐이 좋은 곳에서 자란다. 키는 1m 정도로 자라는 비교적 큰 식물이다.

■ 약리 효과와 효능

혈액 순환을 원활하게 해주고 이뇨, 소종 등의 효능을 가지고 있다. 월경불순, 폐경, 산후 어혈로 인한 복통, 요통, 타박상 등이다.

■ 약초의 성질

약간 따뜻하고, 독이 없으며, 맛은 쓰고 맵다.

■ 약용법

말린 약재를 1회에 2~4g씩 200cc의 물로 반 정도의 양이 되도록 뭉근하게 달이거나 가루로 빻아서 하루 3회 복용한다.

〈외용〉 짓찧어 환부에 붙이거나 달여서 환부에 김을 쐬고 닦아낸다.

■ 산나물 요리 먹는 방법

- 어린순을 채취하여 나물로 무쳐 먹는다.
- 쓴맛이 있어서 데쳐서 찬물에 잘 우려낸 다음 조리를 해야 한다.
- 이른봄에 굵은 땅속줄기를 캐어 나물로 무치거나 삶아 먹기도 한다.

| **약 차** | **쉽싸리차** 택란 3~9g, 물 600ml.

- 끓기 시작하면 약불로 줄여 30분 정도 달인 후 1일 2~3잔 기호에 따라 꿀이나 설탕을 가미해서 음용한다.

쑥부쟁이

해열제나 이뇨제 등으로 사용되는

쑥부쟁이는 우리나라 각처의 산과 들에서 자라는 다년생 초본이다.

■ 식물의 형태

국화과의 여러해살이풀로 키가 1m까지 자라며 뿌리줄기가 옆으로 기면서 자란다. 잎이 어긋나고 기부가 밋밋하면서 중간부터 톱니가 있다. 꽃은 7~10월경에 설상화는 자주색, 통상화는 노란색으로 달린다.

■ 약리 효과와 효능

식물 전체를 건조시켜 해열제나 이뇨제 등으로 사용한다. 이른 봄에 새순을 채취해 먹기도 한다. 해열, 기침, 천식, 어깨 결림, 벌레 독 제거 등에 효능이 있다.

■ 약초의 성질

맛은 쓰고 성질은 서늘하다.

■ 약용법

말린 약재 5~10g에 물 800ml를 넣고 약한 불에서 반으로 줄 때까지 달여 하루 2~3회로 나누어 마신다. 생 것은 40g을 물 2L에 넣고 약한 불로 달여 1/3로 졸인다. 달임액을 냉장보관하고 하루에 1~2번 따뜻하게 해서 마신다. 중풍, 해열, 해독, 거담, 지해의 효능이 있다.

■ 산나물 요리 먹는 방법

- 봄에 어린순을 채취하여 봄나물과 같이 버무려 먹는다.
- 봄에 말려둔 나물을 겨울에 먹어도 좋고 식물전체를 건조시켜 약재로 많이 사용한다.

쓴바귀

위장약이나 진정제로 사용되는

쓴바귀는 우리나라 중부 이남의 산이나 들에 흔히 나는 다년생 초본이다.

■ 식물의 형태

생육환경은 양지 혹은 반그늘의 어느 곳에서도 잘 자란다. 키는 25~50㎝이고, 잎은 끝이 뾰족하고 밑은 좁아져 잎자루로 이어지며 1/2 이하에 치아 모양의 톱니가 생긴다.

■ 약리 효과와 효능

잎이나 줄기 모두가 쓴 맛이 강하고 자르면 흰 즙이 나온다. 이른 봄 뿌리와 줄기를 채취해 나물로 무쳐먹거나, 부침으로도 먹는다. 동의보감에 말린 약재를 달여서 복용하면 해열, 건위, 조혈, 소종 등에 효능이 있다.

■ 약초의 성질

성질이 차고 맛이 쓰며 독이 없다.

■ 약용법

1회에 2~4g씩 200ml의 물로 달여서 복용한다. 생 것은 200g을 물 2L에 넣고 약한 불로 달여 800ml로 졸인다. 달임액을 냉장보관하고 하루에 1~2번 따뜻하게 해서 마신다. 그러나 설사를 자주 하는 사람은 먹지 않는 것이 좋다.

■ 산나물 요리 먹는 방법

- 나물로 먹을 때는 살짝 데쳐서 물에 담가 쓴 맛을 우려낸 다음 볶거나 무친다. 약간 쓴맛이 난다.
- 어린순과 뿌리는 식용, 전초는 약용으로 쓰인다
- 이른 봄에 뿌리와 어린잎을 캐서 먹는 대표적인 봄나물이다.

| 약 죽 | 쓴바귀죽 쓴바귀 70g, 두유1컵, 백미 2컵, 소금 약간

- 백미를 물에 넣어 충분하게 불린 다음 물기를 제거한다. 쓴바귀를 깨끗하게 씻어 믹서에 물을 조금 넣고 간다. 질그릇냄비에 쌀알이 퍼질 때까지 쑨다.

양지꽃

소화기능을 튼튼하게 해주고 음기를 보강하는

양지꽃은 전국의 산과 들에 자라는 다년생 초본이다.

■ 식물의 형태

생육환경은 토질에 관계없이 잘 들어 오는 곳에서 자란다. 키는 30~50㎝이고, 잎은 길이가 1.5~5㎝, 폭은 1~3㎝로 여러 개가 나와 사방으로 퍼진다.

■ 약리 효과와 효능

소화기능을 튼튼하게 해주고 음기를 보강하며 혈액순환 장애로 인한 만성적인 영양부족을 치료한다.

■ 약초의 성질

맛은 달고 성질은 따뜻하며 독성이 없다.

■ 약용법

전초는 여름에, 뿌리는 연중 수시로 채취하여 깨끗이 씻어 햇볕에 말린 후 보관하여 필요할 때 사용한다. 하루 용량 9~15g을 달여서 복용한다.

■ 산나물 요리 먹는 방법

- 다른 풀에 비해 일찍 싹트기 때문에 이른 봄에 새순을 따서 나물로 먹는 된다.
- 국으로 만들어 먹어도 좋다. 어린순은 식용, 뿌리를 포함한 전초는 약용으로 쓰인다.

애기수영

항암 효과가 있는

유럽이 원산지이다.

■ 식물의 형태

길가나 빈터에서 자란다. 뿌리줄기가 옆으로 벋으면서 번식하고, 줄기는 곧게 서며 높이가 20~50㎝이고 털 모양의 돌기가 있으며 모가 난 세로줄이 있고 자줏빛이 돌며 잎과 더불어 신맛이 난다.

■ 약리 효과와 효능

한방에서는 잎과 줄기를 소산모라는 약재로 쓰는데, 항암 효과가 있으며, 폐결핵으로 인한 각혈에 지혈 효과가 있다.

■ 약초의 성질

맛은 시고 떫으며 성질은 서늘하다.

■ 약용법

여름에서 가을 사이에 뿌리를 캐서 햇볕에 잘 말린다. 쓰기에 앞서서 잘게 썬다. 뿌리를 채취하여 햇볕에 잘 말려서 사용한다. 말린 약재를 1회에 3~6g씩 200cc의 물로 달여서 하루 3회 복용한다.

〈외용〉 종기와 옴에는 생뿌리를 찧어서 환부에 붙인다.

■ 산나물 요리 먹는 방법

- 연한 줄기와 잎은 식용한다.
- 어린순을 살짝 절여서 먹거나 데쳐서 나물로 먹는다.
- 뿌리도 같은 방법으로 먹을 수 있는데 신맛이 있다.

양하

진해, 거담 효과가 있는

아시아 열대 지방이 원산지이다.

■ 식물의 형태

뿌리줄기는 옆으로 벋고 비늘 조각 모양의 잎으로 덮인다. 잎은 바소꼴 또는 긴 타원 모양이고 밑 부분이 잎집으로 되어 서로 감싸면서 줄기 모양으로 자라 높이가 40~100cm에 달한다.

■ 약리 효과와 효능

한방에서는 뿌리줄기와 종자를 약재로 쓰는데, 뿌리줄기는 여성의 생리불순과 백대하를 치료하고 진해, 거담 효과가 있으며 종기와 안구 충혈에도 사용한다.

■ 약초의 성질

성질이 약간 따뜻하고 맛이 매우며 도기 약간 있다.

■ 약용법

가을에 뿌리줄기를 채취하여 햇볕에 말린다. 9~15g을 달여서 복용하거나 분말로 하거나 짓찧어 즙으로 만들어 복용한다. 종자는 30~60g을 달여서 복용한다.

■ 산나물 요리 먹는 방법

- 양하는 날로 먹는다.
- 보통은 매우 곱게 썰어서 샐러드에 만들어 먹거나 장식용으로 사용하기도 한다.
- 양하는 다른 나물에 비해서 섬유질이 많아 조금 질긴 식감을 나타내는데 조리를 할 때는 양념을 적게 사용하는 것이 좋다.

엉겅퀴

신경통 치료에 사용되는

좁은잎엉겅퀴, 가시엉겅퀴, 흰가시엉겅퀴라고 한다.

■ 식물의 형태

산이나 들에서 자란다. 줄기는 곧게 서고 높이 50~100cm이고 전체에 흰 털과 더불어 거미줄 같은 털이 있다. 뿌리 잎은 꽃필 때까지 남아 있고 줄기 잎보다 크다.

■ 약리 효과와 효능

가을에 줄기와 잎을 그늘에 말린 대계는 이뇨제, 지혈제 등이나 신경통 치료에 사용된다. 봄에 어린잎은 채취해 국을 끓여 먹거나 나물로도 데쳐 먹고, 줄기는 껍질을 벗겨 장아찌로 먹는다.

■ 약초의 성질

성질은 평하고 맛은 쓰며 독이 없다.

■ 약용법

6~8월경 꽃이 피는 시기에 지상부를, 9월경에 뿌리를 캐서 햇볕에 말린다. 말린 약재를 1회에 2~4g씩 200ml의 물로 달이거나 가루로 빻아서 복용한다.

〈외용〉 종기의 치료에는 생뿌리나 생잎을 찧어서 환부에 붙인다.

■ **산나물 요리 먹는 방법**

- 어린잎을 채취하여 싱싱한 상태로 데쳐서 무쳐먹거나 튀김으로 조리할 수 있다.
- 어린잎이나 부드러운 줄기와 뿌리, 줄기를 식재로 이용한다.튀김으로 할 때는 어린잎과 꽃, 줄기도 함께 채취하여 사용할 수가 있다. 줄기는 쓴맛이 있어서 물에 불려 제거한 후에 사용한다.

| **약 차** | 엉겅퀴차 대계 9~15g(신선품 30g), 물 600ml.

- 끓기 시작하면 약불로 줄여 30분 정도 달인 후 기호에 따라 꿀이나 설탕을 가미해서 음용한다.

여뀌

지혈, 소종의 효능이 있는

물가에서 자라나는 한해살이풀이다.

■ 식물의 형태

꽃은 7-10월에 피며, 열매는 8-11월에 익는다. 줄기는 곧게 일어서고 가지를 치면서 60cm 정도의 높이로 자라는데 털이 거의 없고 홍갈색 빛을 띤다.

■ 약리 효과와 효능

지혈, 소종의 효능이 있다. 따라서 적용질환은 이질, 설사, 장출혈, 각기, 월경과다, 월경이 멈추지 않는 증세, 타박상 등이다.

■ 약초의 성질

성질은 따뜻하고 맛은 매우며 독이 없다.

■ 약용법

말린 여뀌 20g에 물 500ml를 붓고 센 불로 한번 끓인 후 은은한 불로 그 액이 반으로 줄 때까지 달여 하루 2~3번 나누어 마신다. 단, 열매는 많이 먹으면 유산 위험이 있어 주의해야 한다.

■ 산나물 요리 먹는 방법

- 뿌리를 포함한 모든 부분을 약재로 쓰는데 흰여뀌도 함께 쓰인다.
- 어린 싹을 채취하여 생선회에 곁들여 먹는다.
- 생선회에 같이 먹는 것은 여뀌의 매운맛이 생선의 비린내를 없애주기 때문이다.

여주 살아있는 인슐린이라 불려 당뇨에 좋은

아시아 열대산이며 관상용으로 심는다.

■ 식물의 형태

줄기는 가늘고 길이 1~3m 자라며 덩굴손으로 다른 물건을 감아서 올라간다. 잎은 어긋나고 자루가 길며, 가장자리가 5~7개로 갈라진다.

■ 약리 효과와 효능

여주의 성분 중 가장 좋은 성분은 식물인슐린과 카란틴이란 성분이 있어 살아있는 인슐린이라 불려 당뇨에 좋고, 더위로 인해 식욕이 없거나 떨어져 몸 상태가 좋지 않을 때 먹으면 식욕이 생기도록 도와준다.

■ 약초의 성질

성질이 차갑고 맛이 써서 열을 내리는 효능이 뛰어나다.

■ 약용법

가을에 열매를 따서 얇게 썰어 햇볕에 말리거나 신선하게 사용한다. 말린 열매 10g에 물700ml을 넣고 달인 액을 반으로 나눠서 아침, 저녁으로 복용한다. 당뇨에 좋다.

■ 산나물 요리 먹는 방법

- 생 여주를 반찬으로 만들어 먹기도 한다.
- 어린 열매와 홍색 종피는 식용으로 하고 종자는 약용으로 한다. 보통은 말린 여주를 차로 끓여 먹는다.
- 여주는 쓴맛이 강하지만 건조했을 때는 쓴맛의 강도가 줄어들기 때문이다.
- 천연 인슐린이 많이 함유하고 있어서 돼지감자와 함께 당뇨환자들에게 아주 좋은 식품이다.

연꽃 마음을 안정시키는 효능이 있는

아시아 남부와 오스트레일리아 북부가 원산지이다.

■ 식물의 형태

진흙 속에서 자라면서도 청결하고 고귀한 식물로, 여러 나라 사람들에게 친근감을 주어 온 식물이다. 연못에서 자라고 논밭에서 재배하기도 한다.

■ 약리 효과와 효능

가장 많이 사용하는 부분은 열매로 기력을 돕고 오장을 보호해주며 갈증과 설사를 없애준다. 특히 마음을 안정시키는 효능이 있다. 연꽃의 노란 수술 말린 것은 치질과 치루를 치료하는 데 쓰이고 당뇨병으로 인한 심한 갈증을 멎게 하고 혈당조절에 효과가 있다.

■ 약초의 성질

성질이 따뜻하고 독이 없다.

■ 약용법

말린 약재 1.5g에 물 900ml를 넣고 약한 불에서 반으로 줄 때까지 졸여 하루 2~3회로 나누어 마신다.

■ 산나물 요리 먹는 방법

• 연꽃 잎으로 밥을 싸서 연잎 밥을 만들어 먹기도 한다.

• 연한 연잎을 채취하여 삶아서 밥을 사서 먹기도 하고 연자육은 덜 여물었을 때는 껍질을 벗기셔서 생으로 먹기도 하고 건조시켜 물이나 차로 끓여먹는다.

| **약 차** | 연자육차 연자육 20g과 물 600㎖

• 다관에 연자육 20g과 물 600㎖ 정도를 넣고 달인 다음 2~5회에 나누어 마시면 된다.

| **약 죽** | 연근죽 연근 250g, 백미 100g, 설탕 15g

• 백미를 물에 넣어 충분하게 불린 다음 물기를 제거한다. 연근의 껍질을 벗긴 다음 물에 담가둔다. 적당한 크기로 썰어둔다. 질그릇냄비에 넣어 물을 붓고 죽을 쑨다.

옥잠화

열을 내리고 해독효능이 있는

옥비녀꽃, 백학석이라고도 한다. 중국 원산이며 관상용으로 심는다.

■ 식물의 형태

굵은 뿌리줄기에서 잎이 많이 총생한다. 잎은 자루가 길고 달걀 모양의 원형이며 심장저로서 가장자리가 물결 모양이고 8~9쌍의 맥이 있다. 꽃은 8~9월에 피고 흰색이며 향기가 있고 총상으로 달린다. 6개의 꽃잎 밑부분은 서로 붙어 통 모양이 된다.

■ 약리 효과와 효능

옥잠화잎은 열을 내리고 해독효능이 있어 몽아리와 종기를 가라앉히며, 각종 피부질환, 여드름, 주근깨를 없애는 효능이 있다. 옥잠화뿌리는 옥잠화근이라 하여 소종에 좋고 해독과 지혈의 효능이 있다.

■ 약초의 성질

맛은 달고 약간 쓰며 성질은 따뜻하고 평하다.

■ 약용법

뿌리 20g에 물 800ml를 넣고 달인 액을 반으로 나누어 아침, 저녁으로 복용하거나 짓찧어서 즙을 복용한다.

■ 산나물 요리 먹는 방법

• 봄에 연한 잎줄기를 채취하여 나물로 먹는다.
• 봄에 어린 잎을 끓는 물에 살짝 데친 후 잠시 찬물에 담가 떫은 맛을 우려내고 쌈채로 쓰거나 나물 무침을 하여 먹는다.

올방개

혈압도 내리고 고혈압에 좋은

습지에 자라는 여러해살이풀이다.

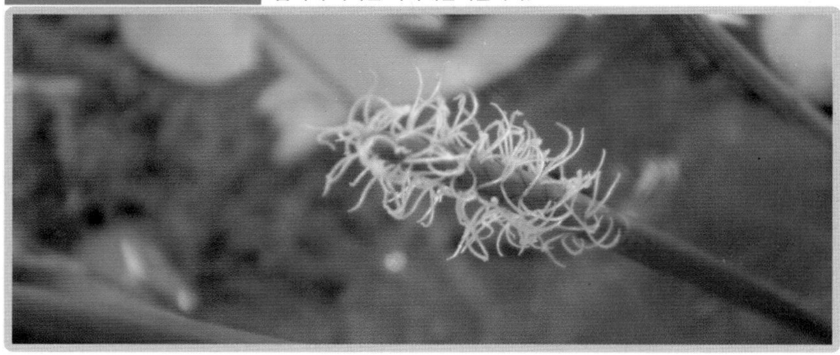

■ 식물의 형태

땅속줄기는 옆으로 길게 벋으며 끝에 덩이줄기가 달린다. 줄기는 높이 50-100cm, 지름 3-5mm이며 둥글다. 줄기 속에는 격막이 있어 마디처럼 보인다. 밑부분에 잎집이 있으며 막질이고 비스듬히 자른 모양이다.

■ 약리 효과와 효능

혈압도 내리고 고혈압, 기관지, 치질, 출혈에 좋으며 전분을 만들어 먹으면 위장이 튼튼해지고 술의 해독에도 좋다.

■ 약초의 성질

맛은 달고 차가운 성질이 있다.

■ 약용법

겨울에 덩이 뿌리를 캐서 흙을 제거하여 신선하게 사용하거나 바람에 말린다. 말린 약재 30~60g에 물 800ml를 넣고 약한 불에서 반으로 줄 때까지 달여 하루 2~3회 나누어 마신다.

■ 산나물 요리 먹는 방법

- 약용하거나 식용한다.
- 가을에 뿌리에 달린 덩이줄기를 채취하여 껍질을 까서 흰 속을 생으로 먹는다.
- 흉년에 식량을 대신하는 훌륭한 구황 식품이다.

옹굿나물 온폐, 화담, 화중, 이뇨의 효능이 있는

전국적으로 분포하고 있다.

■ 식물의 형태

공터나 냇가 등에 형성되는 풀밭 속에 난다. 여러해살이풀로 땅속줄기가 자라며 증식되어 나간다. 줄기는 곧게 서서 60cm 안팎의 높이로 자라며 윗부분에서 약간의 가지를 친다. 가지 부분에는 약간의 잔털이 난다.

■ 약리 효과와 효능

온폐, 화담, 화중, 이뇨의 효능이 있다.

해수기천, 장명이 있는 설사, 이질, 소변단삽을 치료한다.

■ 약초의 성질

성질은 따뜻하고 맛은 맵고 독성이 없다.

■ 약용법

뿌리를 포함한 전초를 여름에 채취하여 햇볕에 말린다. 전초 또는 뿌리 15~20g을 물에 달여 하루 2~3번에 나누어 식후에 먹는다.

■ 산나물 요리 먹는 방법

- 전초는 약용으로 사용하고 어린 싹을 나물로 먹는다.
- 약간 떫고 쓴맛이 나므로 데친 다음 찬물에 담가 두었다가 쓴맛이 빠지면 사용한다.
- 먹는 방법이 다르지만 어느곳에서는 데쳐서 우려낸 것을 잘게 썰어 쌀과 섞어서 나물밥을 지어먹기도 한다.

왜제비꽃 가래를 삭이며 소변을 잘 나오게 하는

산이나 들에서 자란다.

■ 식물의 형태

뿌리줄기는 짧고 원줄기가 없다. 잎은 모여나고 달걀 모양 , 세모꼴의 달걀 모양 , 넓은 달걀 모양 등으로 끝이 둔하다. 또한 가장자리에 둔한 톱니가 있고 잎자루가 길다.

■ 약리 효과와 효능

제비꽃의 맛은 쓰고 매우며 성질은 차다. 가래를 삭이며 소변을 잘 나오게 하며 불면증과 변비에도 효과가 있다. 특히 제비꽃은 생인손을 앓을 때 날로 찧어 붙이면 신기하리 만큼 잘 낫는다.

■ 약초의 성질

성질은 차고 맛은 쓰다.

■ 약용법

5~6월 열매가 익으면 전초를 채취하여 그늘에 말린다.말린 것 15-30g(신선한 것은 60-90g)을 달여서 복용하거나 생즙 또는 분말로 하여 복용한다.

〈외용〉 짓찧어 도포하거나 졸여서 고제로 만들어서 펴 붙인다.

■ 산나물 요리 먹는 방법

- 제비꽃 어린잎을 채취하여 나물로 먹는다.
- 샐러드나 데친 나물로 먹기도 한다. 뿌리는 삶아서 잘게 썰어 밥에 섞어 먹는다.
- 전초를 캐어서 깨끗이 씻어 상큼한 소스를 얹어 샐러드로 먹거나 잘 말려 차로 끓여 먹기도 좋다.

인동초

이뇨제, 해독제, 건위제 등으로 사용하는

금은화라고도 한다.

■ 식물의 형태

인동과의 반상록 덩굴성관목으로 줄기가 오른쪽으로 감겨 올라가는데 길이가 3m에 이른다. 잎은 마주나고 끝이 둔하면서 가장자리는 밋밋하다. 꽃은 희게 피다가 점차 노랗게 변한다.

■ 약리 효과와 효능

한방과 민간에서는 잎과 꽃을 이뇨제, 해독제, 건위제, 해열제, 소염제, 지혈제 등으로 사용하며 구토, 감기, 임질, 관절통 등에도 사용한다. 또한 인동주를 목욕물에 풀어 사용하면 습창, 요통, 관절통, 타박상 등의 치료에 효과가 있다.

■ 약초의 성질

성질은 차갑고 맛은 달고 약간 쓰다.

■ 약용법

말린 줄기 20g을 700ml의 물로 달여 먹으면 간염이나 종기 치료에 좋다. 말린 꽃 15g을 700ml의 물로 달여 먹으면 치질, 기침감기, 후두염에 좋다.

■ 산나물 요리 먹는 방법

• 연한잎과 줄기를 채취하여 소금물에 살짝 데쳐서 찬물에 헹궈 물기를 잔 다음 프라이팬에 참기름을 두르고 볶아 된장양념에 무쳐 나물로 먹으면 맛이 있다.

| 약 차 | **인동덩굴차** 건조한 꽃 8~10g(생것은 10~15g), 물600cc

- 인동덩굴은 뿌리를 제외한 전초를 차로 이용할 수가 있다.
- 뭉근한 불로 달여 하루에 2~3잔으로 나누어 마시면 된다.

자리공

각기와 인후염 등에 효능이 있는

길가나 뒤엄가에 잘 자란다.

■ 식물의 형태

자리공과의 여러해살이풀로 키가 1m정도이지만 더 큰 것도 있다. 잎은 어긋나고 가장자리가 밋밋하며, 꽃은 5~6월에 길이 12~15㎝ 크기로 핀다. 독성이 강한 식물이지만, 뿌리는 악성종기와 이뇨제로 사용된다.

■ 약리 효과와 효능

뿌리를 약재로 쓴다. 다량의 수지와 초석을 함유하고 있으며 그 이외에 고미배당체인 사포닌(Saponin)과 히스타민도 함유하고 있다고 한다. 이뇨 효과가 크며 종기를 가시게 하는 효능도 있다.

■ 약초의 성질

평하고 서늘하며 맛은 맵고 시며 독이 많다.

■ 약용법

악성종기에는 약재를 가루로 빻아 기름에 개어 붙이거나 또는 생잎을 짓찧어서 붙이기도 한다.

〈외용〉 악성종기에는 약재를 가루로 빻아 기름에 개어 붙이거나 또는 생잎을 짓찧어서 붙인다.

■ 산나물 요리 먹는 방법

- 독성이 있어 삶아 물에 오래 담가서 독성이 빠진 다음 나물로 먹는다.
- 되도록이면 먹지 않는 것이 좋다.
- 모양이 비슷한 미국자리공은 유독 식물이므로 채취에 주의해야 한다.

왕고들빼기 감기로 인한 열, 편도선염, 인후염에 좋은

왕고들빼기는 우리나라 산과 들에 분포하는 일년생 초본이다.

■ 식물의 형태

생육환경은 물 빠짐이 좋은 곳이나 경사지의 반그늘이나 양지에서 자란다. 키는 1~2m까지 자라고, 잎은 표면은 녹색이고 뒷면은 분백색이다.

■ 약리 효과와 효능

해열, 소종 등의 효능을 가지고 있다. 따라서 적용질환은 감기로 인한 열, 편도선염, 인후염, 유선염, 자궁염, 산후 출혈이 멎지 않는 증세 등이다. 그밖에 종기의 치료에도 쓰이고 있다.

■ 약초의 성질

맛은 쓰고 성질은 차며 독성이 없다.

■ 약용법

봄~여름 사이에 전초와 뿌리를 캐서 햇볕에 말린다. 생것으로도 쓴다.말린 약재를 1회에 5~10g씩 200cc의 물로 반 정도가 되게 달여서 하루 3번 복용한다. 종기의 치료에는 생뿌리를 찧어서 환부에 붙인다.

■ **산나물 요리 먹는 방법**

- 이른 봄에 새순을 뿌리째 채취하여 먹는다.
- 왕고들빼기는 어린잎이든 생잎이든 상추처럼 쌈채로 먹을 수 있다.
- 상추보다 더 쓴 맛이 나지만 먹을만 하다. 겉절이 무침을 해서 먹어도 좋고 초고추장으로 무쳐 먹어도 좋다.
- 살짝 데쳐서 쓴맛을 없앤 후 나물 무침을 하거나 국거리로도 이용한다.

잔털제비꽃 갑상선암을 치료하는

■ 식물의 형태

전체에 잔털이 있으며 뿌리줄기가 옆으로 비스듬히 자란다. 잎은 뿌리에서 뭉쳐나며 끝이 둥근 달걀상 원모양으로 가장자리에 물결모양의 거치가 있으며 잎자루에 짧은 털이 빽빽이난다. 턱잎은 바소모양이다. 꽃은 4월에 피며 흰색으로 잎 사이에서 나온 꽃자루에 옆으로 향해 달린다.

■ 약리 효과와 효능

한방에서 지정이라 하며 청열해독, 양혈소종의 효능이 있어 인후염, 황달성 간염, 장염, 독사에 물렸을 때 사용하며, 민간에서 풀 전체를 종기 및 간상선암을 치료하는데 쓴다.

■ 약초의 성질

맛은 쓰고 성질은 차므로 몸에 열이 많은 사람이 사용한다.

■ 약용법

봄~가을에 전초를 뿌리째 채취하여 깨끗이 씻어서 햇볕에 말리거나 신선한 것을 그대로 쓴다. 하루 9~15g을 물로 달이거나 생즙을 내어 복용한다.

■ 산나물 요리 먹는 방법

- 보통의 제비꽃들은 튀김으로 많이 사용하기도 하고 다른 야채와 함께 샐러드로 먹기도 한다.
- 살짝 데쳐서 나물로도 먹고, 꽃잎을 모아 살짝 데쳐서 잘게 썰어 밥에 섞어 꽃밥을 만들어 먹는다.
- 된장국을 끓여 먹기도 한다.

장구채

혈액 순환을 원활하게 하는

장구채는 우리나라 각처의 산과 들에서 자라는 2년생 초본이다.

■ 식물의 형태

생육환경은 양지 혹은 반그늘의 풀숲에서 자란다. 키는 30~80cm 정도이고, 잎은 넓은 송곳 모양으로 양끝이 좁으며 마주난다.

■ 약리 효과와 효능

혈액 순환을 원활하게 하고 월경을 조절해주며 젖의 분비를 촉진시킨다. 그밖에 비장(주로 백혈구를 만들고 묵은 적혈구를 파괴하는 기능을 가진 내장의 하나)을 보해주고 이뇨작용도 한다. 적용질환은 월경불순, 젖의 분비불량, 부종, 어린아이의 빈혈 등이다.

■ 약초의 성질

평하고 맛은 쓰고 달며 독이 없다.

■ 약용법

7~8월 씨가 여물기 전에 전초를 베어 햇볕에 말린다. 말린 약재를 1회에 3~7g씩 200ml의 물로 뭉근하게 달이거나 가루로 빻아 복용한다.

■ 산나물 요리 먹는 방법

- 어린 순을 나물로 한다.
- 봄에 갓 자라나는 어린 싹을 채취하여 끓는 물에 데쳐 찬물로 우려낸 다음 양념으로 간을 맞추어 나물로 먹는다.
- 때로는 된장국을 만들어 먹기도 한다.

장대나물

사포닌이 있어 정혈작용을 하는

주로 산야의 양지바른 곳에서 자라며 키는 약 70㎝이다.

■ 식물의 형태

첫해에는 잎만 나고, 이듬해에는 원줄기에 잎이 어긋나기로 달린다. 잎은 피침형 또는 타원형으로, 가장자리는 밋밋하며 잎의 기부가 원줄기를 감싸고 잎자루는 없다. 4~6월에 흰색의 꽃이 원줄기 끝에 총상꽃차례로 달린다.

■ 약리 효과와 효능

위통을 없애고, 이뇨작용이 있다. 전초에 사포닌이 있어 정혈작용이 나타난다.

■ 약초의 성질

성미 맛은 쓰고 성질은 평하다.

■ 약용법

가을에 뿌리와 전초를 채취하여 잔뿌리를 제거하고 햇볕에 말린다.

민간에서 전초를 위염, 부인과 질병, 머리아픔, 관절염에 달여 먹으며 독풀이약, 열내림약으로도 쓴다.

■ 산나물 요리 먹는 방법

- 봄에 어린 순을 채취하여 나물로 무쳐 먹는다,
- 하지만 크기가 작아 식용가치는 적다.

젓가락나물

류머티즘으로 인한 통증의 치료에도 쓰이는

전국 각지에 널리 분포하고 있으며 들판의 습한 땅에 난다.

■ 식물의 형태

두해살이풀이며 독성식물로 알려지고 있다. 온몸에 거친 털이 있고 많은 잔뿌리를 가지고 있다. 줄기는 곧게 서고 많은 가지를 치면서 60cm 안팎의 높이로 자란다.

■ 약리 효과와 효능

소염, 소종 작용을 하며 간에 영향을 준다. 적용질환은 간염, 간경화증, 황달, 학질, 종기 등이다. 기타 치통이나 류머티즘으로 인한 통증의 치료에도 쓰인다.

■ 약초의 성질

맛은 매우며 성질은 약간 따뜻하고 독이 조금 있다.

■ 약용법

여름 개화기에 채취하여 생것으로 쓰거나 햇볕에 말려 쓴다.
3~9g을 달여 복용한다.

■ 산나물 요리 먹는 방법

• 독성분을 없애기 위해 데쳐서 흐르는 물에 이틀 정도 담가 충분히 우려내어 사용해야 한다.
• 독성식물이기는 하나 일부지방에서는 이른 봄에 어린순을 나물로 먹는 일도 있지만 맛이 뛰어난 것도 아니어서 되도록이면 식용으로 사용하지 않는 것이 좋다.

제비꽃

해독, 소염, 소종, 이뇨 등의 효능이 있는

제비꽃은 우리나라 전역의 산과 들에 자라는 다년생 초본이다.

■ 식물의 형태

생육환경은 양지 혹은 반음지의 물 빠짐이 좋은 곳에 자란다.

■ 약리 효과와 효능

풀 전체를 해독, 소염, 소종, 지사, 최토, 이뇨 등의 효능이 있어 황달, 간염, 수종 등에 쓰이며 향료로도 쓰인다.

■ 약초의 성질

맛은 쓰고 성질은 차고 독이 없다.

■ 약용법

5~8월에 열매가 성숙하면 뿌리를 포함한 전초를 굴취하여 흙을 털어 버리고 햇볕에 말린다. 말린 약재를 1회에 5~10g씩 적당한 양의 물로 달이거나 가루로 빻아 복용한다.

〈외용〉 종기와 독사에 물린 상처에는 생풀을 짓찧어 붙인다.

■ **산나물 요리 먹는 방법**

- 어린 순을 채취하여 나물로 먹는다.
- 새순을 따서 샐러드나 데친 나물로 먹기도 한다.
- 보통의 제비꽃들은 튀김으로 많이 사용하기도 하고 다른 야채와 함께 샐러드로 먹기도 한다.
- 살짝 데쳐서 나물로도 먹고, 꽃잎을 모아 살짝 데쳐서 잘게 썰어 밥에 섞어 꽃밥을 만들어 먹는다.
- 된장국을 끓여 먹기도 한다.

조개나물

이뇨작용을 하며 피를 식혀주는

경기 이남에서 자라는 다년생 초본이다.

■ 식물의 형태

생육환경은 양지쪽에 토양이 비교적 메마른 곳, 즉 묘지 주변이나 잔디가 많은 곳에서 자란다.

■ 약리 효과와 효능

이뇨작용을 하며 피를 식혀주고 종기로 인한 부기를 가시게 한다. 따라서 소변이 잘 나오지 않는 경우 이를 다스리기 위해 쓰이며 기타 고혈압이나 임파선염 등의 치료약으로 사용한다. 또한 종기로 인해 생기는 부기를 가시게 하여 악성 종기의 치료를 위해서도 쓰인다.

■ 약초의 성질

맛은 쓰고 성질은 차다.

■ 약용법

약용으로 사용할 때에는 내과 질환에 대해서는 내복약으로 쓴다. 말린 약재를 1회에 4~6g씩 200cc의 물에 넣어 반 정도의 양이 되도록 달여서 하루 3회 복용한다.

■ 산나물 요리 먹는 방법

- 어린순은 나물로 먹는다.
- 봄에 채취한 어린 순을 끓는 물에 데친 후 찬물에 헹궈 나물 무침을 하여 먹는다.
- 쓴맛이 있으므로 반드시 삶은 후 찬물에 한동안 담가 잘 우려내야 한다.

조뱅이

지혈의 효능이 있으며 멍든 피를 풀어주는

여러해살이풀이다.

■ 식물의 형태

5-8월에 꽃이 핀다. 햇볕이 잘 드는 경사가 낮은 곳의 물기가 있는 토양에 주로 자란다. 그늘진 곳에서는 잘 자라지 못한다.

줄기는 곧추서며, 가지가 거의 갈라지지 않는다.

■ 약리 효과와 효능

적용질환은 토혈, 혈뇨, 혈변, 코피가 흐를 때, 산후에 출혈이 멎지 않는 증세, 급성간염, 황달 등이다.

■ 약초의 성질

서늘하고 독이 없다.

■ 약용법

어느 때든 채취할 수 있으며 햇볕에 잘 말려서 쓴다. 때로는 생풀을 쓰기도 한다. 말린 것은 쓰기에 앞서서 잘게 썬다. 말린 약재를 1회에 4~8g씩 알맞은 양의 물로 달이거나 가루로 빻아서 복용한다.

〈외용〉 종기와 외상출혈에는 생풀을 짓찧어서 환부에 붙인다.

■ 산나물 요리 먹는 방법

- 어린잎을 식용 또는 약용한다.
- 봄에 어린순을 나물로 해먹거나 국을 끓여 먹을 수 있다. 데쳐서 기름으로 볶아 조리하는 방법도 있다.
- 된장국에 넣는 국거리로도 쓴다.

졸방제비꽃 간기능 촉진, 부인병에 효능이 있는

졸방제비꽃은 우리나라 각처의 산과 들에서 자라는 다년생 초본이다.

■ 식물의 형태

생육환경은 양지 혹은 반그늘에서 자란다. 키는 20~40㎝이고, 잎은 길이가 2.5~4㎝, 폭이 0.3~0.5㎝로 어긋난다.

■ 약리 효과와 효능

한방과 민간에서 전초를 고민, 간기능 촉진, 태독, 유아 발육촉진, 해독, 감기, 통경, 거풍, 기침, 부인병, 최토, 정혈, 등에 효능이 있다.

■ 약초의 성질

차갑고 맛이 싱겁다.

■ 약용법

여름~가을에 지상부를 채취하여 햇볕에 말린다.말린 약재를 1회에 4~8g씩 200ml의 물로 달여서 복용한다.

〈외용〉 종기의 치료에는 생풀을 짓찧어서 환부에 붙인다.

■ 산나물 요리 먹는 방법

- 어린잎은 살짝 데쳐서 나물로 무쳐 먹는다.
- 된장국도 끓여 먹을수 있으며 살짝 데쳐 햇볕에 말려서 겨울에도 먹을 수 있다.
- 봄에 어린 잎을 쌈으로 먹거나 겉절이를 담근다.

좁쌀풀

혈압강하 작용으로 고혈압을 치료하는

좁쌀풀은 우리나라 각처의 산지에서 자라는 숙근성 다년생 초본이다.

■ 식물의 형태

생육환경은 양지 혹은 반그늘인 풀숲의 가장자리에서 자란다. 키는 40~80㎝이고, 잎은 좁은 달걀 모양으로 길이가 4~12㎝, 폭이 1~4㎝로 마주나고 양끝이 좁고 가장자리가 밋밋하다.

■ 약리 효과와 효능

뿌리가 달린 전초를 약용에 사용하는데 생약명은 황련화라고 한다. 황련화는 맛이 시고 약간 매우며 약성은 시원한 성질에 혈압강하 작용이 있으므로 고혈압을 치료하고 두통이나 진통 진정 불면에 좋은 약효가 있다.

■ 약초의 성질

서늘하고 맛은 시고 약간 맵다.

■ 약용법

꽃이 피어 있을 때에 뿌리를 포함한 모든 부분을 채취하여 햇볕에 말린다. 쓰기에 앞서서 잘게 썬다. 말린 약재를 1회에 3~6g씩 200㎖의 물로 뭉근하게 달여서 복용한다. 경우에 따라서는 1회에 30~60g 정도의 생풀로 생즙을 내서 마신다.

■ **산나물 요리 먹는 방법**

- 어린순을 식용하며, 잎과 줄기를 약용한다.
- 줄기가 자라나기 전인 이른 봄에 어린순을 채취하여 나물로 무쳐 먹는다. 약간 매우면서 신맛이 난다.
- 나물로 할 때에는 데쳐서 찬물에 잠깐 우렸다가 다른 산나물과 섞어 비빔밥으로 먹어도 좋다.

지칭개

지혈과 건위, 소종 등의 효능이 있는

■ 식물의 형태 두해살이풀이다.

■ 식물의 형태

5-9월에 꽃이 핀다. 햇볕이 잘 드는 들판에서 흔히 자라며 밭두렁이나 버려진 공터 등의 교란된 곳에 자란다. 줄기는 곧추서며, 높이 60-90cm, 가지가 갈라지고, 거미줄 같은 흰 털이 있다. 뿌리잎은 일찍 마른다.

■ 약리 효과와 효능

지혈과 건위, 소종 등의 효능을 가지고 있다. 적용질환은 소화불량, 위염, 종기, 치루, 외상출혈 등이다.

■ 약초의 성질

맛은 쓰고 성질은 서늘하다.

■ 약용법

여름과 가을에 꽃을 포함한 전초를 채취하여 깨끗이 씻은 후 햇볕에 말린다. 10~15g을 달여서 복용한다.

■ **산나물 요리 먹는 방법**

- 어린순을 채취하여 사용한다. 꽃을 포함한 모든 부분을 약재로 쓴다.
- 쓴맛이 난다. 어린잎을 채취하여 삶은 후에 물에 오래동안 놔둬야 쓴맛을 제거할 수가 있다.
- 뿌리와 함께 생으로 먹거나 삶아서 무쳐 먹기도 한다. 튀김을 해서 먹어도 좋다.

질경이

담으로 인한 기침의 치료에도 효능이 뛰어난

질경이는 우리나라 각처의 들과 산, 길가에 나는 다년생 초본이다.

■ 식물의 형태

생육환경은 양지 혹은 반그늘 어느 곳에서도 잘 자란다. 키는 10~50㎝이고, 잎은 길이가 4~15㎝, 폭이 3~8㎝로 많은 잎이 뿌리에서 퍼진다.

■ 약리 효과와 효능

이뇨작용이 있기 때문에 습이 몸 밖으로 잘 배출되며, 눈도 밝게 하고, 담으로 인한 기침의 치료에도 효능이 뛰어나며, 폐에 열이 생겨 가래, 기침 증상이 심할 때 질경이를 먹게 되면 열을 소변으로 함께 배출해 열을 내려준다.

■ 약초의 성질

맛은 달고 성질은 차다.

■ 약용법

말린 약재 5~10g에 물 800ml를 넣고 약한 불에서 반으로 줄 때까지 달여 하루 2~3회로 나누어 마신다.

■ 산나물 요리 먹는 방법

- 연한 잎을 채취하여 나물로 먹거나 녹즙으로 갈아먹으면 좋다.
- 질겨진 것은 삶아서 말려 두었다가 나중에 먹을 때 물에 불려 사용할 수가 있다.
- 나중에 나물로 무치거나 기름에 볶아 먹기도 한다.
- 특히 여자들에게 좋아서 많이 사용한다.

| 약 차 | 질경이차 마른 질경이잎 10g(생초 20g).

• 물 1L를 붓고 끓기 시작하면 약불로 줄여 30분 정도 달여주며 1일 2~3회 음용한다.

| 약 죽 | 질경이죽 차전자 30g, 백미 60g

• 백미를 물에 넣어 충분하게 불려둔다. 차전자를 천주머니에 싼 다음 질그릇냄비에 넣고 물에 부어 끓인다. 끓으면 5분가량 지난 다음에 주머니를 건져내고 물남 받아 죽을 쑤면 완성된다.

짚신나물 위궤양, 장염, 월경이 멎지 않는 증세에 좋은

짚신나물은 우리나라 각처의 산과 들에 자라는 다년생 초본이다.

■ 식물의 형태

생육환경은 토양의 비옥도에 관계없이 양지 혹은 반그늘에서 자란다.

■ 약리 효과와 효능

지사, 수렴, 지혈, 소염, 해독 등의 효능을 가지고 있다. 적용질환은 각종 내출혈, 설사, 이질, 위궤양, 장염, 월경이 멎지 않는 증세, 대하증 등이다. 그밖에 뱀에 물리거나 종기가 났을 때에도 쓰인다.

■ 약초의 성질

맛은 맵고 떫거나 쓰며 성질은 따뜻하거나 평하고 독이 없다.

■ 약용법

꽃이 피기 직전에 전초를 베어내어 흙을 제거하고 햇볕에 말린다. 말린 약재를 1회에 4~7g씩 200cc의 물로 달이거나 가루로 빻아 하루 3회 복용한다.

■ 산나물 요리 먹는 방법

• 이른 봄에 어린 싹을 나물로 먹는다.

• 쓴맛이 강하므로 데쳐서 우려낸 다음 양념해서 먹고 씨를 가루로 만들어 국수를 만들어 양식으로 대용할 수 가 있다.

참꽃마리

소변을 자주 보는 증상에 좋은

참꽃마리는 우리나라 각처의 산과 들의 습한 곳에서 나는 다년생 초본이다.

■ 식물의 형태

생육환경은 반그늘 혹은 양지에서 자란다. 키는 10~15㎝이고, 잎은 길이가 1.5~4㎝이며 끝은 뾰족하고 난형으로 어긋난다.

■ 약리 효과와 효능

한방에서는 잎과 줄기를 소변을 자주 보는 증상과 어린이의 적백이질에 약으로 사용한다.

■ 약초의 성질

서늘하고 맛은 맵고 쓰다.

■ 약용법

어린순을 채취하여 사용한다.

약용으로는 초여름 개화시에 채취하여 햇볕에 말린다.

■ 산나물 요리 먹는 방법

- 봄과 초여름에 연한 잎과 줄기를 삶아 나물로 먹거나 말려두고 나중에 먹기도 한다.
- 어린 잎을 채취하여 겉절이를 담거나 된장국을 끓여 먹는다.

천문동 폐렴, 보신, 폐기 등의 약용으로 쓰이는

■ 식물의 형태

땅 속의 뿌리줄기는 짧고 덩이 모양으로 비대하며 뿌리가 사방으로 퍼진다. 줄기는 1~2m 정도로 덩굴져서 자라며 가지가 많이 갈라진다.

■ 약리 효과와 효능

진해, 이뇨, 토변, 자양, 강장, 항균, 토혈, 보로, 폐렴, 보신, 폐기 등의 약용으로 쓰인다.

■ 약초의 성질

맛이 달고 차갑다.

■ 약용법

뿌리를 수확할 때는 3년 후부터 채취하며 순은 2년째부터 수확할 수 있다. 5년 정도가 된 것이 수량이 높다. 수확기는 10월초부터 다음해 봄에 싹이 터 올라 오기전이다.

■ 산나물 요리 먹는 방법

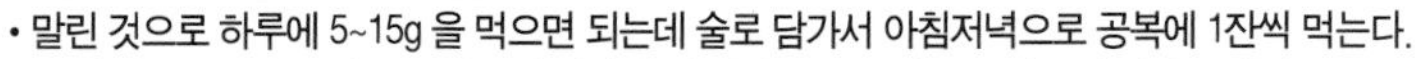

• 말린 것으로 하루에 5~15g 을 먹으면 되는데 술로 담가서 아침저녁으로 공복에 1잔씩 먹는다.
• 물에 달여서 먹거나 가루로 만들어 차처럼 타 마셔도 좋고 환으로 만들어 먹기도 한다.

| **약 술** | 천문동주 찹쌀 32kg 누룩 1.2kg 천문동즙 32kg

• 천문동은 깨끗이 씻어 껍질을 제거하고 거심해 찧어서 즙을 낸다. 찹쌀은 깨끗이 씻어 가루내어 쪄준다. 모든 재료 용기에 담아 섞어주며 소독된 항아리에 부어 항아리 입구 광목천으로 덮어 고무밴딩 후 뚜껑 덮어 햇볕이 들지 않는 서늘한 곳에서 숙성시킨다.

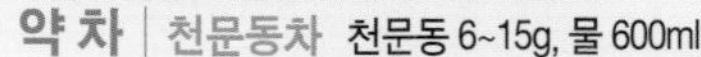

| **약 차** | 천문동차 천문동 6~15g, 물 600ml.

• 끓기 시작하면 약불로 줄여 30분 정도 달인 후 1일 2~3잔 기호에 따라 꿀이나 설탕을 가미해서 음용한다.

참명아주

들에서 자란다.

■ 식물의 형태

높이 60cm 내외로 자라고 털이 없으며, 흰 가루가 다소 있다. 잎은 어긋나고 세모꼴의 달걀 모양 또는 달걀 모양의 타원형이며 가장자리가 거의 밋밋하지만 불규칙한 톱니가 있다. 잎 표면은 짙은 녹색이고 뒷면은 회록색이며 흰 가루로 덮여 있다.

꽃은 7~8월에 피고 총상꽃차례를 이룬다.

■ 약리 효과와 효능

명아주와 효능이 같다.

■ 약초의 성질

성질이 따뜻하며 맛은 맵다.

■ 약용법

6~7월에 꽃이 피기 전에 전초를 채취하여 신선한 것을 사용하거나 햇볕에 말린다. 전초 40g에 물 1200ml를 넣고 달인 액을 반으로 나누어 아침, 저녁으로 복용한다.

■ 산나물 요리 먹는 방법

- 어린 순을 식용으로 한다.
- 봄에 어린 순을 채취하여 끓는 물에 데친 후 찬물에 헹구어 나물 무침을 하여 먹고 국거리로 쓴다.
- 연한 잎을 채취하여 삶아서 말렸다가 묵나물로 이용한다.

춘란(보춘화) 화상, 동상, 외상출혈 등에 효과가 있는

난초과의 상록여러해살이풀로 동양란을 대표하는 난이다.

■ 식물의 형태

뿌리는 굵게 사방으로 퍼지고 잎은 뿌리에서 나며, 연한 황록색 꽃은 3~4월경 줄기 끝에서 핀다. 춘란은 야산 숲속의 약간 마른 땅에서 자라며, 꽃이 매우 아름답다.

■ 약리 효과와 효능

뿌리를 약재로 사용하는데, 말린 뿌리를 가루로 만들어 기름에 개어서 환부에 바르면 튼 손발, 화상, 동상, 외상출혈 등에 효과가 있다.

■ 약초의 성질

맛은 맵고 성질은 평하며 독이 없다.

■ 약용법

일년 내내 채취하여 신선한 것을 쓰거나 햇볕에 말려 쓴다.
3~9g을 달여서 복용한다.

■ 산나물 요리 먹는 방법

- 연한 꽃과 줄기를 채취하여 손질한 춘란꽃을 끓는 소금물에 2분정도 데친 다음 줄기의 껍질을 벗겨낸다.
- 프라이팬에 참기름을 두르고 쪽파, 다진 마늘을 넣어 볶은 다음 초고추장을 넣어 골고루 버무려 먹는다.
- 봄에 꽃줄기를 채취하여 식초를 약간 넣은 물에 데쳐서 나물 무침을 하여 먹는다.

큰까치수염

혈액순환까지 원활하게 해주는

전국 산야에서 흔히 볼 수 있다.

■ 식물의 형태

앵초과의 여러해살이풀로 키가 1m까지 자라고 잎은 어긋나며 가장자리가 밋밋하다. 흰색 꽃은 6~8월경 총상꽃차례로 핀다. 중국에서는 식물전체를 채취한 것을 진주채라고 부르는데, 이뇨제와 월경불순 등의 치료에 사용된다.

■ 약리 효과와 효능

가을에 전초를 채취해 햇볕에 말려 물로 달이거나, 생풀의 즙을 복용하면 이뇨와 소종 등에 효능이 있고 혈액순환까지 원활하게 해준다.

■ 약초의 성질

성질은 평이하고 약간 따뜻하다.

■ 약용법

여름부터 가을 사이에 뿌리를 포함한 모든 부분을 채취하여 말리는데 생풀을 쓰기도 한다. 사용에 앞서 잘게 썬다. 말린 약재를 1회에 5~10g씩 200ml의 물로 달이거나 생풀로 즙을 내어 복용한다.

〈외용〉 종기와 타박상에는 생풀을 짓찧어서 환부에 붙인다.

■ 산나물 요리 먹는 방법

• 어린순을 채취하여 손질한 후 끓는 소금물에 2분정도 데친 다음 달궈진 프라이팬에 참기름을 두르고 데친 재료를 넣어 충분하게 볶은 다음 양념을 넣고 소금으로 간을 맞추면서 가볍게 버무려 먹는다.

콩제비꽃

부스럼과 아토피에 좋은

우리나라 전역의 산과 들의 습기가 있는 곳에 자라는 다년생 초본이다.

■ 식물의 형태

생육환경은 양지 혹은 반음지의 습기가 많은 곳에 자란다. 키는 5~20㎝이다.

■ 약리 효과와 효능

균을 죽이고, 염증을 가라앉히며, 독을 풀어주는 효능이 있다. 종기, 상처가 났을 때, 부스럼이 잘 낫지 않을 때, 아토피가 있을 때 약으로 처방한다. 줄기와 잎은 햇빛에 말려 사용한다.

■ 약초의 성질

성질은 따뜻하고 맛은 맵고 독성은 없다.

■ 약용법

5~8월에 열매가 성숙하면 뿌리채 채취하여 흙을 제거하고 햇볕에 말린다. 피부 발진으로 가려울 때, 부스럼이 잘 낫지 않을 때, 아토피에 줄기와 잎 달인 물을 바른다. 15~30g(신선한 것은 60~90g)을 달여서 복용하거나 생즙 또는 분말로 하여 복용한다.

■ **산나물 요리 먹는 방법**

- 약간 미끈거리는 느낌이며 산뜻한 맛을 지니고 있다.
- 봄에 꽃이 피기 시작할 무렵에 싹을 캐어 데쳐서 나물로 해 먹거나 국을 끓여 먹는다.
- 닭고기와 함께 조리하면 궁합이 맞아 맛이 좋다.

톱풀

풍습으로 인한 마비통증, 관절염에 좋은

톱풀은 우리나라 각처의 산과 들에서 흔히 자라는 다년생 초본이다.

■ 식물의 형태

생육환경은 반그늘 혹은 양지에서 자란다.

■ 약리 효과와 효능

진통, 거풍, 활혈, 소종 등의 효능이 있다. 적용질환은 풍습으로 인한 마비통증, 관절염, 타박상, 종기 등이다.

■ 약초의 성질

맛은 맵고 쓰며 성질은 약간 따뜻하고 독이 있다.

■ 약용법

잎과 줄기는 여름~가을 사이 개화기에, 과실은 9월에 과실이 익었을 때 채취하여 햇볕에 말린다. 잎과 줄기는 1.5~3g을 달여서 복용한다. 또는 술에 담그거나 산제로도 복용한다. 과실은 3~10g을 달여서 복용한다.

■ 산나물 요리 먹는 방법

- 봄에 어린순을 나물로 먹는다.
- 쓰고 매운맛이 있어 데쳐서 물에 오래도록 잘 우려낸 다음 조리를 해야 쓴맛을 없어진다.

층층잔대

거담, 진해, 해독 등에 효과가 있는

원산지는 한국으로, 산과 들에 흔히 자란다.

■ 식물의 형태

높이 1m 정도로 자란다. 뿌리를 먹을 수 있는 식물로, 그 모양이 도라지나 더덕과 비슷하나 조금 더 길고 가늘다.

■ 약리 효과와 효능

한방에서 사삼이라 부르는데 거담, 진해, 해독 등에 효과가 있다.

■ 약초의 성질

성질이 약간 차고 맛은 달다.

■ 약용법

가을에 뿌리를 채취해서 그늘에 말린다. 말린 약재를 1회 4~8g씩 달이거나 가루 내어 복용한다.

■ 산나물 요리 먹는 방법

• 연한 잎과 줄기를 삶아 나물로 먹거나, 튀김을 해서도 먹는다.
뿌리는 더덕처럼 두두려서 양념을 해서 구워 먹고 뿌리를 데칠 때는 끓는 물에 소금을 넣는다.
생뿌리를 고추장 속에 박아 장아찌로 해서 먹는다.

| 약 차 | 층층잔대차

• 잔대를 하루 50g~10g을 물 2ℓ 로 끓이다 끓기 시작하면 약한 불로 물이 반을 될 때까지 달여 위에 약물을 기호에 따라 꿀을 넣어 하루에 3회 먹으면 좋다.

큰방가지똥 피를 맑게 해주며 해독작용도 있는

길가나 빈터에서 자란다.

■ 식물의 형태

높이 50～100cm이다. 줄기는 곧게 서고 남빛을 띤 녹색으로 속이 비어 있으며 자르면 흰 즙이 나온다. 뿌리에 달린 잎은 꽃이 필 때 마른다.

■ 약리 효과와 효능

항암작용이 있어서 녹즙으로 달여 먹으면 유방암에 좋다. 간암, 간경화증에는 방가지똥과 괭이밥 각 30그램을 돼지고기와 함께 고아 먹으면 효과를 볼 수 있다고 전해진다.

■ 약초의 성질

맛은 쓰고 성질은 차며, 간과 위에 작용한다.

약용법

■ 전초는 여름 개화기에 베어 씻어 햇볕에 말린다. 하루 20~30g으로 하여 이것의 3컵의 물에 넣어 약한 불로 반이 될 때까지 달여 마신다.

■ **산나물 요리 먹는 방법**

- 어린순을 채취하여 쌈으로 먹고 좀 더 억세지면 데친 후 무쳐서 나물로 먹는다.
- 변이 나오지 않을 때 방가지똥을 녹즙으로 해서 먹거나 쌈으로 해서 먹으면 변이 나온다.
- 어린순은 나물로 먹고 전초와 뿌리 말린 것을 약용한다.

활량나물

생리통을 제거하고 자궁내막염에 사용하는

활량나물은 우리나라 각처의 산과 들에서 나는 다년생 초본이다.

■ 식물의 형태

생육환경은 반그늘 혹은 양지의 물 빠짐이 좋은 곳에서 자란다. 키는 80~120㎝이고, 잎은 길이가 3~8㎝, 폭이 2~4㎝로 표면은 녹색이고 뒷면은 분백색이며 가장자리에 톱니가 있다. 또한 2~4쌍의 작은 잎으로 되어 있으며 어긋난다.

■ 약리 효과와 효능

생약명은 대산여두라 하며, 활량나물의 종자는 부인의 생리통을 제거하고 자궁내막염에 사용한다. 아울러 강장, 이뇨제로 사용한다.

■ 약초의 성질

따뜻하고 맛은 맵고 독성은 없다.

■ 약용법

6~7월 꽃이 피는 시기에 꽃을 포함한 전초를 재취하여 말린다. 종자와 꽃 핀 줄기의 잎을 자궁내막염, 월경통, 강장, 이뇨약으로 쓴다.

■ 산나물 요리 먹는 방법

- 봄에 연한 순을 채취하여 나물로 해먹는다.
- 어린 순을 채취하고 끓는 물에 삶아서 된장 무침 등 나물 무침을 하여 먹는다.
- 지방에 따라 꽃이 핀 줄기와 잎을 말려서 이뇨제와 강장제로 쓴다는 민간요법이 있으나 자세한 것은 알 수 없다.
- 삶은 것은 말려서 묵나물로 이용한다.

토란

소종, 해독의 효능이 있는

토련이라고도 한다.

■ 식물의 형태

열대 아시아 원산이며 채소로 널리 재배하고 있다. 알줄기로 번식하며 약간 습한 곳에서 잘 자란다. 알줄기는 타원형이며 겉은 섬유로 덮이고 옆에 작은 알줄기가 달린다.

잎은 뿌리에서 나오고 높이 약 1m이다. 긴 잎자루가 있으며 달걀 모양 넓은 타원형이다.

■ 약리 효과와 효능

소종, 해독의 효능이 있어 약재로도 이용된다. 약성은 차고 매우며, 유옹, 마풍, 종독, 개선, 치질 등에 치료제로 쓰인다.

■ 약초의 성질

맛은 달고 매우며 성질은 평하다.(서늘하다고도 한다.) 독이 있다.

■ 약용법

8~9월에 토란을 채취하고 토란잎은 7~8월에 채취하여 깨끗이 씻어서 햇볕에 말린다. 껍질을 달여 그 즙을 먹으면 신경통에 좋다. 단, 체질 특성으로 인해서 알러지 반응을 나타내기도 하므로 주의한다.

■ 산나물 요리 먹는 방법

- 근경을 식용하며, 줄기를 식용하는 수도 있다.
- 주로 말린것을 나물이나 국을 끓여 먹으며 부침 또는 가루를 이용한 송편을 만들기도 한다.

피마자

염증을 제거하고 독을 뽑아내는

열대 아프리카 원산으로서 전세계의 온대지방에서 널리 재배한다.

■ 식물의 형태

높이 약 2m이다. 원산지에서는 나무처럼 단단하게 자라는 여러해살이풀이다. 가지가 나무와 같이 갈라지며 줄기는 원기둥 모양이다. 잎은 어긋나고 잎자루가 길며 지름 30~100cm이다. 방패 모양이거나 손바닥 모양이며 5~11개로 갈라진다.

■ 약리 효과와 효능

염증을 제거하고 독을 뽑아내 변으로 내보내는 효능이 있어 종기 초기, 옴, 버짐, 악창, 경부림프절염, 변비, 소변이 잘 나오지 않는 증상, 장내적취에 쓰고 중풍의 구안와사, 반신불수, 화상 등에 사용한다.

■ 약초의 성질

성질은 평하며 맵고 달며 독이 있다.

■ 약용법

10월경 열매를 채취하고 잎은 여름에 수시로 채취하여 말렸다가 쓰고 뿌리는 9월경에 채취한다. 피마자는 기름을 짜서 성인 1회 20ml로 복용하면 설사에, 5~10ml를 복용하면 변비 치료에 좋다.

〈외용〉 불이나 끓는 물에 화상을 입었을 때 피마자유를 화상부위에 바르고 가제나 헝겊을 도포하면 좋다.

■ 산나물 요리 먹는 방법

- 어린잎을 채취하여 삶아서 먹기도 하고 나물로 만들어 먹는다.
- 삶아서 말려 두었다가 나중에 나물로도 먹기도 한다.

호박

여러 암의 발생 위험을 감소시키는 효능이 있는

온대 또는 열대의 고온다습지대에서도 재배된다.

■ 식물의 형태

호박은 1년생 초본으로, 덩굴이 길게 자란다. 자웅동주이고 보통 760g 정도부터 8kg 이상의 대형 과일까지 열린다. 오이, 멜론, 참외, 수박 등이 속하는 박과채소 중 호박은 가장 저온성이며 그 중에서도 페포계 호박과 밤 호박은 저온에 강하다.

■ 약리 효과와 효능

폐암, 위암, 식도암, 후두암 같은 여러 암의 발생 위험을 감소시키는 효능이 있다. 특히 통기와 이뇨작용에 좋고, 호박씨를 햇볕에 말려 볶아 먹으면 구충제가 된다.

■ 약초의 성질

맛은 달고 성질은 따뜻하다.

■ 약용 채취

10월말~11월 중순 서리가 내리기 전까지 호박을 채취한다.

■ 산나물 요리 먹는 방법

• 어린 호박은 나물, 부침 같은 음식으로 만들어 먹고, 늙은 호박은 과육으로 떡, 범벅, 죽, 조림을 만들어 먹거나, 쪼개 말려 가루를 만들어 먹는다.

• 지역에 따라서는 호박잎을 쪄서 쌈을 싸서 먹고 씨를 볶아 먹기도 한다.

| 약 죽 | 호박죽 호박 1㎏, 삶은 통팥 300g, 백미 200g

• 백미를 물에 넣어 충분하게 불려둔다. 솥에 호박을 넣어 물을 붓고 푹 삶는다. 믹서에 넣어 곱게 갈아 죽을 쑨다.

증상별로 분류한 음식보약 나물백과

한국의 산나물 들나물

꿈이있는 집플러스